高职旅游类精品教材

餐饮服务理实一体化教程

主　　编　史冬防　杨　祎
副 主 编　姚静娟　张淑萍　宦　敏
编写人员（以姓氏笔画为序）
王　丽　史冬防　杨　祎
邹　伟　张一君　张淑萍
宦　敏　姚静娟

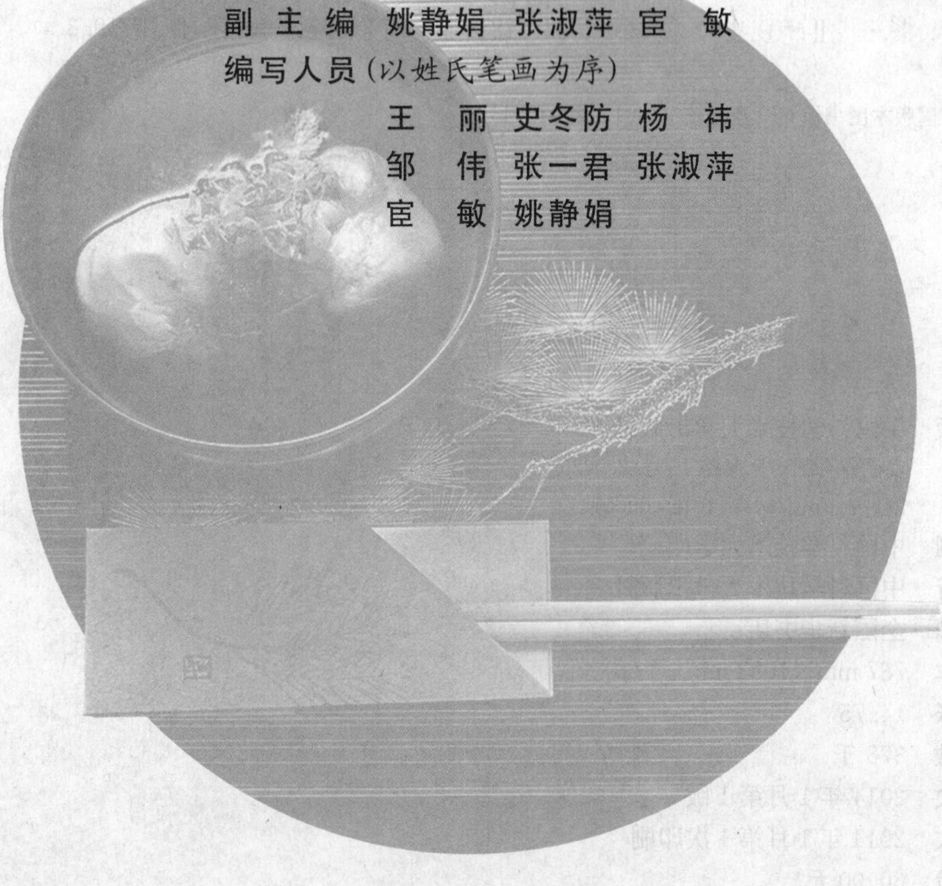

中国科学技术大学出版社

内容简介

本书系统地介绍了中、高级餐饮服务人员应该具备的基础理论知识和基本实践技能，包括餐饮服务人员必须具备的从业素养，餐饮安全与卫生，酒水知识，菜肴知识，餐厅预订、迎宾与席位安排，托盘，餐巾折花，铺台布，摆台，点菜、上菜与分菜，斟酒，结账与送客，菜单设计，宴会设计，餐饮销售服务，投诉与处理等方面的内容。

本书可作为高等职业院校旅游管理专业及相关专业的教学用书，也可作为餐饮企业的培训用书。

图书在版编目(CIP)数据

餐饮服务理实一体化教程/史冬防，杨祎主编．—合肥：中国科学技术大学出版社，2014.1
ISBN 978-7-312-03170-0

Ⅰ．餐…　Ⅱ．①史…②杨…　Ⅲ．饮食业—商业服务—教材　Ⅳ．F719.3

中国版本图书馆CIP数据核字(2013)第017745号

出版　中国科学技术大学出版社
安徽省合肥市金寨路96号，230026
网址：http://press.ustc.edu.cn
印刷　中国科学技术大学印刷厂
发行　中国科学技术大学出版社
经销　全国新华书店
开本　787 mm×1092 mm　1/16
印张　14.75
字数　378千
版次　2014年1月第1版
印次　2014年1月第1次印刷
定价　30.00元

前　言

“餐饮服务与管理”课程是高职院校旅游管理、酒店管理专业开设的职业岗位核心课程之一，属于理论与实践相结合、知识与技能并重的课程。本课程以培养学生职业能力为主线，融理论教学与实践教学为一体，突出餐饮服务与管理的实践环节，要求学生了解酒店餐饮部基本常识，掌握餐饮服务操作流程和操作技能，以将学生培养成为高素质的、既懂理论又会操作的餐饮服务人员和基层管理人才为目标。因此，本教材将课程的内容整合为三大模块：基础篇、实践篇和提高篇，同时将每个模块分为若干个项目和任务，力求做到内容充实、形式新颖。

与传统的教材编写模式不同，本书每个任务包含任务目标、任务导入、任务链接、任务实例、任务演练、任务考核六个部分。

任务目标：简要交代完成本任务所要达到的学习要求和实现的学习目标。

任务导入：导入一个与任务相关的简单案例或者事件。

任务链接：与本任务相关的基础理论知识和背景材料。

任务实例：与本任务相关的实际案例，为更好地完成本任务提供指导。

任务演练：设置一个与本任务密切相关的情景或者活动，让学生用实际操作来衡量对本任务的学习情况。

任务考核：从基础理论知识和操作技能两个方面界定本任务中的主要考核内容及具体的考核方式，让学生学有重点、考有方向。

本教材由六安职业技术学院史冬防和杨祎任主编，负责全书的内容编排、插图、校对和定稿；阜阳职业技术学院姚静娟、马鞍山师范高等专科学校张淑萍、马鞍山职业技术学院宦敏任副主编；安徽财贸职业学院王丽、铜陵职业技术学院张一君、六安职业技术学院邹伟参与编写。具体分工如下：项目一、项目十由张一君编写；项目二由杨祎编写；项目三、项目十一由张淑萍编写；项目四、项目十三由王丽编写；项目五、项目九、项目十二由史冬防编写；项目六、项目七、项目八由姚静娟编写；项目十四由邹伟编写；项目十五和项目十六由宦敏编写。教材中的部分图片由六安职业技术学院学生卢栓、荣倩参与拍摄，在此深表谢意。

我们是一支年轻的教师队伍，对于本课程的基础理论、基本技能的体系构建及其表达方式都有待进一步地研究。我们在教材的编写过程中，学习参考了诸多专家、学者研究成果，谨此表示诚挚的谢意。

由于编者水平有限，书中存在错误，疏漏之处在所难免，敬请使用本书的师生和广大读者批评指正。

编　者

2013 年 11 月

目　录

基础篇

项目一

餐饮服务人员必须具备的从业素养

项目目标

本项目主要讲述餐饮服务人员应该具备的基本素质、基本礼仪，通过本项目的学习，培养学生具备餐饮服务人员基本的从业素养。

本项目包含两个任务：餐饮服务人员基本素质；餐饮服务人员基本礼仪。

任务一　餐饮服务人员基本素质

【任务目标】

通过完成本任务，使学生了解、熟悉餐饮服务人员必须具备的基本素质。

【任务导入】

几个客人簇拥着一位老夫人，在导引小姐的引导下走进包间。服务人员为老夫人斟上红茶，她却生硬地说："你怎么知道我要红茶，告诉你，我喜欢喝绿茶。"

服务人员一愣，客气而又礼貌地说："这是餐厅特意为您准备的，餐前喝红茶消食开胃，如果您喜欢绿茶，我马上单独为您送来。"

老夫人脸色缓和下来，点点头，顺手接过菜单，开始点菜。

"喂，水晶虾仁怎么这么贵？"老夫人斜着眼看着服务人员，"有什么特别的吗？"

服务人员面带微笑，平静地、胸有成竹地解释道："我们进的虾仁都有严格的规定，1 斤 120 粒，必须具备四个特点：亮度高、透明度强、脆度大、弹性足。其实我们这道菜利润并不高，主要是作为拳头产品，为饭店创牌子。"

"有什么蔬菜啊？"老夫人又说了，"蔬菜太老了，我可不要。"

服务小姐马上顺水推舟："对，现在的蔬菜是有点老，不过我们餐厅今天有烧得很软的油焖茄子，菜单上没有，是现在的时新菜，您尝一尝吧？"

"你很会讲话啊。"老夫人动心了。

"请问喝什么饮料？"服务人员问道。

老夫人犹豫不决，露出沉思状，服务人员说："我们这里有椰汁、果粒橙、芒果汁、可口可乐……"老夫人打断服务人员的话："来几罐果粒橙吧。"

（资料来源：http://www.sdwm.cn/bumen/khshow.php? tid=19710）

任务：案例中服务人员是如何让这位挑剔的客人满意的？

【任务链接】

作为一名合格的餐饮服务人员，应具有正确的服务意识、良好的仪容仪表、熟练的专业知识、丰富的工作经验、灵活的应变能力，这就对服务人员的综合素质提出了较高的要求。

一、要有敬业乐业的精神

酒店餐饮服务质量的提高，需要有一支稳定的专业队伍，这就要求从事餐饮服务的人员充分认识到餐饮服务工作与其他工作一样，都是社会生产和生活的一部分，是酒店经营运转中不可缺少的部分。只有热爱自己从事的行业，热爱工作，在实践中逐步培养对专业的兴趣，才能在工作岗位上端正工作态度，潜心钻研服务技能、技巧，提高服务意识，养成良好的职业习惯，敬业乐业是对餐饮服务人员的基本素质要求。

二、要有严格遵守纪律的观念

餐饮部通常由采购部、厨房部、餐厅部、宴会厅和管事部五个部分组成，组织机构庞大，人员众多，分工细致，工序长，工作繁忙，而且人、财、物集于一体。这就要求餐饮服务人员必须树立严格遵守纪律的观念，自觉执行酒店、部门的各种规章制度，这是统一协调做好工作的前提和保证。任何员工不可自行其是，使整个服务因某个环节出差错而导致全局混乱。

三、要具有良好的职业形象

由于工作性质和环境的需要，酒店餐饮服务人员应注意自己的形象，注意仪容仪表。酒店餐饮人员应按规定着装，服装整洁，佩戴工牌上岗。在修饰上应着淡妆，切忌浓妆艳抹、矫揉造作。

讲究个人卫生，要勤洗澡、勤理发、勤刮胡须、勤刷牙、勤剪指甲。上班前不要喝酒，不要吃韭菜、大葱、大蒜、海鲜等有异味的食物。工作前后要洗手，大小便后要洗手。在岗不要抽烟，按规定梳理头发。上岗时，除结婚戒指外，不能佩戴多余饰物，不要涂抹指甲油。

站姿要挺拔、端正，给人优美之感，切忌东张西望、东倒西歪、含胸挺腹、上下不稳等。坐姿要文雅、稳重，给人温和、端庄、优雅之感，切忌前俯后仰、弓腰驼背、摇腿跷脚等。走姿要自然、潇洒、大方，给人轻捷、欢悦、洒脱之感，切忌摇肩晃脑、步履蹒跚、横冲直撞等。神态要安详、自然，笑容可掬，给人热情洋溢、充满活力之感，切忌神情不安、脸色阴沉、有气无力、心不在焉。

四、熟练运用专业操作技能

酒店餐饮服务的每一道工序、每一个环节，都有特定的要求和操作标准。许多工作目前还只能靠手工，如托盘、摆台、上菜、分菜等。要胜任工作，就必须努力学习，懂得各种服务的规范、程序和要求，勤学苦练，熟练掌握餐饮服务的基本技能，才有可能为提供优质服务奠定基础。

五、讲究各种服务礼节

酒店餐饮服务中的礼节，依约定俗成的做法和各种通行惯例而成的很多，并且是很有讲究的。无论是问候、迎送还是技能操作等环节，都有礼仪礼节贯穿其中。服务人员学习和掌握各种服务礼节，做到自然、礼貌地待客，这对于改进和提高服务质量有着积极的意义。

六、掌握文明语言的运用技巧

在酒店餐饮服务工作中，服务人员对客人的热情欢迎、礼貌接待、细致服务、周到照顾等许多方面都要通过语言来表达。作为服务人员，要讲究语言艺术，掌握文明语言的运用技巧，语言要力求准确、恰当，说话要注意完整、合乎语法，要依据场合多用敬语，要注意语言、表情和行为的一致性。使用语言时，要音调柔和、吐字清晰、亲切生动、简练明确、谦虚谨慎、委婉灵活、稳重大方。最好在讲好普通话的基础上，再掌握一至两门外语，以利于工作的开展。

【任务实例】

实例 1

一天，某会务组承办人员张先生检查会议室的布置情况。会议室原有座位 46 个，而会议人数为 60 人，张先生发现会议室增加了椅子，却未增加茶几。服务人员解释说会议室太小，茶几恐怕放不下。后来张先生找到客房部经理才解决了茶几问题。张先生安排代表们进行娱乐活动，到楼层询问服务人员小赵："请问石人山风景区怎么走？"小赵抱歉地笑了笑说："对不起，先生，我不知道。"张先生扫兴地摇了摇头。

处理技巧　服务人员对客人的问询应有问必有答，绝不能说"不知道"、"不懂"、"不会"、"不行"、"没有"。如自己确实不知道，也要尽可能弄清楚后再告诉客人。

服务人员在张先生提出增加茶几时，应当立即回答："好的，我一定想办法给您解决。"假若找不到备用茶几，也可向领班或部门经理反映，从其他会议室等处挪用几个。待客人提了意见后再解决问题，主动服务就转变成了被动服务，客人是不会满意的。另外，小赵在不知道石人山风景区怎么走的情况下，应请张先生在房间稍候，待询问知道者后立即告知，并致以歉意："对不起，先生，让您久等了。"那样，张先生就不会因为服务人员"不知道"而怪罪，相反，他会被其热情服务所感动。

（资料来源：http://www.tudou.com/home/diary_v2528541.html）

实例 2

某美籍华人请国内的一位老同学吃饭。本来那位老同学说这顿饭该由他做东，而这位美籍华人执意不肯（大概是考虑老同学的经济能力），老同学只好说："那么改日到我家里来聚一次，为你饯行吧！"

两人进餐厅坐下以后，服务人员送上菜单，美籍华人接过一看，全都是标有价钱的，于是先请老同学点菜。老同学本想点几样实惠的，但感到无从点起，于是说："随便吃什么都行，上三菜一汤就可以了。"美籍华人也感到为难，于是要服务人员介绍一些有特色的拿手菜，服务人员随口报了三个。美籍华人征询了老同学的意见后对服务人员说："再来一盘醋熘黄鱼和一碗汤，菜不够再加吧。"两人边吃边谈倒也开心，最后客人说已经饱了，不必再加菜了。随后服务人员送来账单："你们两位一共吃了 280 元。"

如果是在单独或和亲人用餐的情况下，这位美籍华人对服务人员的这句话是能忍受的，但在老同学(客人)的面前实在忍受不住了。便当着老同学的面对服务人员说："你不要大声嚷嚷好不好!"

"在我们这里叫做唱收唱付。"服务人员竟理直气壮地回敬了那位美籍华人(主人)一句，弄得他啼笑皆非。

(资料来源：http://www.6eat.com/DataStore/CardExpensePage/266180_0)

处理技巧 酒店服务人员用所谓"唱收唱付"的方法(当着客人的面，大声对主人报出钱数，然后让主人付账)来结账，显得很不礼貌，又缺少教养，特别是会使外国客人感到酒店员工缺乏正规训练，素质不高。

在酒店服务规程方面有借鉴国外经验的必要。第一，酒店餐厅可以考虑备一套没有标价的菜谱专门供客人过目点菜，而把有标价的送给主人参考。第二，服务人员应该善于察言观色，凭借其观察力来确定谁是付账者；或者轻声地在某位耳边问一下："请问是哪一位付账?"然后默默地将账单递至主人面前。这种做法有很多好处，如果请的是一位地位很高的人，不会因为用餐费用太便宜而感到不满；如果请的是经济不大宽裕的朋友，也不会因为你请他吃一顿便饭，花掉相当于他一个月的工资而心中不安。第三，在境外付账也称为"埋单"，即账单送来时，将其埋在茶杯下面或别人看不见的地方，免得令人尴尬。

【任务演练】

任务设计 1：克制力的训练——围成一圈，每人分别进入圈内，以服务人员或服务经理身份为客人解答疑问，其他人以客人身份刁难发问，可以态度凶悍、蛮不讲理。这项训练无须明确胜负，扮演服务人员的一方只要做到仔细倾听、亲切微笑、耐心解答、适时赞美即为合格，不得与客人争辩。

任务设计 2：记忆力的训练——为每一名同学起一个名字，在课堂上公布后，要求同学们记其他人的名字，默写在纸上，记住名字多的为胜利者。可逐步添加每人的背景材料，如身份、口味、消费特点、同伴等。

【任务考核】

学生分小组练习，小组内部互评，也可在小组间互评。教师抽取三组，被抽取小组按照岗位要求进行表演，教师点评，考核参考标准如表 1.1 所示。

表 1.1 考核参考标准

考核内容	得分标准	分值(满分 10 分)	得分
服务礼仪	主动、积极、热情、亲切	3 分	
表达能力	普通话标准，表达清晰、流利	3 分	

续表

考核内容	得分标准	分值(满分10分)	得分
操作程序	程序合理、规范	2分	
处理技巧	方法妥当、技能熟练	2分	

任务二　餐饮服务人员基本礼仪

【任务目标】

通过完成本任务,要求学生了解、熟悉并掌握餐饮服务人员必须具备的基本礼仪。

【任务导入】

某报社记者吴先生为做一次重要采访,下榻于北京某饭店。经过连续几日的辛苦采访,终于圆满完成任务。吴先生与两位同事打算庆祝一下,当他们来到餐厅,接待他们的是一位五官清秀的服务人员,接待服务工作做得很好,可是她面色苍白,显得无精打采。吴先生一看到她就觉得没了刚才的好心情,仔细留意才发现,原来这位服务人员没有化妆,在餐厅昏黄的灯光下显得病态十足,这怎能让客人看了有好心情就餐呢?开始上菜时,吴先生又看到传菜员涂的指甲油缺了一块,当下吴先生第一个反应就是"不知是不是掉入我的菜里了"。为了不惊扰其他客人用餐,吴先生没有将他的怀疑说出来,但这顿饭吃得吴先生总感觉心里不舒服。最后,他们唤柜台内服务人员结账,服务人员却一直对着反光玻璃墙面修饰自己的妆容,丝毫没注意到客人的需要。到本次用餐结束,吴先生对该饭店的服务十分不满。

看来服务人员不注重自己的仪容、仪表或过于注重自己的仪容、仪表都会影响服务质量。

(资料来源:http://www.canyin168.com/glyy/yg/ygpx/fwal/200707/7350_15.html)

任务:案例中服务人员存在哪些不足?

【任务链接】

一、餐饮服务人员仪表、仪容

现代社会餐饮业日益发展,人们与餐饮业的联系越来越多,对服务水平的要求越来越高。餐饮业的服务礼仪是服务质量、服务态度的直接表现,餐厅服务水平是餐饮业服务水平的缩影,对服务礼仪的要求更为严格。

1. 餐饮服务人员仪表、仪容的基本要求

(1) 仪表。工作时间应着规定的制服。衣服要整齐干净,注意保持衣服袖口、领口处的清洁。衣服的扣子要扣好,衣服的衬里不可露出,不要挽袖子卷裤腿。要佩戴工号牌。男、女服务人员均以深色皮鞋为宜,袜子颜色要略深于皮鞋颜色。

(2) 仪容。男服务人员不留大鬓角,头发长度要求前不遮眉、侧不过耳、后不到领,不留胡须，常修面。女服务人员的头发，短发不可长到披肩，长发需盘成发髻；不可浓妆艳抹，但必须化淡妆；不准佩戴结婚戒指之外的其他首饰；不准留长指甲、涂指甲油；不抹刺激性味道的香水。

2. 餐饮服务人员仪表、仪容的标准

服务人员必须经常保持整齐清洁，并应注意下列各点：

(1) 头发。保持头发清洁，经常洗发。前发不可遮及眼睛，发式不可吹得过于夸张。男员工头发侧面不可以盖过耳部。女员工穿制服时，长发必须盘起，发夹必须为深色。

(2) 鼻。经常留意及修剪鼻毛。

(3) 胡须。男员工不准留胡须并且每天必须剃胡须。

(4) 指甲。所有员工指甲应短而干净。女员工不能涂指甲油。

(5) 首饰。女员工工作期间不可佩戴首饰，或不可佩戴结婚戒指之外的其他首饰。

(6) 袜子和鞋。袜子必须为深色。必须穿着皮鞋或由酒店发给的工鞋上班。

(7) 工号牌。必须佩戴工号牌上班。

(8) 服装。必须穿着干净的制服上班，且穿着整齐。

二、餐饮服务人员仪态语言

要成为好的服务者，首先要成为一个善于沟通的人。服务人员整天与客人打交道，时时刻刻离不开沟通。在服务过程中，与客人沟通经常使用的方法是听、说、写及姿态表情，姿态表情就是仪态语言。餐饮服务人员的动作、眼神及其他面部表情都将影响着与客人之间的沟通目的是否达到，沟通过程是否完美。

仪态语言也称为视觉沟通，在沟通过程中占据55%的信息量，它包括目光、身体的姿态、肢体语言及面部表情。

1. 目光

在沟通过程中用目光注视对方，是仪态语言沟通方式中最有力的一种。当沟通双方在交流过程中使用目光接触时，实际在说“我对您感兴趣，我在关注您”。目光接触是对对方的尊重。反之当一方避免目光接触时，一般会认为是对自己没有把握、在说谎或者对对方毫不在意，等等，会产生负面影响。

2. 身体的姿态

餐饮服务人员含胸塌背、无精打采，都在传递着或是疲倦、或是缺乏自信、或是感到无聊心不在焉等信息，都将给客人留下不良印象，影响酒店的整体形象。服务人员的姿态应该精神饱满，潇洒自信，要显得镇定从容，对工作充满信心。

3. 肢体语言

肢体语言包括讲话时手、臂、肩甚至头部的动作，借助肢体语言可辅助餐饮服务人员解释问题或支持说法。肢体语言能够添加信息，能够反映出一个人的修养水平及心理素质是否良好。如服务人员摆弄头发、咬嘴唇等都会使人觉得正在感到不自然或过于随便，这样就会使客人产生疑虑。

4. 面部表情

餐饮服务人员的面部表情在很大程度上显示当时的态度。大多数人在沟通时会注意对方的表情，他们能从面部表情里看出是喜是忧、是怒是惑、是真诚是敷衍。面部表情是非常自然的东西,呆板的面部表情让人难以接受。面部表情不是总与言语一致,出现不一致时,人们往往相信面部表情,而不是言语。由此可见,面部表情在沟通过程中起着很重要的作用。

三、餐厅各岗位服务人员礼仪

餐厅的服务礼仪主要由领台、值台、走菜、账台、厨台等岗位服务人员礼仪构成。

1. 领台服务人员礼仪

领台服务人员包括:门童和引领服务人员。领台服务人员一定要了解本店的概况和当天预约的客人情况,做好仪容、仪表和其他准备,营业前站在餐厅大门两侧或里面,在一便于环顾四周的位置,等待迎接客人。

客人到来时要热情相迎,主动问候。在引领客人时,应问清是否预约、几位,然后把客人引到合适的座位。选择合适座位主要根据客人的身份、年龄等来判定。客人就餐完毕离开时,要有礼貌地欢送,并致告别语,目送客人离开。

2. 值台服务人员礼仪

值台服务人员礼仪主要包括点菜、开菜、斟酒、派菜、分菜时的服务礼仪。

客人被引到餐桌前,要主动问好,并给客人拉椅让座,递香巾。递香巾时,最好用不锈钢夹夹起香巾送给客人。

客人如点饮料,饮料应放在客人的右侧,然后打开饮料瓶盖。同时需注意要用右手握瓶,露出商标,将饮料徐徐倒入饮料杯中,不宜倒得太满,也不可倒太快。拉开易拉罐时,不要将罐口朝向客人,如客人没点饮料,则一定要上茶,茶杯放在垫盘上,轻轻放于桌上,将茶杯把转向客人右手方向。

如客人预先没有订菜,值台服务人员要站在主宾的左侧,躬身双手将菜单递上,请客人点菜。点菜时可适当地向客人推荐本店名菜。菜单一般先递给主宾、女宾或者长者。点好的菜名应准确迅速地记在点菜单上,一式四份,一份送给厨台值班人员,一份送给账台买单,一份放在备餐台,一份留底备案。

快开席时,值台服务人员应将主宾、主人的口布从水杯内取出。从第一道菜开始,值台服务人员应为客人斟上第一杯酒。斟酒、分菜的顺序是:从正主位右侧开始,按顺时针方向逐位斟酒,最后再斟主位。当主人、主宾祝酒、讲话时,服务人员应停止一切活动,站一适当位置。斟酒时,应先斟烈性酒,后是果酒、啤酒、汽水饮料等。

服务人员在斟酒、上菜、分菜时,左臂应搭一块干净餐巾,以备擦酒滴、饮料滴等用,但不可擦自己的手。斟酒时,一般右手拿酒瓶,左手拿杯徐徐倒入,特别是啤酒,开始要把瓶口放到杯的正中内快点倒入,一面倒,一面把瓶口慢慢移向杯边,而且倒的速度也由快变慢,以防啤酒的泡沫上升溢杯。倒啤酒一般以八分液体,二分泡沫为好。

3. 走菜服务人员礼仪

走菜主要指上菜、端菜、撤换餐具。

(1) 上菜。一般在10分钟内把凉菜送上台,20分钟内把热菜送上台。上菜要求速度快,特别是午餐。主食由服务人员用右手放于客人的左侧。最后一道是汤,饭后上茶。

上菜时动作要轻、稳,看准方向,摆放平稳,不可碰倒酒杯餐具等。上菜还要讲究艺术。服务人员要根据菜的不同颜色摆成协调的图案。凡是花式冷盘,如孔雀、凤凰等冷盘,以及整鸡、鸭、鱼的头部要朝着主宾。上好菜后,服务人员退后一步,站稳后报上菜名。

(2) 端菜一定要用托盘，不可用手直接端拿，更不允许大拇指按住盘边或插入盘内。端菜的姿态是既稳又美，具体要求是用五指和手掌托起，托盘不过耳，也不能太低，托盘边太靠近于耳及头发是不雅的，重托时可用另一只手扶着托盘。

(3) 撤换餐具时要先征得客人同意。撤换时一定要小心，不可弄倒其他的菜、汤。撤换的餐具一般要从客人的右侧平端出去。如果菜汤不小心洒在同性客人的身上，可亲自为其揩净，如洒在异性客人身上，则只可递上毛巾，并表示歉意。

4. 账台服务人员礼仪

主要包括收银、买单、转账时的礼仪。

买单时，把客人用餐的明细送到收银台后，账台服务人员一定要准确、迅速地把食品的单价标上，一并合计好用款总数。合计好后，由值台服务人员用托盘将账单送到客人面前，并且应站到负责买单客人的右后侧，轻声告之，然后用钱夹把钱放进托盘送回收银台，并把找回的余款送到买单客人面前，叙说清楚。

买单时如客人转账，一定请客人填好账号并签字。收银台服务人员一般正坐在账台内，坐姿要娴雅、自如、端庄、大方，面带微笑。

5. 厨台服务人员礼仪

上岗前首先要整理工作环境卫生和个人卫生。厨台卫生主要包括：厨台、砧板、刀、地面和墙壁卫生。厨台要清洁、整齐、美观。服务人员要彻底洗手，梳理头发，整理面容，戴上工作帽，穿上白上衣，系上围裙，工作服一定要保持清洁。在操作时，一定要养成良好的卫生习惯。如不用袖子擦脸、擦汗，不能在工作现场打喷嚏，不允许边操作边吸烟等。

四、餐厅服务人员礼仪示例

餐厅服务人员必须遵守的礼仪：餐厅是客人的用餐场所，餐厅服务人员不但要掌握业务技能，还要遵守服务中的各种礼仪，使客人不但吃得饱，还要吃得愉快。

(1) 笑脸迎客人，自然大方并亲切问候："您好，欢迎光临！请问一共几位？"如果是男女结伴而来，应先问候女宾，再问候男宾。对老弱幼残客人，应主动上前照料。

(2) 根据客人的不同情况把他们引入座位。如重要客人光临，应把他们引领到餐厅中最好的位置；夫妇、情侣就餐，应把他们引领到安静的角落位置；家人、亲朋好友聚餐，应把他们引领到餐厅中央的位置；对老弱幼残客人应把他们安排在出入比较方便的位置。

安排座位应尽量满足客人的要求，如果该座位已经被先到的客人占用，服务人员应解释致歉，求得谅解，推荐其他令客人较满意的座位。

(3) 客人走近餐桌，服务人员应按先女宾后男宾，先主宾后一般客人的顺序用双手拉开椅子，招呼客人入座；客人屈膝入座的同时，轻轻推上座椅，使客人坐好、坐稳。

(4) 给客人送上茶水，切忌用手接触茶杯杯口。适时主动地递上菜单，不能随意将菜单扔在桌上。客人点菜时要耐心等候，不能催促，要让客人有考虑的时间。如客人犹豫不决，服务人员应当好参谋，热情介绍菜肴品种和特色。应注意语言艺术，礼貌委婉，不要勉强或硬性推荐，以免引起客人反感。如客人点的菜已经无货供应，应礼貌致歉，求得谅解。

如客人点的菜，菜单上没有，不要拒绝，可以说："请允许我与厨师商量一下，尽量满足您的要求。"客人点菜时，服务人员应面带笑容，上半身略微前倾，身体不能靠在餐桌边，不能把手放在餐桌上，要认真倾听，准确记录，避免出错。

(5) 有儿童就餐,可给儿童加上儿童餐椅。

(6) 客人不慎掉落餐具,应迅速为其更换干净的餐具,不能在客人面前一擦了事。

(7) 如有客人的电话,应走近客人轻唤,不能在远处高喊。

(8) 工作中必须随时应答客人的召唤,不能擅离岗位或与他人聊天。

(9) 给客人斟酒上菜要讲究程序。上菜时手指不能碰及菜肴,每上一道菜要报菜名,简要介绍特色,说话时不能唾沫四溅。斟酒时手指不能触摸酒杯杯口,应按酒的不同种类决定斟酒的程度。倒香槟或冰镇饮料时,酒瓶应用餐巾包好,以免改变酒水温度,影响酒水口感。

(10) 客人吸烟,应主动上前点火。客人的物品不慎落到地上,应主动上前帮助拾起,双手捧上。

(11) 对客人应一视同仁,不论消费多少都应服务周到。逢年过节,要向每一位客人致以节日的问候。

(12) 在全部客人离去后,再进行清扫。

(13) 结账时,应把账单放在托盘中,正面朝下递给客人。客人付账后,要致谢。客人起身后,服务人员应拉开座椅,并提醒客人不要忘记随身携带的物品。帮助客人穿大衣戴帽子,在餐厅门口与客人友好话别:"再见,欢迎您再次光临。"

(14) 餐厅服务人员要与食物、餐具打交道,所以要对服务人员的个人卫生严格要求。应穿着干净整洁的制服,勤洗澡,勤理发,勤剪指甲,勤刮胡须,勤刷牙,勤洗手,不佩戴首饰,不浓妆艳抹,不梳披肩发。在客人面前不掏耳朵,不剔牙,不抓头发,不打哈欠,不掏鼻孔。如不得已要打喷嚏、咳嗽,应背转身体,用手帕遮住口鼻,并向客人致歉。工作前不吃有刺激气味的食品。

【任务实例】

实例 1

一天晚上,曲先生陪着一位美国客人来到某高级饭店的粤菜餐厅用晚餐。点菜后,一位服务人员便热情地为他们服务起来。她为外宾摆上刀叉,为两位客人斟酒、上汤、上菜、上饭。当一大盆"粟米羹"端上来后,她先为客人报了汤名,接着便为他们盛汤,盛了一碗又一碗。一开始外宾还以为是中餐的规矩,听曲先生告诉他客人自愿后,忙在服务人员为他盛第三碗汤时谢绝了。服务人员在服务期间满脸微笑,眼疾手快,一刻也不闲着:上菜时立刻报菜名,见客人杯子空了马上斟酒,见菜碟的菜没有了立刻布菜,见菜碟上的骨刺皮壳多了随即更换,见米饭没了赶紧添……她站在旁边忙上忙下,并不时用英语礼貌地询问两位客人还有何需要,搞得他们拘谨起来。

外宾从口袋里拿出香烟,抽出一支拿在手里,然后对曲先生说:"这里的服务简直是太热情了,不过……""先生,请你抽烟。"服务人员见外宾手里拿着香烟,忙从口袋里拿出打火机,熟练地打着火,送到客人面前为他点烟。"喔……好,好!"外宾忙把烟叼在嘴里迎上去点烟,样子颇显狼狈。烟点燃后,他忙向服务人员说了两声:"谢谢!"见服务人员又在忙着给他的碟子里添菜,忙熄灭香烟,用手阻止说:"谢谢,还是让我自己来吧。"服务人员随即把烟缸拿去更换。

"曲先生,我们还是赶快吃完走吧。这里的服务太周到了,就是让人有点透不过气来。"外宾说完便急忙用餐。

当服务人员给他们上最后一道菜时,他们谢绝了服务人员的布菜,各自吃两口便要求结账了。在服务人员为他们送账单时,外宾拿出一张钞票给服务人员,被服务人员谢绝了,并告诉他中国饭店的餐厅不收小费，这是她分内的工作。外宾不太习惯地把钱又收了起来。服务人员将他们送离座位并连声说："欢迎再来。"

处理技巧 本例中，服务人员的服务热情很高，但节奏太快，给人一种紧张的压迫感。在现代饭店的餐饮服务中，流行着一种无干扰服务的形式。这种服务注意服务的节奏感，以客人的需要为服务的尺度。例如，见到客人需要安静时，不要上前打扰，要站在他们的远处静候召唤；布菜、盛汤和添饭时，也应征得客人的同意，不要自作主张，以免对客人造成干扰。"热情服务"和"无干扰服务"均要根据客人的具体需求来定夺，要掌握好分寸，否则容易起到相反的效果，两者需要相互结合，灵活运用。

（资料来源：http://wenku.baidu.com/view/2c1a56c0d5bbfd0a795673e5.html）

实例 2

在一个秋高气爽的日子里，迎宾员小贺，着一身剪裁得体的新制衣，第一次独立地走上了迎宾员的岗位。一辆白色高级轿车向饭店驶来，司机准确地将车停靠在饭店豪华大转门的雨棚下。小贺看到后排坐着两位男士、前排副驾驶座上坐着一位身材较高的外国女宾。小贺一步上前，以优雅姿态和职业性动作，先为后排客人打开车门，做好护顶关好车门后，迅速走向前门，准备以同样的礼仪迎接那位女宾下车，但那位女宾满脸不悦，使小贺茫然不知所措。通常后排座为上座，一般有身份者皆在此就座。优先为重要客人提供服务是饭店服务程序的常规，这位女宾为什么不悦？小贺错在哪里？

处理技巧 在西方国家流行着这样一句俗语：女士优先。在社交场合或公共场所，男子应经常为女士着想，照顾、帮助女士。诸如：人们在上车时，总要让女士先行；下车时，则要为女士先打开车门；进出门时，主动帮助她们开门、关门等。西方人有一种形象的说法："除女士的小手提包外，男士可帮助女士做任何事情。"迎宾员小贺未能按照国际上通行的做法先打开女宾的车门，致使那位外国女宾不悦。

（资料来源：http://www.doc88.com/p－988621037018.html）

【任务演练】

任务设计 1：假设你是餐厅的一名服务人员，某天晚餐时间，有一位客人大叫，菜里吃到了虫子，你该如何处理？

任务设计 2：假设你是餐厅的一名服务人员，发现有位客人没有买单，且刚刚离开，你该如何处理？

【任务考核】

学生分小组练习，小组内部互评，也可在小组间互评。教师抽取三组，被抽取小组按照岗位要求进行表演，教师点评，考核参考标准如表 1.2 所示。

表 1.2 考核参考标准

考核内容	得分标准	分值(满分 10 分)	得分
服务礼仪	主动、积极、热情、亲切	3 分	
表达能力	普通话标准、表达清晰、流利	3 分	
操作程序	程序合理、规范	2 分	
处理技巧	方法妥当、技能熟练	2 分	

项目二

餐饮安全与卫生

项目目标

本项目主要讲述餐饮部的一些安全知识，通过本项目的训练，了解厨房安全、卫生知识，熟悉餐饮服务中的安全卫生要求。

本项目包含两个任务：厨房安全与卫生；食品安全与卫生。

任务一　厨房安全与卫生

【任务目标】

通过完成本任务，熟悉和掌握厨房的卫生安全管理知识，使学生了解厨房生产过程中的控制环节与流程。

【任务导入】

某日中午12点左右，南坪步行街商业大厦一餐馆突发火灾，餐馆天花板上的消防喷淋器被激发，正在餐馆用餐的二十来位客人来不及躲避，被喷射而下的水流淋成落汤鸡。市民报警后，南坪明佳路消防中队战士迅速赶到现场扑灭大火。

中午就餐　突发火灾

这家名为“家常菜”的餐馆位于南坪步行街商业大厦一楼，面积约30平方米，餐馆的厨房紧挨着餐厅。记者在现场看到，虽然大火已被扑灭，不过餐馆内仍然有浓烈的焦臭味，墙壁也被浓烟熏黑，餐馆天花板上的消防喷淋器还在不断喷水，员工们打着伞收拾着里面的物品。

目击者李先生告诉记者，当天中午12点左右，前来就餐的二十来位市民将餐馆坐满，厨师在厨房忙着炒菜，一股大火突然从锅里腾起。当这股大火冲到排烟口时，只听见“轰”的一声巨响，整个餐馆立即就被火光照亮。

喷淋器狂喷　客人遭殃

“起火啦!”当时正在餐馆用餐的曹女士大喊,餐馆内火光冲天,客人惊恐万分,可还没等他们反应过来,餐馆天花板上的喷淋器就突然自动喷水,巨大的水流喷向客人。回过神来后,大家立即向外逃去。“客人们顶着水流陆续冲出餐馆,个个都成了落汤鸡。”目击者李先生说,这些客人的头发、衣服都湿透了,不少人脸也被浓烟熏黑了,看起来狼狈不堪。“这么冷的天,还不赶快回去换衣服。”经附近市民提醒,站在寒风中瑟瑟发抖的客人们随即散去。

十余店铺　受到影响

记者看到,该餐馆位于商业大厦一楼,紧挨着楼内商铺,由于喷淋器不停喷水,餐馆内大量积水慢慢向隔壁商铺流去,不一会,大厦过道内便积起了约 5 厘米深的水。十余家经营户受到不同程度影响。半小时后喷淋器停止喷水,经营户这才将积水打扫干净。

客人逃生　无一伤亡

明佳路消防中队负责人告诉记者,调查发现,此次起火是排烟管道长时间没有清理并被油污堵塞,炒菜腾起的明火将管道内的油污引燃所致。这位负责人称,排烟管道应在半年左右清理一次,以避免火灾发生。

消防中队负责人介绍,由于商业大厦安装了消防喷淋器,当餐馆起火房间内的烟雾浓度和温度达到一定程度后,喷淋器就会被激发,开始自动灭火。此次火灾发生得很突然,但喷淋器被激发后暂缓了火势,使得在餐馆吃饭的客人安全撤离,没有造成更大的损失。

(资料来源:http://blog.sina.com.cn/s/blog_622faf720100ilpl.html)

任务:上述资料中的餐馆为什么会发生火灾?该如何预防?

【任务链接】

厨房生产到产品销售的每个环节都必须重视和强调卫生与安全。卫生是厨房生产需要遵守的第一准则。厨房卫生就是菜点原料选择、加工生产和销售服务的全过程,都确保食品处于洁净没有污染的状态。《中华人民共和国食品安全法》(以下简称《食品安全法》)已于 2009 年 6 月 1 日正式施行。保证食品安全,防止食品污染和有害因素对人体的危害,保障人民身体健康,是《食品安全法》的宗旨。《食品安全法》是食品卫生领域的一项大法,是保障人民身体健康的基本法。所有的食品生产经营企业、食品卫生监督管理部门和广大人民群众都应深刻认识,遵照执行。酒店管理人员,更应自觉以该法为准绳,制定各项管理制度,督导烹饪生产活动,切实维护酒店形象和消费者利益。安全生产不仅是保证食品安全和菜品质量的需要,同时也是维持正常工作秩序和节省额外费用的重要措施。因此,厨房管理人员和各岗位生产员工都必须意识到安全的重要性,并在工作中时刻注意。厨房生产环节多,管理难度大。同时,厨房也是餐饮部卫生和安全的重点防范部门,厨房生产、卫生及安全管理水平的高低是衡量餐饮部管理水平的重要内容。

一、厨房业务流程

厨房业务流程是指餐饮产品加工过程中各道工序的划分和各个工种之间的配合。它包括三大环节:

(1) 食品原料的加工程序。包括原料的初加工和细加工。

(2) 菜肴的切配程序。配菜过程直接影响着厨房菜肴制作成本的高低。这一环节质和量的掌握至关重要。

（3）菜肴的烹调程序。是最终确定菜肴色、香、味、形的关键。这一流程对员工的操作规范、制作数量、出菜速度、出菜温度和装盘造型都有明确的要求。

二、厨房的安全防范

厨房是火灾事故最容易发生的地方，因此要特别加以重视。

1. 厨房起火的原因

（1）厨房员工在使用煤气或液化石油气时，因设备破损、管道铺设不当、忘记关闭阀门等而造成可燃气体泄漏，遇到明火或高温发生燃烧；

（2）厨师在操作时，因油炸食品锅内食油放得太满，以致食油溢出，遇明火后发生燃烧；

（3）厨师操作时，因油锅加温过高，或厨师离开炉灶时间过长而发生燃烧；

（4）因厨房内油渣等处置不妥，聚热后发生燃烧；

（5）因各种烤箱使用不当或开关失灵而发生燃烧；

（6）排烟管道油污垢太多太厚，遇明火发生燃烧。

2. 火灾预防措施

（1）对厨房内的易燃气体管道、接头、仪表、阀门定期检查；

（2）使用瓶装液化石油气时，冬天不得用明火烘烤气罐，以防发生爆炸；

（3）指定专人负责各种灶具及煤气罐的维修与保养；

（4）合理制定厨房各种电器设备的使用和操作规程，并严格执行；

（5）保持炉灶清洁，定期擦洗、保养排油烟罩，保证设备正常运转；

（6）正常使用火源的工作人员不得随意离开自己的岗位，不得粗心大意，以防发生意外；

（7）下班前，各岗位要有专人负责关闭能源阀门及开关，负责检查火种是否已全部熄灭；

（8）厨房必须备有足够的灭火设备，每名厨房员工都要知道灭火器材的摆放位置和使用方法。

3. 厨房的消防安全

（1）所有用于消防的通道严禁摆放任何物品；

（2）严禁在厨房抽烟；

（3）随时清理炉具上的油污和积垢；

（4）严禁用火时人员离岗；

（5）严禁在煮液体时盛装过量；

（6）严禁强行使用未修复的炉具；

（7）对松动的电路和有故障的炉具要及时报修；

（8）对使用过的灭火器具应及时报告保安部；

（9）灭火器的存放位置严禁随意改动；

（10）参加安全消防知识培训，落实“三句话”精神（隐患险于明火、防范胜于救灾、责任重于泰山）；

（11）加强“三知”教育：知本岗位火灾隐患，知预防火灾的措施，知扑救火灾的方法。

厨房灭火常识介绍

一、灭火的原理与方法

燃烧必须具备三个条件：可燃物、热源、氧气。如果去掉其中一个条件，燃烧即停止。灭火的目的就是阻止燃烧。灭火的基本方法有以下几种：

1. 隔离法。就是将可燃物隔离开，由于没有可燃物，自然火就灭了。

2. 窒息法。就是阻止空气流入燃烧区，即切断燃烧中氧气的供给，使燃烧因得不到足够的氧而停止。

3. 冷却法。就是将燃烧的温度降到燃点以下，具体做法是将水或灭火物质直接喷射到燃烧物上，使燃烧物温度降低，燃烧停止。

4. 抑制法。使用化学灭火剂抑制燃烧，使燃烧停止。

火灾分三种类型：A型，即由木、布、垃圾、塑料等燃烧引起的火灾，可用水、干粉、干化学剂扑灭；B型，即由易燃液体如油漆、油脂、石油等燃烧引起，可用二氧化碳、干粉、干化学剂扑灭；C型，即由电动机、控电板等电气设备燃烧引起，可切断电源后，用适用B型火灾的物质扑灭。

二、常用的灭火器材及使用方法

宾馆、酒店常用的灭火器材有两类：一类是自动灭火系统，另一类是手动式灭火器材。自动灭火系统一般适用于日常可燃品如木材、纸、布等物的燃烧。而对于厨房中食油、煤气、电器等引起的燃烧，依靠自动灭火系统是不行的。下面介绍几种常用于厨房灭火的器材。

1. 二氧化碳灭火器

二氧化碳灭火器主要用于扑救电器设备的火灾及食油、汽油、油漆等火灾。二氧化碳是一种惰性气体，它的比重较空气重，以液态灌入钢瓶内。在20℃时，钢瓶内为60个大气压。液态的二氧化碳从灭火器中喷出后，迅速凝华，变成固体雪花状的二氧化碳，又称干冰，其温度是−78℃。固体的二氧化碳喷射到燃烧物上因受热迅速挥发变成气体，当二氧化碳在空气中达到30%～35%的浓度时，物质燃烧就会停止。二氧化碳灭火器的作用就是冷却燃烧物和冲淡燃烧层空气中氧的含量，使燃烧停止。

二氧化碳灭火器有两种：一种是手动开启式(即鸭嘴式)，另一种是螺旋开启式(即手轮式)。手动开启式灭火器在使用时应先拔去保险销，一手握紧喷筒把手，对准燃烧物，另一手把鸭舌往下压，二氧化碳即由喇叭口喷出，不用时将手放松即行关闭。螺旋开启式的灭火器在使用时先将铅封去掉，一手握住喷筒把手，对准燃烧物，另一手朝顺时针方向旋转开启喷筒，二氧化碳气体即喷出。使用二氧化碳灭火器的注意事项：① 要注意风向，避免逆风使用；② 在灭火时，喷筒喷嘴要从侧面向火源上方往下喷射，喷射方向要保持一定角度，使二氧化碳能迅速覆盖火源；③ 灭火时不要将灭火器放在身前或靠近火源处。

2. 干粉灭火器

干粉灭火器主要用于阻止各种油料、电器等燃烧。干粉不导电，可以用于扑灭带电设备的火灾。干粉灭火器是一种效能较好的灭火器材。它是装有一种微细粉末与二氧化碳的联合装置，靠二氧化碳气体作动力，将粉末喷出扑灭燃烧物。由于干粉是一种轻而细的粉末，所以能覆盖在燃烧物体上，使之与空气隔绝而停止燃烧。这种干粉无毒、无腐蚀作用。干粉灭火器有手提式和推车式两种，在使用时，拔出保险销，一手拿着喷嘴胶管，对准燃烧物体，另一手拉起提环，握住提把，粉雾即喷出。干粉灭火器的使用及注意事项与二氧化碳灭火器相同。

3. 泡沫灭火器

泡沫灭火器主要用来扑灭油类、可燃液体和可燃固体的初起火灾。此灭火器不宜扑灭可溶性液体的火灾。化学泡沫灭火器内装有酸性物质（硫酸铝）和碱性物质（碳酸氢钠），这两种水溶剂混合后发生化学反应产生泡沫。另外，在碱性物质中还有一定量的甘草汁或烘干了的空气泡沫液体发泡剂，可使泡沫稳定、持久，提高泡沫的表面张力，但不参加化学反应。泡沫是由酸、碱物质的水溶性通过物理、化学的作用，充填大量气体（二氧化碳或空气）后形成无数的小气泡。由于这些泡沫比重轻，可以漂浮在液体表面，形成一个泡沫覆盖层。灭火泡沫还具有一定的黏附性，可以黏附在一般可燃物的表面。泡沫可以隔绝空气、降低燃烧物表面的温度，因而可以达到灭火效果。

4. “1211”灭火器

“1211”灭火器是一种新型安全、高效的灭火器材。它的绝缘性能好，灭火时不污损物品，灭火后不留痕迹、毒性低、腐蚀性小，并有灭火效果好、速度快和久储不变质的优点。“1211”是卤化物二氟一氯一溴甲烷的代号，是卤代烷灭火剂的一种。该灭火器可用于油类、化工原料、易燃液体、精密设备、电器设备等物质燃烧引起的火灾，但不适合于活泼金属、金属氢化物及本身是氧化剂的物质燃烧引起的火灾。

“1211”灭火器有手提式和推车式两种。酒店一般用手提式灭火器。在使用时，只要拔掉安全销，然后握紧压杆开关，就可以开启密封阀，“1211”在氮的压力作用下，通过吸管由喷嘴射出，当松开把手时，阀门关闭停止喷射。在使用“1211”灭火器时，应垂直操作，不可将钢瓶平放或颠倒。在灭火时，喷嘴要对准火焰根部，并向火焰边缘左右扫射，快速向前推进，如有零星火苗可以点射扑灭。

以上介绍的这四种灭火器，适用于厨房灭火。这四种灭火器使用都较简单，但在灭火时，切记拔去安全保险销。关于灭火器的存放和保养，管理者必须指定专人负责，切不可使灭火器成为一种摆设，要定期检查药物、气体是否泄漏，如有泄漏要及时更换或维修。只要管理者重视，每一位员工用心，自觉遵守安全操作规程，提高安全防火的自觉性、处处留心，火灾是可以预防的。

（资料来源：http://cy.001jm.com/chufang/3000.html）

4. 厨房应注意的其他几个方面的安全预防

厨房是食品的生产车间，生产所使用的各种刀具、锐器、热源、电动设备等，在操作时如不采取安全防范措施，随时可能造成事故。厨房常见事故有割伤、跌伤、撞伤、烧烫伤、触电、盗窃等。

(1) 割伤。主要是由于使用刀具和电动设备不当而造成的。

（2）跌伤和砸伤。由于厨房地面潮湿、油腻，行走通道狭窄，搬运货物较重等因素，非常容易造成跌伤和砸伤。

（3）扭伤。扭伤多数是因为搬运重物的方法不正确而引起的。

（4）烧烫伤。烧烫伤主要发生在炉灶部门。

（5）电击伤。厨房中电器设备多，极易造成触电事故。

（6）盗窃。厨房盗窃的主要目标一是食品仓库，二是高档餐具。要防止盗窃，就要加强安全保卫措施。

三、厨房的卫生管理

厨房的卫生管理是保证菜点质量、防止污染、预防疫病的重要手段。

1. 注意厨房环境的卫生管理

（1）厨房在选址时，要考虑下面两个因素：一是要注意防止周围企业对厨房环境的影响，尽量避开排放“三废”的企业；二是厨房最好不要设在地下室，因为地下室不利于通风、采光、排放烟尘和防潮，极易导致食品霉烂变质。

（2）在购买厨房设备时要考虑到易清洗、不易积垢，在使用时始终保持清洁干净。

（3）厨房要有消除苍蝇、老鼠等有害动物的设施。

（4）对垃圾和废物的处理必须符合卫生规程。

2. 厨房各作业区的卫生管理

（1）粗加工间：

① 刀、砧板、工作台面、抹布保持清洁。

② 购进各类食品原料，按不同要求分类加工。

③ 食品原料入冷库后，分类摆放在食品架上以便取用。

④ 各类食品加工器具使用完毕以后，应去除食物残渣，及时清洁。

（2）配菜间：

① 每日开餐前，彻底清理冰箱，检查原料是否变质。

② 清洁刀、砧板、抹布、配菜盘等用具，做到无污迹、无异味。

③ 配料、小料要分别盛装，摆放整齐，配料的水盆要定时换水。

④ 在开启罐装食品原料时，首先要把罐头表面清洁一下，再用专用开启刀打开，避免金属或玻璃碎片掉入。破碎的罐装食品不能食用。

（3）炉灶区：

① 每日开餐前彻底清洗各类用品，检查调味罐内的调料是否变质。

② 在符合菜肴烹调要求的前提下，食品原料要充分烧透煮透，防止外熟里生、达不到杀灭细菌的目的。

③ 切配和烹调要实行双盘制。

④ 在烹调操作时，试尝口味应使用小碗和汤匙，尝后余汁切忌倒入锅内。

⑤ 营业结束后，清洗用具归位摆放，清理调料。

（4）冷菜间：

① 冷菜间要做到“五专”，即专室、专人、专用具、专消毒、专冷藏。室内要有紫外线消毒设备，防蝇、防尘设备要健全、良好。

② 定期对冰箱进行除霜，消毒。

③ 要坚持双刀、双板、双抹布制度，做到生、熟食品的刀、砧板、盛器、抹布严格分开，不能混用。

④ 冷菜间的员工应穿专属工作服上岗，进入操作间前要洗手消毒，戴口罩。

⑤ 营业结束后，要将各种调味汁和食材原料放置在相应的冰箱内贮藏，彻底清洗用具，归位摆放，保持工作台清洁、光亮、无油污。

(5) 点心间：

① 保证各种原料和馅料的新鲜卫生，定时检查所属冰箱；

② 要保持刀、陆板、面案的清洁，抹布白净，各种花式模具、面杖随用随清洁，以防面粉油脂等残留物腐败而污染食品。

3. 厨房生产人员的卫生控制

(1) 严格遵守《食品安全法》规定，做到“五勤”：勤洗澡、勤理发、勤洗手、勤剪指甲、勤换洗衣服。

(2) 在厨房生产中要避免以下不良行为：

① 工作时用手摸头发，抠耳朵；

② 把双手插在口袋里；

③ 吸烟、随地吐痰、扔杂物；

④ 工作时间接触钱币等物不洗手；

⑤ 在厨房内吃零食，嚼口香糖；

⑥ 直接用手抓取熟食或熟食落地后再使用；

⑦ 把工作围裙当毛巾用，擦手、擦脸；

⑧ 穿拖鞋或无跟、露脚趾的凉鞋上班；

⑨ 穿背心或光膀子工作；

⑩ 用脏抹布擦抹盛菜盘子或碗，用手直接接触餐具上客人入口的部位；

⑪ 对着菜肴讲话、咳嗽或打喷嚏；

⑫ 大小便后不洗手；

⑬ 穿着工作服到处乱跑；

⑭ 用手指沾菜肴的汤汁尝味；

⑮ 器皿落地后，不洗净即使用。

(3) 厨房工作人员必须通过体检，持健康证才能上岗，每年应做一次体检。凡患有以下疾病者，不得从事厨房工作：痢疾、伤寒、病毒性肝炎、活动性肺结核、传染性皮肤病、慢性肝炎(澳抗阳性者)。

4. 其他环节的卫生控制

① 原料采购控制；

② 原料验收控制；

③ 原料保管控制；

④ 厨房生产控制；

⑤ 区域控制；

⑥ 餐具用品控制；

⑦ 人员控制。

“伤寒玛丽”的故事

玛丽1869年生于爱尔兰,15岁时移民美国。起初她给人当女佣。后来,她发现自己很有烹调才能,于是转行当厨师,拿到比做女佣高出很多的薪水。玛丽对自己的处境非常满意。

1906年夏天,纽约的银行家华伦先生带着全家去长岛消夏,雇玛丽做厨师。8月底,华伦的一个女儿感染了伤寒。接着,华伦夫人、两个女佣、园丁和另一个女儿相继感染。他们消夏的房子住了11个人,有6个人患病。

华伦深为焦虑,他想方设法找到了有处理伤寒疫情经验的专家索柏。索柏将目标锁定在玛丽身上。他详细调查了玛丽此前7年的工作经历,发现7年中玛丽换过7个工作地点,而每个工作地点都暴发过伤寒病,累计共有22个病例,其中1例死亡。

索柏设法获取玛丽的血液、粪便样本,以验证自己的推断。但这非常棘手,索柏对此有过精彩的描述:他找到玛丽,“尽量使用外交语言,但玛丽很快就作出了反应。她抓起一把大叉子,朝我直戳过来。我飞快地跑过又长又窄的大厅,从铁门里逃了出去”。

玛丽当时反应激烈,因为在她那个年代,“健康带菌者”还是一个闻所未闻的概念,她自己身体棒棒的,说她把伤寒传染给了别人,简直就是对她的侮辱。

后来,索柏试图通过地方卫生官员说服玛丽,没想到,这更惹恼了这个倔脾气的爱尔兰裔女人,她将他们骂出门外,宣布他们是“不受欢迎的人”。

最后,当地的卫生官员带着一辆救护车和5名警察找上门。这一次,玛丽又动用了大叉子。在众人躲闪之际,玛丽突然跑了。警察后来在壁橱里找到了她,5名警察把她抬进救护车送往医院。一路上的情景就像“笼子里关了头愤怒的狮子”。

医院检验结果证实了索柏的怀疑。玛丽被送入纽约附近一个名为“北边兄弟”小岛上的传染病房。1910年2月,当地卫生部门与玛丽达成和解,解除对她的隔离,条件是玛丽同意不再做厨师。

这一段公案就此了结。1915年,玛丽已经被解除隔离5年,大家差不多都把她忘了。这时,纽约一家妇产医院暴发了伤寒病,25人被感染,2人死亡。卫生部门很快在这家医院的厨房里找到了玛丽,她已经改名为“布朗夫人”。

据说玛丽因为认定自己不是传染源才重新去做厨师的,毕竟做厨师挣的钱要多得多。但无论如何,这次公众对玛丽的同情心消失了。

玛丽自觉理亏,老老实实地回到了小岛上。医生对隔离中的玛丽使用了可以治疗伤寒病的所有药物,但伤寒病菌仍一直顽强地存在于她的体内。

玛丽渐渐了解了一些传染病的知识,积极配合医院的工作,甚至成了医院实验室的义工。1932年,玛丽患病半身不遂,6年后去世。

(资料来源:http://zhan.renren.com/vickydew?gid=3602888498028488564&from=post&checked=true)

【任务实例】

实例 1

中国之声《央广新闻》报道,8 月 15 日凌晨宝鸡豪门酒店 31 名房客遭毒气熏倒干咳不止,被紧急送往宝鸡市急救中心救治,而熏倒房客的所谓毒气来自后厨灭蟑螂的烟雾。

据当事人杜女士说,15 日凌晨 3 点多,她们被不停的咳嗽声吵醒了,过了几分钟之后她也感觉嗓子好像被什么东西卡住了,房间弥漫着烟雾,接着就听到服务人员在楼道里叫客人赶快下楼,等她和其他房客一块下楼时就看到了很多人在咳嗽,还有几个客人在呕吐,随即 31 名房客被送往了医院。

据该酒店负责人刘先生说,当时宝鸡市康华灭蟑杀鼠有限责任公司工作人员在酒店后厨过道放置了 48 支杀蟑烟剂,点燃放好之后就离开了。在凌晨约 1 点 30 分的时候工作人员就发现楼道的烟雾很大,几个客人从房间出来也是咳嗽不止,于是安排服务人员逐一叫客人下楼,然后就拨打了 120。

处理技巧 这起事件是灭蟑公司处置不当所致,是一起公共场所的健康危害事故。氯氰菊酯灭蟑烟剂主要是在密封的空间里使用的,每支适用于 40 平方米的空间。使用时要关闭门窗及各种通风口,并且还要封严缝隙,用药 2 小时后打开门窗。要充分通风后才能进入房间,否则吸入烟雾后会造成呼吸困难。这种灭蟑烟剂主要适用于大型公共场所,一般家庭灭蟑或小一点的场所最好不要使用。本案例中,酒店员工缺乏对化学药品的正确认识,缺乏对厨房安全与卫生知识的了解。所以,酒店在员工培训时,要全面培训和指导,尤其是涉及酒店和客人人身财产安全的一些培训,诸如一些常用杀虫剂的使用方法,一些常用消毒化学用品的用量等。

(资料来源:http://www.jkb.com.cn/document.jsp? docid=316480)

实例 2

昨天上午,甘孜州海螺沟景区管理局就 10 月 8 日发生在泸定县磨西镇海螺沟明珠花园酒店内的食物中毒事故处理情况进行了通报:经调查,明珠花园酒店于今年 2 月在成都购得 5 袋亚硝酸钠,存放于厨房库房中。8 月 1 日,酒店员工因加工卤肉在库房领取一袋,使用后将剩余亚硝酸钠存放于厨房操作台下。8 月 18 日,明珠花园酒店原厨房工作人员全部更换,厨房已开封使用的盐、味精等易耗品未进行移交。10 月 8 日早晨 6 时许,厨房员工制作早餐时,误将亚硝酸钠作为食盐,加入炒菜、汤饭、面条等食物中,游客和员工食用后,相继出现呕吐等中毒现象。

处理技巧 在本案例中,员工在工作态度上较为马虎大意,误将亚硝酸钠作为食盐;从另外一个方面也反映出酒店的管理者存在工作不扎实的地方。一般来说,亚硝酸盐在肉类制品中允许作为发色、防腐剂限量使用,出现在大型酒店并不奇怪。川菜系中很多时候都用得着,比如泡菜、腌肉的制作,都会使用,但亚硝酸盐引起食物中毒的概率较高,一般小型酒店都不会存放。亚硝酸盐是有毒物质,成人摄入 3 克即可致死,所以,厨房工作人员在工作中要加强食品卫生流程管理,加强食品安全知识宣传和人员培训。

(资料来源:http://www.itravelqq.com/2010/1014/76294.html)

【任务演练】

任务设计:实地调查一家酒店的厨房布局,从安全和卫生的角度分析其合理性,并提出建设性意见。

【任务考核】

学生分小组练习，小组内部互评，也可在小组间互评。教师抽取三组，按照岗位要求进行表演，教师进行点评，考核参考标准如表 2.1 所示。

表 2.1　考核参考标准

考核内容	得分标准	分值(满分 10 分)	得分
全面性	内容全面	2 分	
合理性	分析正确	2 分	
建设性	意见合理	3 分	
可行性	意见可行	3 分	

任务二　食品安全与卫生

【任务目标】

通过完成本任务，使学生熟悉和掌握食品安全与卫生的基本要求。

【任务导入】

2005 年 7 月 2 日，在简阳(县级市)某大酒店就餐的人员中有多人发生食物中毒，约有 530 人在该大酒店用餐。所有就餐者午餐食谱为：卤牛肉、姜汁豇豆、炝拌笋尖、糖拌西红柿、盐水鸭、白水兔丁、韭菜绿乌鸡、笋子牛腩、双椒武昌鱼、珍珠甲鱼、青豆烧田鸡、姜汁肘子、豆沙甜烧白、南瓜绿豆汤、两个时令蔬菜、两道小吃、一个水果拼盘，酒水自带；晚餐为中午所剩回锅菜。晚饭后部分就餐者陆续出现腹痛、腹泻、发热、恶心、呕吐等症状，腹泻开始为稀便，后为水样便、黏液脓血便，腹泻达每天十余次之多。最早发病者为 7 月 2 日晚 21 时，末例病人为 7 月 3 日晨 4 时，年龄最大者 75 岁，最小者 15 岁，中毒人数累计共 69 人。

后来，根据简阳市疾病控制中心关于该大酒店食物中毒的调查报告及检验报告书结果，在剩余食品卤牛肉、白水兔丁、姜汁豇豆中均检出大肠菌群超过国家标准 159 倍，推测本次食物中毒与加工操作中生、熟食没有严格分开，中午剩余熟食品没有冷藏保存等有关，判定本次食物中毒为细菌性食物中毒。

(资料来源：http://gc.100xuexi.com/view/examdata/20090915)

任务：为什么会发生中毒事件？该如何处理？

【任务链接】

"民以食为天，食以安为先"，食品的数量和质量都关系到人的生命安全。经过多年发展，我国的食品供给格局发生了根本性变化，在满足食品数量需求的同时，质量引发的食品安全事故时有发生，食品安全成了全社会关注的焦点，特别是餐饮业，更是人民群众关注的重中之重。

一、餐饮业中存在的食品安全问题

1. 食品污染问题

食品污染是指由于自然或人为的因素，致使食品含有害物质引起食品的结构和形态变化，直接损害人体健康。自然因素指食品本身具有毒性、有害物质或自身腐败变质而导致的细菌、霉菌毒素污染等；人为因素指由于人们缺乏相关知识、技术、意识而带来的食品二次污染。有毒物质污染食品的渠道是多方面的。

(1) 细菌、霉菌污染与腐败变质。出现在食品中的细菌除可引起食物中毒、人畜共患传染病等致病细菌外，还包括能引起食品腐败变质并可作为食品受到污染标志的非致病细菌。

(2) 农药的污染。如滴滴涕、六六六、汞、砷等农药的残留；来自生产、生活和自然环境中的污染物，如兽药、有毒金属、多环芳烃化合物、N-亚硝酸基化合物、杂环胺、二噁英、三氯丙醇等。

(3) 工业"三废"和生活污水、垃圾的污染。

(4) 家畜疫病的污染。

(5) 重金属污染。

(6) 运输贮存、加工过程中的污染；来自食品产、储、运、销过程中的污染物，如粮食收割时混入的草籽、液体食品容器中的杂物、食品运销过程中的灰尘等。

(7) 容器与包装材料污染。

(8) 食品放射性污染。

(9) 饮食企业不卫生操作造成的食品污染。

(10) 动植物原料病原体的污染等。动物性食品污染是指肉、蛋、奶、水产食品及其制品受到了各种有害物质的污染，造成食品的卫生质量下降或对人体健康造成危害；昆虫污染主要包括粮食中的甲虫、螨类、蛾类以及动物食品和发酵食品中的蝇、蛆等污染。

(11) 不法分子投机经营，为牟取暴利，违反国家食品卫生标准，生产销售劣质食品，以次充好，以假充真，掺假、制假过程中加入的物质。如在辣椒粉中掺入的化学染料苏丹红，粮食中掺入的沙石、肉中注入的水、奶粉中掺入大量的糖等。

2. 食品营养问题

食品营养问题即营养不均衡问题，包括食品营养过剩与缺乏，中国人的主要营养问题都可归结为这两大看似矛盾的问题。

(1) 食品营养过剩。随着人们生活水平的提高，多数人已不再满足"吃得饱"而转向追求"吃得好"。然而转变过于极端，导致人的"三高"问题严重。"三高"即高蛋白、高脂肪、高热量，由此引起了一系列的所谓"现代病"、"文明病"，如高血压、糖尿病、冠心病、动脉硬化、心肌梗死等疾病，且发病率逐年提高。食品营养问题，也是人体安全问题。如十大营养问题的第一项肥胖，由于热量过剩，超重和肥胖人数大幅度增加，导致与营养失衡有关的慢性病明显上升。

(2) 食品营养缺乏。强调个人的饮食喜好，而忽略人体所需营养均衡，导致部分营养缺乏。人们只有摄入全面而充足的必需营养才能获得健康，如儿童饮食应重视钙的摄取以保证生长发育所需，妇女应注重铁的吸收以远离贫血等症状困扰，老人同样应加强补钙，以免出现骨质疏松症、腰酸腿软等症状。

(3) 食品质量问题。客人到餐厅消费最基本的要求就是获得美味可口的饭菜，即色、香、味俱全，这也是餐厅食品质量的外在表现。但有些厨师为使菜肴的色彩鲜艳、质地脆嫩、造型美观而在烹饪过程中随意加入一些不利于人体健康的添加剂，易造成客人出现一系列不良反应，如口渴、腹泻、痉挛、食物中毒等。

食品添加剂

食品添加剂是为改善食品色、香、味等品质，以及为防腐和加工工艺的需要而加入食品中的化合物质或者天然物质。目前我国食品添加剂有 23 个类别，2 000 多个品种，包括酸度调节剂、抗结剂、消泡剂、抗氧化剂、漂白剂、膨松剂、着色剂、护色剂、酶制剂、增味剂、营养强化剂、防腐剂、甜味剂、增稠剂、香料等。

食品添加剂大大促进了食品工业的发展，并被誉为现代食品工业的灵魂，这主要是因为它给食品工业带来许多好处，其主要作用大致如下：

1. 防止变质

例如防腐剂可以防止由微生物引起的食品腐败变质，延长食品的保存期，同时还具有防止由微生物污染引起食物中毒的作用。又如抗氧化剂可阻止或推迟食品的氧化变质，以提高食品的稳定性和耐储藏性，同时也可防止可能有害的油脂自动氧化物质的形成。此外，食品添加剂还可用来防止食品，特别是水果、蔬菜的酶促褐变与非酶褐变。这些对食品的保存储藏都是具有一定意义的。

2. 改善感官

食品的色、香、味、形态和质地等是衡量食品质量的重要指标。适当使用着色剂、护色剂、漂白剂、食用香料以及乳化剂、增稠剂等食品添加剂，可以明显提高食品的感官质量，满足人们的不同需要。

3. 保持营养

在食品加工时适当地添加某些属于天然营养范围的食品营养强化剂，可以大大提高食品的营养价值，这对防止营养不良和营养缺乏、促进营养平衡、提高人们健康水平具有重要意义。

4. 方便供应

现在市场上已拥有 20 000 种以上的食品可供消费者选择，尽管这些食品的生产大多通过一定包装及不同加工方法处理，但在生产工程中，一些色、香、味俱全的产品，大都不同程度地添加了着色、增香、调味等食品添加剂。正是这众多的食品，尤其是方便食品的供应，给人们的生活和工作带来极大的方便。

5. 方便加工

在食品加工中使用消泡剂、助滤剂、稳定和凝固剂等，可有利于食品的加工制作。例如，当使用葡萄糖酸 δ 内酯作为豆腐凝固剂时，可有利于豆腐生产的机械化和自动化。

6. 其他特殊需要

食品应尽可能满足人们的不同需求。例如,糖尿病人不能吃糖,可用无营养甜味剂或低热能甜味剂,如三氯蔗糖或天门冬酰苯丙氨酸甲酯制成无糖食品。

食品添加剂的安全使用是非常重要的。理想的食品添加剂是有益无害的物质。食品添加剂,特别是化学合成的食品添加剂大都有一定的毒性,所以使用时要严格控制使用量。食品添加剂的毒性是指其对机体造成损害的能力。毒性除与物质本身的化学结构和理化性质有关外,还与其有效浓度、作用时间、接触途径和部位、物质的相互作用与机体的机能状态等条件有关。因此,不论食品添加剂的毒性强弱、剂量大小,对人体均有一个剂量与效应关系的问题,即物质只有达到一定浓度或剂量水平,才显现毒害作用。

(资料来源:http://baike.baidu.com/view/93102.htm)

二、餐饮业中常见的食品卫生问题

1. 食品采购、贮存、保管卫生

(1) 采购。采购食品及其原料必须专人负责,必须向供货方索取卫生许可证(复印件)、检疫证明、检验合格证或化验单。定型包装食品及其原料必须有厂名、厂址、生产日期、保质期等标识,不超过保质期;非定型包装食品及其原料感官指标必须符合卫生要求。

(2) 贮存、保管。① 建立食品验收和购销台账制度,确定专人把好进货验收关,在食品购销台账上详细登记产品名称、供销单位、购销数量、产品批次、保质期限和索证资料是否齐全,相关证件证明应当保存一年以上备查。对相关证件不符合要求或证件与产品不相符的产品,不得采购进仓。② 大型餐饮企业应分别设置主、副食库房。一般餐饮企业的原料库房应分别设置主、副食区域。食品与非食品分库存放,食品库不得存放杀虫剂、消毒剂和亚硝酸盐等有毒有害物质;库房内食品离地、隔墙,分类分架存放。一般地势低洼会造成库房、加工间地面潮湿、积水,导致食品受潮,发生腐败变质。③ 配备与经营规模相适应的存放生料、半成品和熟食品的冰箱或冰柜,并标明生、熟用途。

2. 食品加工烹调操作卫生

餐饮企业加工食品的场所主要是厨房。厨房的面积和餐厅面积的比例以不小于1∶2为宜。加工场所应按照原料、半成品和成品的加工顺序予以布局,体现由污染区→半洁净区→洁净区的加工顺序。生熟食品之间、食品与非食品之间存放场所无交叉。出菜通道与餐具回收通道分开(经营单一品种的除外)。如食品加工场所未按照原料、半成品、成品供应的顺序布局,食品加工流程未做到生进熟出的单一流向,餐具消毒未做到脏进净出的单一流向,成品供应通道与原料进货通道,或与餐具回收通道混用或交叉,将会影响食品卫生安全,危害食用者的身体健康。

(1) 食品粗加工卫生。食品粗加工场所多为简易建筑,甚至露天或半露天操作。餐饮加工与外界无隔离防护设施,外界的灰尘、污染物以及蚊蝇等就可以直接污染食材。

食品粗加工场所的地面、墙裙应用不透水的材料筑成。如地面用磨光水泥或马赛克铺设,墙裙贴1.5米以上浅色瓷砖,地面及排水沟有3%～5%坡度,下水道的漏水口有密格铁质网罩，以阻挡废弃物冲入下水道造成下水道阻塞和防止老鼠由排水沟进入室内。

食品粗加工场所应有足够供水，应分别设置肉类、水产品原料和果蔬原料的洗涤场所，分别设置洗涤间（区）和洗涤池，做到荤、素食品分池清洗，洗涤拖把等清洁用品与清洗食品的水池分开。

食品粗加工场所应设可密封的废物箱或带盖垃圾箱，加工的废弃物及时倒入箱内并盖好，防止苍蝇等害虫滋生，废弃物应日产日清。

在粗加工过程中发现各种荤、素食品原料腐烂变质、发霉、生虫、掺杂、掺假、有毒有害等，均不应清洗加工。

肉类食品加工清洗前，应先行检查：一是检查肉类有无经过卫生检疫，经过卫生检疫的肉，在肉皮上盖有印戳允许销售；二是检查肉品卫生质量，看其是否新鲜，有无发黏、发臭、变质等腐败变质现象。经过认真检查，确认质量符合卫生要求，才能进行修整加工。

水产品清洗前应逐条检查质量，尤其应检查有毒鱼及某些鱼的有毒内脏，如河豚、鲨鱼、旗鱼的内脏。黄鳝、甲鱼、河蟹、乌龟和贝类水产品死亡后，均不能作为食品原料使用，这类水产品一旦死亡，即已开始变质，食用后容易引起中毒。

禽、蛋类。活禽宰杀前应注意有无疾病，宰杀后脱净羽毛，去头爪、除净内脏，清洗干净后送入厨房，严防未净膛的活禽送入厨房加工烧制。

蔬菜类食品。蔬菜类粗加工的基本要求是去掉泥沙、杂草和不可食部分，再进行清洗。由于蔬菜在种植时多用人畜粪便作肥料，因此清洗显得特别重要，尤其叶菜类蔬菜应认真仔细清洗。为了防止营养素流失，对蔬菜粗加工应先洗后切，按照一拣、二洗、三切的顺序进行操作，清洗后的蔬菜不宜放置过夜。

（2）食品切配卫生：① 切配场所卫生：切配菜应有固定的场所或专用房间，地面要用不透水材料铺砌，并有一定坡度以利冲洗清扫。② 工具、用具卫生：刀、砧板用后洗刷干净，配菜刀不用时放入清洁的石灰水中，可防止生锈；砧板洗刷揩干竖立放置，防止发霉，抹布在使用过程中经常清洗，用后晾干。③ 切配操作卫生：食品在粗加工过程中虽已经过质量检查，但为防止清洗加工后放置时间过长，食品发生腐败变质或粗加工时疏忽大意，混入有毒有害部分，切配时仍应注意食品的质量。发现食品有腐败变质或污秽不洁的，不得切配加工，应将其剔除，另作处理。

操作人员应严格做好个人卫生，执行一前三后洗手法，即上岗工作前、上厕所后、接触污染的原料之后、从事与切配无关的其他活动之后都应洗手消毒。加工食品时不吸烟，不嚼口香糖，不随地吐痰。每年进行一次健康检查并经卫生知识培训合格。从业人员应养成良好的卫生习惯。坚持"四勤"，坚持个人操作卫生，接触直接入口食品要戴口罩。

（3）烧煮烹调卫生：① 烧煮烹调场所卫生。灶面、灶台及墙壁经常洗刷，做到无油垢、无积灰、无食物残渣，排气罩不滴油。② 烧煮、烹调操作卫生。根据各种食品的具体情况，决定加热时间。烧煮时必须充分加热，使食品每个部位都均匀受热。否则易发生里生外熟现象。

防止加工不当产生有害物质。如食油经多次反复加热，可加速油脂氧化裂解产生有毒物质。因此，要经常补充新油和滤除油渣，降低油中有害物质含量。

防止交叉污染。要求操作者在烹调食品时注意操作卫生，盛放食品的盛器、容器、餐具要生熟分开；熟食盛器上应有明显标记，使用前进行严格消毒，不能用未消毒的盛器放熟食菜肴；不能用抹布揩擦已消毒的餐具、容器，避免餐具重新受到污染；炒菜时不能用炒勺或手指直接品尝，尝剩的汤菜严禁倒回锅内；饭菜烧好应及时放入备餐室，放置时间不宜太长，以免在放置时细菌大量繁殖。

烘烤、烟熏食品易造成多环芳烃等有害物质对食品的污染，烘烤时应避免明火直接与食品接触。烘烤时滴落油中的苯并芘含量较高，不能作食用油使用。烟熏食品制成后，应用清洁的布或其他消毒器具，揩去附着在食品表面的油烟，以降低食品中苯并芘等有害物质的含量。在烧烤时，尽量不以果木为燃料，以电、远红外线为热源最好。尽量不用敞开炉膛的柳条炉，采用鼓风式炉(韩国料理店)。尽量不以脂肪、胆固醇高的肉为原料。不要在高温下过快或过度烤制食物，应温火烤制，避免烤焦。

禁止使用发霉、生虫、污秽不洁的调料，操作加工食品时不戴戒指等饰物，不吸烟，不吃东西，不对着食品说话、咳嗽、打喷嚏等。

(4) 凉菜制作卫生。凉菜包括熟食、刺身、沙拉、水果拼盘等直接入口食品，加工时，食品与工具、容器、操作者的手接触频繁，受污染的机会多，因此加工场所卫生，工具用品、容器、盛器的清洗消毒和加工制作卫生显得更为重要。其加工必须执行“五专”，即专间、专人、专用制作工具、专用洗手消毒设施、专用冷藏设施，才能保证食品卫生。

① 专间：凉菜间应专用，设有预进间。在预进间安装洗手池，以及更换清洁工作衣服的衣柜等，供操作人员进入专间前更衣洗手消毒。凉菜间应有玻璃门窗，平时门窗关闭，出菜从窗口传递。夏秋炎热季节，配有空调等室内降温设备，室温应控制在25℃以内，以减慢细菌的生长和繁殖速度。

② 专用冷藏设施。凉菜间内有凉菜专用冰箱，消毒保洁柜、水池和空气清毒设施。

③ 专用制作工具。凉菜间刀、砧板、抹布等用具应专用，使用前严格消毒。专间里做到无灰尘、无油垢、无蟑螂、无鼠迹，物件摆放整齐。

④ 专用洗手消毒设施：室内备有消毒水，供操作人员洗手及清洗消毒刀、砧板、抹布等。操作前先用紫外线灯进行空气消毒30分钟。

⑤ 专人。凉菜应当由专人加工制作，非凉菜间工作人员不得擅自进入凉菜间。

【任务实例】

实例1

2009年9月4日，百江镇翰坂村村民冯××在家中办丧事，聚餐后较多村民出现腹痛腹泻等中毒症状，我局立即启动应急预案，组织卫生监督、疾控中心开展事件的全面调查。先后对147名就餐人员(包括病人和非病人)进行了个案调查，对病人粪便、呕吐物、剩余食物及加工经营环节等采样21份送县疾控中心检查。通过系统的调查，最终认定事件的结论是：本次事故是因分水镇××卤味销售店在加工、贮存，供应鹌鹑蛋、板鸭、牛肚等卤味食品时，存在不符合卫生要求的行为，使鹌鹑蛋、牛肚被副溶血性弧菌污染，冯××在供餐中，卤味贮存、再加工环节不符合卫生要求，就餐者食用后发生的一起集体性急性副溶血性弧菌食物中毒事故。

处理技巧　本案例中暴露出来的是食品安全相关问题：

1. 卤味加工销售环节存在原料、半成品、成品存放容器交叉混用等不规范操作导致成品被致病微生物污染；

2. 加工后的卤菜在22～24℃时，存放不应超过4个小时，达到6个小时或隔夜就必须回锅加热；

3. 农村集体聚餐使用外购熟食卤味，存在熟食卤味保存不当、切配加工场所不符合卫生要求以及未彻底加热直接供客人食用等安全问题。

（资料来源：http://xxgk. tonglu. gov. cn/index）

实例 2

2011 年 04 月 27 日，我局执法人员对原桐君街道迎春南路 196 号 4 楼“××餐饮有限公司”进行检查。该店一楼门口标有“××海鲜”电子显示屏，该店面积约 600 平方米，前店后场式经营，店内有餐桌、餐椅、海鲜池、吧台、冰柜、冰箱、保洁柜等经营用具，有煤气灶等加工用具；厨房内三名厨师正在加工食品，就餐大厅三名服务人员正在清理卫生；该店店主宋××未能出示《餐饮服务许可证》，通过调查，该餐饮店已无证经营 61 天。我局依法作出责令立即改正违法行为，罚款人民币 5 000 元的行政处罚，当事人在法定期限内自觉履行了处罚决定。

处理技巧 这是一起典型的餐饮服务无证经营的行政处罚案件，无证经营餐饮服务存在着较大的食品安全风险。首先，无证经营的餐饮店未经餐饮服务许可，往往存在功能分区、布局不合理，容易导致交叉污染的情况。比如本案例中，餐桌、餐椅、海鲜池、吧台、冰柜、冰箱、保洁柜、煤气灶等经营用具和加工用具放在一起，会相互污染。其次，一些必备的卫生设施、设备配备不到位，使得一些卫生安全措施无法落实。再次，无证经营的酒店，其从业人员很可能未经健康体检或卫生知识培训，缺乏餐饮卫生管理的知识等。总之，餐饮服务的无证经营会极大地扰乱正常的经营秩序，侵害合法经营者的利益，更重要的是存在较大的食品安全风险。在日常餐饮监管中，要加大打击力度，遏止“无证试营业”现象，以保障广大餐饮消费者的就餐安全。

（资料来源：http://xxgk. tonglu. gov. cn/index）

【任务演练】

任务设计：2010 年 8 月 5 日，我局监督员对瑶琳镇桃源村××宾馆进行检查，查实该宾馆经营超过保质期限的可口可乐 9 瓶，包装标识内容不全的樱桃谷鸭 4 只、鸡蛋面 1 筒、面包糠 1 箱（剩 9 包），包装标识内容不全且霉变的豆腐皮 1 包，另有供客人使用的餐具未消毒等违法行为。立案后依法对该宾馆负责人作出责令立即改正违法行为，罚款人民币 6 000 元的行政处罚，当事人在法定期限内自觉履行了处罚决定。请从宾馆角度分析事件性质并提出整改方案。

【任务考核】

学生分小组讨论案例，小组内部互评，也可在小组间互评。教师抽取三组，教师进行点评，考核参考标准如表 2.2 所示。

表 2.2 考核参考标准

得分标准	分值（满分 10 分）	得分
阐述深刻	2 分	
条理清楚	2 分	
言之有理	3 分	
联系实际	3 分	

项目三

酒水知识

项目目标

本项目主要讲述酒水知识，通过本项目的学习，了解酒水饮料和非酒精饮料的不同种类；掌握葡萄酒的主要分类和鉴别方式；熟悉世界著名咖啡品牌；掌握茶的种类和品名；了解其他无酒精饮料。

本项目包含两个任务：酒精饮料；非酒精饮料。

任务一　酒精饮料

【任务目标】

通过学习本任务，了解酒的基本分类知识，掌握中外名酒特征。

【任务导入】

一天，在某小城一个经营洋酒的酒吧里，来了一位外地客人。服务人员小王热情有礼地迎接客人入座。客人刚一坐下，就说："来一杯白兰地。"小王一愣，想都没想就回答："对不起，我们没有白兰地。"客人指着吧台生气地说："你们吧台上有这么多的人头马、轩尼诗的白兰地酒，为何说没有？是不是欺负我是外地人，还是怕我喝不起？"

小王恍然大悟：原来，人头马、轩尼诗是白兰地呀！小王连忙向客人解释。客人听后，这才平息了怒火，哑然失笑，却对酒吧的专业性产生了怀疑，起身而去。

（资料来源：http://www.adb—hotels.com/news/news_detail.asp? id=98）

任务：小王的问题出现在哪儿？

【任务链接】

人们日常生活中常说的酒，即含有乙醇，且乙醇浓度在0.5%（容量比）以上的饮料，是以含淀粉或糖质的谷物或水果为原料，经过发酵、蒸馏等工艺酿制而成的。

酒是乙醇、水和众多的化学物质组成的混合物，其中乙醇是主要成分。酸、脂、醛等物质含量很低，但是决定了酒的质量和特色，所以这些物质在酒中的含量非常重要。酒精饮料因含有酒精成分，所以带有一定的刺激性，能够使神经兴奋，麻醉人的大脑，是人类日常生活中重要的饮品。

酒的历史

甘甜醇香的酒是谁发明的？在甲骨文和金文里已经有了“酒”字，不过“酒”字不从水，而是写成“酉”字。据考古学家研究，这就是最早的“酒”字了。酿酒的历史要追溯到文字产生之前的遥远年代。《战国策·魏策》记载：“昔者，帝女令仪狄作酒而美，进之禹，禹饮而甘之，遂疏仪狄，绝旨酒，曰：后世必有以酒亡其国者。”酒是帝女令仪狄制作的。帝女也罢，仪狄也罢，都是女性。帝女何许人也？一说是舜之女，一说是天帝之女。晋代郭璞在《山海经图赞》里说，天帝之女的面相是“蓬发虎颜”。蓬发犹可，而虎颜是否带一点古老的图腾痕迹呢？这说明酿酒业在中国肇兴得很早。酒的发明者就是帝女。后来有杜康之说，晚矣。此为男权社会的修改罢了。

由此可见，酒在中国有着悠久的历史。最晚在商朝时我们的祖先就已经学会了酿酒，商纣王“以酒为池，悬肉为林”可以佐证。酒的出现说明生产力有了一定的发展，粮食有了较多的剩余。从商朝至今，酒在中国已经有了三千多年的历史。

（资料来源：http://www.cnwhtv.cn/2012/0524/16602.html）

一、酒的分类

酒的种类五花八门，应有尽有，有高度的、低度的，酸的、甜的，有色的、无色的，酒的分类方法也各不相同，如按照生产原料可分为果酒类、谷物酒类等；按照商业习惯可分为白酒、葡萄酒、啤酒、黄酒等；按照生产工艺分为发酵酒、蒸馏酒等。下面主要介绍酒的几种分类方法。

1. 按酒的生产工艺分类

按照酒的生产方法通常分为：发酵酒、蒸馏酒和配制酒三大酒系。

(1) 发酵酒。又称原汁酒、酿造酒，是在含有糖分的液体中加上酵母进行发酵而产生的含酒精饮料。发酵酒的主要原料是谷物和水果，其特点是酒精含量低，一般都在20度以下，刺激性较弱，属于低度酒。例如：用谷物发酵的啤酒一般酒精含量为3%～8%，果类的葡萄酒酒精含量为8%～14%。常见的发酵酒有啤酒、黄酒及各种果类酒，如：梅酒、橘子酒、苹果酒等。

(2) 蒸馏酒。凡以糖质或淀粉质为原料，经糖化、发酵、蒸馏而成的酒，统称为蒸馏酒。蒸馏酒酒度较高，均在20度以上，刺激性较强，又称烈性酒，如白兰地、威士忌、中国的各种白酒等。

(3) 配制酒。配制酒是指在各种酿造酒、蒸馏酒或食用酒精中加入一定数量的水果、香料、药材等浸泡后，经过滤或蒸馏而得的酒。如：杨梅烧酒、竹叶青、三蛇酒、人参酒、利口酒、味美思等。

2. 按酒精含量分类

(1) 高度酒。高度酒是指酒精含量在40度以上的酒，如：白兰地、朗姆酒、茅台酒、五粮液等。

(2) 中度酒。中度酒是指酒精含量在20～40度之间的酒，如：孔府家酒、五加皮等。

(3) 低度酒。低度酒是指酒精含量在20度以下的酒，如：黄酒、葡萄酒、日本清酒等。

3. 按商业经营分类

中国酒通常采用商业经营的方法分类，将酒分为下列五类：

(1) 白酒。白酒是以谷物为原料的蒸馏酒，因酒度较高而又被称为"烧酒"。其特点是无色透明，质地纯净，醇香浓郁，味感丰富。

(2) 黄酒。黄酒是中国生产的传统酒类，以糯米、大米（一般是粳米）、黍米等为原料的酿造酒，因其酒液颜色黄亮而得名。其特点是醇厚幽香，味感和谐，营养丰富，越陈越香。

(3) 果酒。果酒是以水果、果汁等为原料的酿造酒，大都以果实名称命名，如：葡萄酒、山楂酒、苹果酒、荔枝酒等。其特点是色泽娇艳，果香浓郁，酒香醇美，营养丰富。

(4) 药酒。药酒是以成品酒（以白酒居多）为原料加入各种中草药浸泡而成的一种配制酒。药酒是一种具有较高滋补、营养和药用价值的酒精饮料。

(5) 啤酒。啤酒是以大麦、啤酒花等为原料的酿造酒。其特点是具有显著的麦芽和酒花清香，味道纯正爽口，营养价值较高，促进食欲，帮助消化。

4. 按配餐方式分类

外国酒通常以配餐方式对酒进行分类。

(1) 开胃酒。开胃酒是以成品酒或食用酒精为原料加入香料等浸泡而成的一种配制酒，如：味美思、比特酒、茴香酒等。

(2) 佐餐酒。佐餐酒主要是指葡萄酒，因西方人就餐时一般只喝葡萄酒而不喝其他酒类（不像中国人可以用任何酒佐餐），如：红葡萄酒、白葡萄酒、玫瑰葡萄酒和有汽葡萄酒等。

(3) 餐后酒。餐后酒主要是指餐后饮用的可帮助消化的酒类，如：白兰地、利口酒等。

二、葡萄酒

葡萄酒的分类。

1. 葡萄酒按其颜色分类

(1) 红葡萄酒（Red Wine）。红葡萄酒（如图3.1所示）是以紫红色葡萄为原料，连皮带汁一起发酵酿制而成的。因酒液中溶有葡萄皮的色素，故酒液呈红色，陈酿时间越长，其颜色越浅。红葡萄酒通常在室温下饮用，20℃为最佳饮用温度。

(2) 白葡萄酒（White Wine）。白葡萄酒（如图3.2所示）是以青绿色葡萄为原料，去皮后仅取葡萄的肉、汁发酵酿制而成的。因葡萄皮不参加发酵过程，故酒液中没有葡萄皮的色素而呈浅黄色，陈酿时间越长，其颜色越深。白葡萄酒需冷藏后饮用，10～12℃为最佳饮用温度。

(3) 玫瑰葡萄酒（Rose Wine）。玫瑰葡萄酒（如图3.3所示）是以紫红和青绿色葡萄混合在一起连皮带汁发酵酿制而成的。但在酿制的中途就将皮渣滤出，因而葡萄皮在酒液中浸泡时间较短，故酒液中仅溶有少许葡萄皮的色素而呈粉红玫瑰色。玫瑰葡萄酒也需冷藏后饮用，其最佳饮用温度为12～14℃。

2. 葡萄酒的传统分类

按国际上传统的分类方法，葡萄酒可分为四类：

(1) 无汽葡萄酒(Natural Still Wine)。无汽葡萄酒即佐餐葡萄酒(Table Wine)，是指酒度在14度以下的各种红葡萄酒、白葡萄酒和玫瑰葡萄酒。其名品有法国的波尔多(Bordeaux)、布根地(Burgundy)、梅多克(Medoc)，德国的莱茵(Rhine)，美国的夏当尼(Chardonnay)，等等。

(2) 有汽葡萄酒(Sparkling Wine)。有汽葡萄酒是指酒液在装瓶后进行第二次发酵，发酵过程中产生的二氧化碳气体自然地聚集在瓶内，使酒液带有气泡的葡萄酒，其酒度一般在14度以下。有汽葡萄酒因含有大量的二氧化碳，所以应冷藏后饮用，其最佳饮用温度为6～8 ℃。其名品是法国的香槟酒(Champagne)。

图3.1　红葡萄酒

图3.2　白葡萄酒

图3　粉红葡萄酒

认识香槟酒

香槟酒(Champagne)是有汽葡萄酒的典型代表(如图3.4所示)。香槟酒是以它的原产地，法国的一个叫香槟省的地名而命名的。香槟地区采用传统的“香槟酿造法”来酿造香槟酒。香槟一词的含义极其丰富，根据国际法例规定：唯有在法国香槟区采用“香槟酿造法”来酿造的气泡酒才能称为“香槟”，不符合这个规定的，一概只能称为气泡酒。例如：在西班牙气泡酒叫做“Cave”，在德国叫“Sekt”，在意大利叫做“Spumante”，甚至在法国香槟区以外地区所酿造的气泡酒也只能叫做“Vin Mousseax”而不能以香槟来命名。

图3.4　香槟酒

关于香槟酒的来历，还有这样一个传说。据说在18世纪初叶，丹·佩里农(Dom Perignon)是修道院葡萄酒的负责人，因为某一年葡萄酒产量减少，于是他就把还没有完全成熟的葡萄榨汁后装入瓶中贮藏。期间，因为葡萄酒受到不断发酵所产生的二氧化碳的压迫，于是就变成了发泡性的酒。由于瓶中充满了气体，所以在拔除栓头时会发出悦耳的声响。香槟酒也因此成为圣诞节等节庆宴会上不可或缺的酒类之一。

(资料来源：http://baike.baidu.com/view/33367.htm)

(3) 强化葡萄酒(Fortified Wine)。强化葡萄酒是指在葡萄酒的发酵过程中掺入白兰地或食用酒精,使发酵中断,留有一定的糖分并提高酒精含量而得到的葡萄酒。其酒精含量一般在 14～24 度之间。其名品有西班牙的雪利(Sherry)、马赛拉(Marsala)、马拉加(Malaga),葡萄牙的波特酒(Port)、马代拉(Madeira),等等。强化葡萄酒通常用于佐食甜点,又被称为甜食酒(Dessert Wine)。

(4) 芳香葡萄酒(Aromatized Wine)。芳香葡萄酒是在葡萄酒发酵过程中,除掺入白兰地或食用酒精外,再加入各种芳香原料(如水果、果实和香料等)浸制而成的葡萄酒。该酒既有酒香,又有特殊的香料香味。其名品有法国的干味美思(Dry Vermouth)、意大利的甜味美思(Sweet Vermouth)等。芳香葡萄酒主要用作开胃酒,也可用于调制鸡尾酒。

20 世纪 70 年代以前的中国所出产的葡萄酒工艺低劣,有时仅以食用酒精、香精和色素配制而成。此后中外合资生产的长城(Great Wall)、王朝(Dynasty)等红、白葡萄酒慢慢进入国际市场,并得到国内外消费者的接受和赞赏。除上述两种有名的葡萄酒外,还有青岛的张裕葡萄酒、烟台的雷司令葡萄酒和北京出产的龙徽葡萄酒(Dragon Seal)等名品。

对葡萄酒的评价一般从外观难以分辨,需要细细品尝。以干红葡萄酒为例:品酒时,首先是观其色。将酒注入郁金香形的透明高脚杯中,约 1/3 或 1/4 杯,对着光线看,酒色澄清透明,干红葡萄酒因其品种不同会呈现紫红、深红、宝石红等绚丽色彩,而变质酒则是黯然无色的。其后,是闻香味。酒的香气能令行家分辨出其种类及其质量。优质葡萄酒应具有果香、醇香、发酵酒香、清香,变质的酒则会有酸味、硫黄味和其他异味。再次,轻轻晃动酒杯后,仔细观察,如果发现酒液如油脂一样,有沿杯壁下滑的痕迹,则说明这种干红葡萄酒很醇厚。最后,就是品尝。尝,当然不是一口吞下,而是要在口中含一含,靠舌尖、舌两侧与舌根去体会,这才能尝到葡萄酒的真正滋味。不过,在做这些步骤之前,应先将干红葡萄酒开瓶后放置半小时或一小时,让酒与空气接触一下,以氧化单宁,利于散发出应有的芳香。

三、黄酒

(1) 浙江绍兴加饭酒。据考证,在春秋战国时期绍兴地区就开始酿制黄酒。加饭酒是绍兴黄酒中最具独特风味的一个品种,它以上等糯米为原料,加入酒曲后用摊饭法发酵酿制而成。加饭酒需在缸或坛中密封陈酿,陈酿期越长,酒质越好。加饭酒酒味浓醇,甘美可口,营养丰富,酒度为 16.5 度左右,含糖量为 2%,有古越龙山、会稽山等品牌。加饭酒加温后饮用,口味尤佳。

(2) 福建龙岩沉缸酒。沉缸酒产于福建省龙岩市,是以糯米为原料,加入红曲和药曲后发酵酿制而成。该酒也需陈酿(一般为两年以上)。沉缸酒香气浓郁、口味醇厚、余味绵长,酒度为 15 度左右,含糖量为 20%。

(3) 山东即墨老酒。即墨老酒产于山东省即墨市,是以黍米为原料,加入麸曲后发酵酿制而成。即墨老酒酒味浓郁,清香爽口,酒度为 12 度。

四、啤酒(Beer)

啤酒是以大麦芽为原料、啤酒花为香料经发酵酿制而成的一种含有大量二氧化碳气体的低度酒。啤酒中含有 11 种维生素和 17 种氨基酸(氨基酸是组成蛋白质分子的基本单位),极易为人体所吸收。1 升麦芽汁浓度为 12 度的啤酒经消化后所产生的热量相当于

120 克瘦猪肉或 250 克面包或 300 克鸡蛋所产生的热量。故啤酒在 1972 年被世界营养组织列为营养食品，有“液体面包”之称，并且因其具有显著的麦芽和酒花清香，口味纯正爽口，内含丰富的营养成分，深受消费者喜爱。

1. 按有无杀菌分类

啤酒按有无杀菌（酵母菌）可分为生啤酒和熟啤酒两种。生啤酒（Draught）又称鲜啤酒或扎啤，是指酿成的啤酒不经加热杀菌处理而直接入桶密封。生啤酒口味较鲜美，但稳定性较差，极易变质，保存期为 3～7 天，在饮用时需经生啤机加工（加入二氧化碳并速冷）。熟啤酒是指酿成后经过加热杀菌处理的瓶（罐）装啤酒。熟啤酒稳定性较好，但口味及营养不如生啤酒，其保存期一般为 2～6 个月。

2. 按啤酒的颜色分类

啤酒按其颜色可分为黄啤酒和黑啤酒。黄啤酒（Beer）是啤酒中最主要的品种，呈浅黄色，其酒度为 3～5 度，麦芽汁浓度 10～12 度。黑啤酒（Stout）是以烘烤得较焦的麦芽为原料经发酵后酿成的啤酒，呈咖啡色或棕黑色，其酒度为 5～8.5 度，麦芽汁浓度为 14～18 度。

五、蒸馏酒

1. 中国蒸馏酒

中国的蒸馏酒主要是白酒，中国白酒因其原料和生产工艺等不同而形成了不同的香型，主要有以下五种：

(1) 清香型。清香型白酒的特点是清香纯正，醇甘柔和，诸味协调，余味净爽，如山西汾酒。

(2) 浓香型。浓香型白酒的特点是芳香浓郁，甘绵适口，香味协调，回味悠长，如四川泸州老窖特曲。

(3) 酱香型。酱香型白酒的特点是香气幽雅，酒味醇厚，柔和绵长，杯空留香，如贵州茅台酒。

(4) 米香型。米香型白酒的特点是蜜香清柔，幽雅纯净，入口绵甜，回味怡畅，如广西桂林三花酒。

(5) 兼香型。兼香型白酒的特点是一酒多香，即兼有两种以上主体香型，故又被称为混香型或复香型，如贵州董酒。

中国名酒简介

1. 茅台酒。茅台酒产于贵州省仁怀县茅台镇，是以高粱为主要原料的酱香型白酒，酒度为 53 度。

2. 汾酒。汾酒产于山西省汾阳县杏花村酒厂，是以高粱为主要原料的清香型白酒，酒度为 60 度。

3. 五粮液。五粮液产于四川省宜宾市，是以高粱、糯米、大米、玉米和小麦为原料的浓香型白酒，酒度为 60 度。

4. 剑南春。剑南春产于四川省绵竹市，是以高粱、大米、糯米、玉米、小麦为原料的浓香型白酒，酒度有60度和52度两种。

5. 古井贡酒。古井贡酒产于安徽省亳州市，是以高粱为主要原料的浓香型白酒，酒度为60度。

6. 洋河大曲。洋河大曲产于江苏省宿迁市洋河镇，是以高粱为主要原料的浓香型白酒，酒度有60度、55度、38度等多种。

7. 董酒。董酒产于贵州省遵义市，是以高粱为主要原料的兼香型白酒，酒度为58度。

8. 泸州老窖特曲。泸州老窖特曲产于四川省泸州市，是以高粱为主要原料的浓香型白酒，酒度为60度。

随着消费者饮酒习惯的改变，上述各种白酒近年均有酒度在28～39度之间的中度白酒面市。

（资料来源：http://blog.sina.com.cn/s/blog_8641de150100vynb.html）

2. 外国蒸馏酒

(1) 白兰地(Brandy)。白兰地是以葡萄或其他水果为原料经发酵、蒸馏而得的酒。以葡萄为原料制成的白兰地可仅称为白兰地，而以其他水果为原料制成的白兰地必须标明水果名称，如苹果白兰地(Apple Brandy)、樱桃白兰地(Cherry Brandy)等。新蒸馏出来的白兰地需盛放在橡木桶内使之成熟，并应经过较长时间的陈酿(如法国政府规定至少十八个月)，白兰地才会变得芳郁醇厚，并产生色泽。白兰地的储存时间越长，酒的品质越佳。白兰地的酒度为43度左右。

法国是世界上首屈一指的白兰地生产国，在法国白兰地产品中，以干邑(Cognac)最为著名。干邑，又称科涅克，产于法国南部科涅克地区的一个法定区域内。法国政府规定，只有在这个区域生产的白兰地才可称为干邑，其他地区的产品只能称白兰地，不得称干邑。干邑白兰地通常以一些英文字母来表示其陈酿时间，如：V. O为10～12年；V. S. O为12～20年；V. S. O. P为20～30年；F. O. V为30年以上；Napoleon为40年以上；X. O为50年以上；X为70年以上，等等。干邑白兰地的名品有轩尼诗(Hennessy)、人头马(Remy Martin，如图3.5所示)、马爹利(Martell)、卡慕(Camus)等。白兰地主要用作餐后酒，一般不掺其他饮料。

(2) 威士忌(Whisky)。威士忌是以谷物为原料经发酵、蒸馏而得的酒。世界各地都有威士忌生产，以苏格兰威士忌最负盛名。按惯例，苏格兰、加拿大两地的威士忌书写为"Whisky"，其他国家和地区的威士忌书写为"Whiskey"，但在美国，两者可通用。威士忌的酒度为40度左右。苏格兰威士忌以当地出产的大麦为原料，并以当地出产的泥煤(Peat)作为烘烤麦芽的燃料。新蒸馏出来的威士忌至少在酒桶内陈酿4年以上，在装瓶销售前还必须进行掺和调制。苏格兰威士忌的名品有约翰尼·沃克(Johnnie Walker，有红方Red Label和黑方Black Label两种)、皇家芝华士(Chivas Regal，如图3.6所示)、白马(White Horse)、金铃(Bell's)等。威士忌可纯饮，也可加冰块饮用，更被大量用于调制鸡尾酒和混合饮料。

图 3.5　人头马

图 3.6　皇家芝华士

(3) 伏特加(Vodka)。伏特加(如图 3.7 所示)是以土豆、玉米、小麦等为原料经发酵、蒸馏后精制而成。伏特加无需陈酿,酒度为 40 度左右。伏特加既可纯饮,又可广泛使用于鸡尾酒的调制。

认识伏特加

1. 纯净伏特加(Straight Vodka)。纯净伏特加是指将蒸馏后的原酒注入药用炭过滤槽内过滤掉杂质而得的酒,一般无色、无味,只有一股火一般的刺激。其名品有美国的斯米尔诺夫(Smirnoff)、前苏联的斯多里西那亚(Stolichnaya,又称红牌伏特加)、莫斯科伏斯卡亚(Moskovskaya,又称绿牌伏特加)等。

2. 芳香伏特加(Flavored Vodka)。芳香伏特加是指在伏特加酒液中放入药材、香料等浸制而成的酒,带有色泽,既有酒香,又带有药材、香料的香味。其名品有波兰的蓝野牛(Blauer Bison)、前苏联的珀特索伏卡(Pertsovka)等。

(资料来源:http://hi.baidu.com/mostar840707/item/212bd36b0da8bf157cdecc4f)

(4) 朗姆酒(Rum)。朗姆酒(如图 3.8 所示)是以蔗糖汁或蔗糖浆为原料经发酵和蒸馏加工而成的酒。有时也用糖渣或其他蔗糖副产品做原料。新蒸馏出来的朗姆酒必须放入橡木桶陈酿一年以上,酒度为 45 度左右。朗姆酒既可纯饮,也可加冰块饮用,还可广泛用于调制鸡尾酒或混合饮料。

图 3.7　伏特加

图 3.8　朗姆酒

图 3.9　金酒

认识朗姆酒

朗姆酒按其色泽可分为三类：

1. 银朗姆(Silver Rum)。银朗姆又称白朗姆，是指蒸馏后的酒需经药用炭过滤后入桶陈酿一年以上的朗姆酒。酒味较干、香味不浓。

2. 金朗姆(Golden Rum)。金朗姆又称琥珀朗姆，是指蒸馏后的酒需存入内侧灼焦的旧橡木桶中至少陈酿三年的朗姆酒。酒色较深、酒味略甜、香味较浓。

3. 黑朗姆(Dark Rum)。黑朗姆又称红朗姆，是指在生产过程中需加入一定的香料汁液或焦糖调色剂的朗姆酒。酒色较浓(深褐色或棕红色)、酒味芳醇。

朗姆酒的名品主要有波多黎各的百加地(Bacardi)、牙买加的摩根船长(Captain Morgan)、美雅(Myers)等。

(资料来源：http://baike.baidu.com/view/21314.htm)

(5) 金酒(Gin)。金酒(如图3.9所示)又称琴酒、毡酒或杜松子酒，是以玉米、麦芽等谷物为原料经发酵、蒸馏后，加入杜松子和其他一些芳香原料再次蒸馏而得的酒。金酒无需陈酿，酒度为40～52度。干金酒既可纯饮，又可广泛用于调制鸡尾酒。

认识金酒

1. 荷兰金酒(Dutch Gin)。荷兰金酒是以麦芽、玉米、黑麦等为原料(配料比例基本相等)经发酵、蒸馏后，在蒸馏液中加入杜松子及其他一些芳香原料再次蒸馏而成。荷兰金酒具有芳香浓郁的特点，并带有明显的麦芽香味，其名品有波尔斯(Bols)、宝马(Bokma)、汉斯(Henkes)等。荷兰金酒只适宜纯饮，不能与其他酒类饮料混合以调制鸡尾酒。

2. 干金酒(Dry Gin)。干金酒是以玉米、麦芽、裸麦等为原料(其中玉米占75%)经发酵、蒸馏后，加入杜松子及其他香料(以杜松子为主，其他香料用量较少)再次蒸馏而成。其主要产地是英国，名品有哥顿(Gordon's)、将军(Beefeater)、得其利(Tanqueray)、老汤姆(Old Tom)等。干金酒可纯饮，也可与其他酒混合配制或作鸡尾酒的基酒。

(资料来源：http://baike.baidu.com/view/21314.htm)

(6) 特吉拉(Tequila)。特吉拉酒产于墨西哥，是以一种被称作龙舌兰(Agave)的热带仙人掌类植物的汁浆为原料经发酵、蒸馏而得的酒。新蒸馏出来的特吉拉需放在木桶内陈酿，也可直接装瓶出售。其名品有凯尔弗(Cuervo)、斗牛士(El Toro)、欧雷(Ole)、玛丽亚西(Mariachi)等。特吉拉酒可纯饮或加冰块饮用，也可用于调制鸡尾酒。在纯饮时常用柠檬角蘸盐伴饮，以充分体验特吉拉的独特风味。

【任务实例】

某酒店一周内连续发生两起酒水投诉事件。一起投诉是洋酒存放太久，打开注入杯中有浑浊样，客人怀疑是假酒，摔杯投诉，餐饮部出面解决未果，后经总经理出面赔礼道歉，并进行适当的减免，事态才得以平息。后来，餐饮部针对该事件，召开了分析会，对直接责任者进行了处罚，以告诫其他员工。然而，这次事件过去不到三天，该酒店餐饮部又发生一起酒水投诉事件，这次不是洋酒浑浊，而是啤酒里居然有只死苍蝇，让客人恶心不已，最后仍然是总经理出面才得以解决。

处理技巧 1. 首先，作为酒水存放处的仓库在进货时要把好关，杜绝伪劣产品；其次是仓库要定期盘点，特别是对贵重酒水进行定期检查，确实有质量问题的严禁出库销售。

2. 部门酒水员在领料时，也要严把质量关，不合格的立即退还给总仓。

3. 看包厢的服务人员在向客人出售酒水的时候更应该把好质量关，在开酒前，要对将要出售的酒水逐个检查，当然，这些工作要在瞬间完成，不得影响对客服务。

如果能做好以上几点，并将之形成制度，在工作中加强监管，类似的酒水投诉事件将可以避免。

（资料来源：http://www.17u.net/news/newsinfo_48759.html）

【任务演练】

任务设计：假如你是一名服务人员，当客人点完菜后怎样才能向客人推荐合适的酒水？如何增加酒水销售？

【任务考核】

学生分小组练习，小组内部互评，也可在小组间互评。教师抽取三组，要求按照岗位要求进行表演，教师进行点评，考核参考标准如表 3.1 所示。

表 3.1 考核参考标准

考核内容	得分标准	分值(满分 10 分)	得分
服务礼仪	主动、积极、热情、亲切	3 分	
表达能力	普通话标准、表达清晰、流利	3 分	
操作程序	程序合理、规范	2 分	
处理技巧	方法妥当、技能熟练	2 分	

任务二 非酒精饮料

【任务目标】

通过学习本任务，了解非酒精饮料的基本分类，掌握各种非酒精饮料特征。

【任务导入】

关于咖啡的一些小故事：

1. 一位维也纳艺术家说："我不在家里，就在咖啡馆，不在咖啡馆，就在去咖啡馆的路上。"

2. 维也纳人喜欢喝咖啡，甚至把它和音乐、华尔兹相提并论，称为“维也纳三宝”。维也纳最出名的咖啡馆是位于市中心区的中央咖啡馆。当年音乐大师莫扎特、贝多芬、舒伯特、施特劳斯父子等都是这里的常客。

3. 巴赫在歌剧中咏赞咖啡是“比千次香吻更甜美，比陈年佳酿更醉人，只要有咖啡做伴，就算一辈子不结婚我也甘心”。

4. 巴尔扎克每天都饮用大量的咖啡。他认为咖啡有助于灵感的发挥。他说：“一旦咖啡进入肠胃，全身就开始沸腾起来，思维就摆好阵势，仿佛一支伟大军队的连队，在战场上开始投入了战斗。”巴尔扎克在临终前的最后一句话是在他喝下最后一口咖啡后说的：“啊！真是舒服！”

5. 1453 年，苏丹萨利姆一世将咖啡引入君士坦丁堡。土耳其法律规定，如果丈夫每天不给妻子提供一定量的咖啡，妻子与丈夫离婚就是合法的。

6. 1669 年，咖啡在巴黎变得流行起来。所有巴黎人都认同这么一句话：“左岸的人们在咖啡馆谈艺术，其他地方的人们是在咖啡馆谈咖啡。”

7. 有笑话说，法国人一度由于咖啡缺货而少喝了咖啡，马上就见打盹的人多起来。

8. 在中东，受邀到别人家里喝咖啡，代表了主人最诚挚的敬意，因此客人除了要称赞咖啡的香醇外，还要切记：即使喝得满嘴渣，也不能喝水，因为那暗示了主人家的咖啡不好喝。

9. 据说，到意大利观光要小心两件事：一是男人，二是咖啡。在意大利，咖啡和男人其实是异曲同工的两样东西，因此意大利有个名言：男人要像好咖啡，既强劲又充满热情！

10. 1938 年，雀巢公司的技术人员发明了雀巢咖啡，这是世界上第一个获得商业成功的100%速溶纯咖啡。雀巢咖啡公司的标志是：鸟巢中一只母鸟正在哺育两只小鸟。画面温馨，给人以家的感觉。该商标是 19 世纪末为祈求世界上婴儿死亡率的降低而设计的。

11. 1971 年，第一家星巴克咖啡店（Starbucks）在西雅图开业，出售烤制的咖啡豆。星巴克的徽标是一个类似美人鱼的海神形象，反映了星巴克与远涉重洋的传奇浪漫故事联系起来的设计理念，也反映出了咖啡诱人的特性。

（资料来源：http://jay—fantasy.blog.sohu.com/43516101.html）

任务：咖啡为什么那么受人们欢迎？

【任务链接】

一、咖啡

咖啡（如图 3.10 所示）原产于非洲的埃塞俄比亚。关于咖啡的起源有许多种说法，其中，人们最能接受的说法是：传说约在三千年前，有一位牧羊人，在牧羊的时候，偶然发现他的羊蹦蹦跳跳手舞足蹈，仔细一看，原来是羊吃了一种红色的果子才导致举止滑稽怪异。他试着采了一些这种红果子回去熬煮，没想到满室芳香，熬成的汁液喝下以后更是精神振奋，神清气爽。当地因信奉伊斯兰教，禁止教徒饮酒，于是人们用咖啡代替酒类的做法很快便传播开了。“咖啡”是当地地名的音译。

世界著名的咖啡品种主要有：

1. 麝香猫咖啡（Kopi Luwak）

又称“猫屎咖啡”，产于印尼，是世界上最贵的咖啡，每磅的价格高达几百美元，它是从麝香猫的粪便中提取出来后加工完成的。麝香猫吃下成熟的咖啡豆，但是不能完全消化。咖啡豆在麝香猫肠胃内经过发酵，并经粪便排出，当地人在麝香猫粪便中取出咖啡豆后再做加工处理制成的。此咖啡味道独特，口感不同，但习惯这种味道的人会终生难忘。由于现在野生环境的逐步恶劣，麝香猫的数量也在慢慢减少，导致麝香猫咖啡的产量也相当有限，能品到此咖啡的人是相当有幸的。

图 3.10 咖啡豆

2. **蓝山咖啡**(Blue Mountain)

蓝山是咖啡中的珍品，其味道清香甘柔而滑口，不具苦味而带微酸，一般都是单品饮用。产地是西印度洋群岛中牙买加的高山上，因为产量极少，价格昂贵，一般人很少喝到真正的蓝山，多是由味道极相似的咖啡所调制的，尽管如此，其价格仍比一般咖啡高。

3. **摩卡** (Mocha)

有人说：咖啡中，蓝山可以称王，摩卡可以称后。摩卡咖啡拥有全世界最独特、最丰富、最令人着迷的复杂风味：红酒香、干果味、蓝莓、葡萄、肉桂、烟草、甜香、原木味，甚至巧克力味……摩卡咖啡口感独特，层次多变，像足了女人的心情，慢慢品尝时你所能体验到的感受从头到尾都不会重复，变化不断，越品越如同品饮一杯红酒。摩卡通常都是单品饮用，滑润可口，醇味经久不退，若调配综合咖啡，更是一种理想的品种。

4. **古巴水晶山咖啡**(Cubita Coffee)

"Cubita Coffee"简称"Cubita"，中文商标"琥爵咖啡"，坚持完美咖啡的原则，只做单品咖啡。咖啡豆的采摘，以手工完成，加上水洗式处理咖啡豆，以确保咖啡的质量。Cubita 像一个优雅的公主，拥有高贵、柔情、优雅的特性。平衡度极佳，苦味与酸味很好地配合，在品尝时会有细致顺滑，清爽淡雅的感觉。被誉为独特加勒比海风味咖啡，为古巴大使馆指定咖啡。

5. **曼特林咖啡**(Mandeling Coffee)

曼特林咖啡产于印度尼西亚的苏门答腊岛(Sumatra Island)，属于强性品种，具有浓厚的香味，苦味，醇度特强，咖啡特别爱好者都喜欢单品饮用，亦是调配综合咖啡的良品。

6. **圣多斯咖啡**(Santos Coffee)

圣多斯咖啡属中性品类，其风味为咖啡之中坚，泡饮时单品为佳，调配其他咖啡更具有独特风味。这种豆子焙炒时火候必须恰到好处，才能将其略酸、略甘、微苦及淡香味烘焙出来。

7. **哥伦比亚咖啡**(Colombia Coffee)

哥伦比亚咖啡是软性咖啡品种，具有酸中带甜，苦味中平的特性，尤其香味突出，味道风味奇佳，有股地瓜皮的奇特风味，属咖啡中的上品。适宜作为单品饮用。

8. 危地马拉咖啡(Guatemala Coffee)

危地马拉咖啡属中性咖啡，味道香醇而略带野性，与哥伦比亚咖啡极为相似，可单品饮用及调配用。

9. 综合咖啡(Blended Coffee)

综合咖啡一般皆以三种以上不同特性的咖啡豆子调配成独具风格的另一种咖啡，可以以个人口味选择出酸、甘、苦、香味适中的各种咖啡加以调配。综合咖啡产量大，品牌多，质量上乘，是世界咖啡的主导产品。

咖啡的冲泡方法，也会影响咖啡的品质。

1. 虹吸式冲泡法

早在1840年，英国的海洋工程师罗伯·奈毕尔已发明出虹吸式咖啡壶的原型，但一直到20世纪初，才发展为现在的形式(如图3.11所示)。虹吸式冲泡法，是利用蒸汽压力的原理，使被加热的水，由下面的烧杯，经由虹吸管和滤布向上流升，然后与上面杯中的咖啡粉混合，而将咖啡粉中的成分完全萃炼出来，经过萃炼的咖啡液，在移去火源后，再度流回下杯。由于冲泡过程充满表演的乐趣，能欣赏咖啡萃炼的全过程，所以更能增添喝咖啡的气氛。

2. 滤纸式冲泡法

在发明滤纸式咖啡壶之前，人们在冲泡咖啡时，用麻袋或金属网作为滤器。但这些方法会使细微的咖啡渣掉入咖啡杯中，进而影响口感。此外，在滤器上还会有残渣，显得不卫生。直到1908年，一位住在德国德雷斯的家庭主妇梅莉塔宾兹发明了滤纸式咖啡壶。滤纸能过滤掉所有的咖啡渣，而且每次用完即丢，不会有咖啡残渣问题。在使用滤纸式咖啡壶时，应选取细细研磨的咖啡粉，如用极细的咖啡粉，会堵住滤纸的滤孔，使咖啡粉浸泡的时间过长，影响口味；如用中粗的咖啡粉，因颗粒较大，使水流过快，无法完全萃炼出咖啡中的香醇成分。另外，选择注热水用的水壶时，应选用壶口较细的。

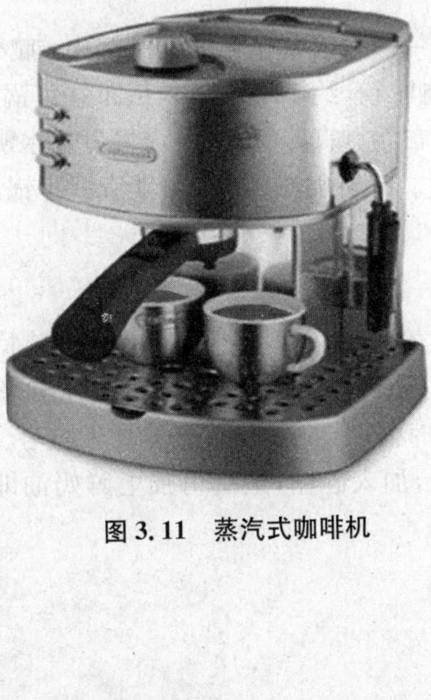

图3.11　蒸汽式咖啡机

图3.12　滴漏式咖啡机

3. 水滴式冲泡法

水滴式冲泡法又称为荷兰咖啡。最早是由巴黎大主教达贝洛发明的。这种冲泡法是使用冷水或冰水来萃炼，让水以每分钟 40 滴的速度，一滴一滴慢慢地萃炼咖啡的精华。由于速度极慢，应选取研磨极细的咖啡粉来萃取。这种方法冲泡出来的咖啡，所含咖啡因极低，故而格外爽口。在一般咖啡馆中，水滴式咖啡的价格是普通冰咖啡的 3 倍，而且要事先预约。

4. 意大利咖啡

意大利咖啡，是用意大利摩卡壶冲泡成的，这种咖啡壶和虹吸式咖啡壶一样，都是利用蒸汽压力的原理来萃取咖啡。但摩卡壶是使受压力的蒸汽直接通过咖啡粉，让蒸汽通过咖啡粉的细胞壁，瞬间将咖啡的内在精华萃取出来。再加上使用深炒的咖啡豆冲泡，故而冲泡出来的咖啡具有浓郁的香味及强烈的苦味，咖啡的表面浮现一层薄薄的咖啡油，这层油正是意大利咖啡诱人香味的来源。由于是高浓缩的咖啡，故一般品尝时用小咖啡杯品尝。

5. 拿铁咖啡

拿铁咖啡其实是意大利咖啡的一个变种，先将意大利咖啡倒入杯中，约 1/4 的量，然后倒入打过奶泡的热鲜奶至 3/4 处，再将奶泡倒入至满杯即成。拿铁咖啡因鲜奶较多故一般多使用马克杯。

6. 康宝蓝

只要在意大利浓缩咖啡中加入适量的鲜奶油，即轻松地完成一杯康宝蓝。嫩白的鲜奶油轻轻飘浮在深沉的咖啡上，宛如一朵出污泥而不染的白莲花，令人不忍一口喝下。

7. 法国牛奶咖啡

法国牛奶咖啡中，咖啡和牛奶的比例是 1∶1。正统的法国牛奶咖啡冲泡时，应该双手同时拿牛奶壶和咖啡壶，由两旁一起注入咖啡杯中，故需要有一定的腕力。在这儿可选用较为深炒而又味道浓烈的咖啡豆。

8. 土耳其咖啡

土耳其咖啡是一种采用原始煮法的咖啡，在一种叫依布立克的铜制锅中，加入煮咖啡专用的甜菜糖，不宜过多。用中炒、中或细研磨的咖啡粉，约 12 克，放入依布立克锅中，再注入水，每个依布立克的水容量约为 130 毫升。将依布立克直接用中、小火慢煮。水沸腾时移开火源，等略为降温后，再置于火上，如此连续三次。静待咖啡澄清，咖啡渣沉于锅底，然后慢慢倒于杯中。

9. 爱尔兰咖啡

以大麦酿造威士忌，始自爱尔兰与苏格兰的凯尔特人。威士忌拥有一股独特而浓烈的熏香和淡淡甜味，以威士忌调成的爱尔兰咖啡，更能将咖啡的酸、甜味道衬托出来。将约 14 毫升的威士忌用爱尔兰咖啡专用炉架加热，加热时需转动杯子，使杯子受热均匀。待酒精成分挥发后，倒入偏浓的热咖啡与威士忌均匀混合，加入砂糖，最后再加上鲜奶油即成。也可在鲜奶油上洒些巧克力粉或柳丁皮做点缀。

咖啡小故事

爱尔兰咖啡承载着这样一则罗曼蒂克的故事:一个德国都柏林机场的调酒师邂逅了一名长发飘飘,气质高雅的空姐,她那独特的神韵犹如爱尔兰威士忌般浓烈,久久地萦绕在他的心头。倾慕已久的他十分渴望能亲自为她调制一杯爱尔兰鸡尾酒,可惜她只爱咖啡不爱酒……然而由衷的思念让他顿生灵感,经过无数次的试验及失败,他终于把爱尔兰威士忌和咖啡巧妙地结合在一起调制出香醇浓烈的爱尔兰咖啡。

一年后,他终于等到了这个机会,思念的女孩点了"爱尔兰咖啡",当他为她调制爱尔兰咖啡时,再也无法抑制住思念的心情,幸福得流下了眼泪,他用眼泪在爱尔兰咖啡杯口画了一圈……第一口爱尔兰咖啡的味道,总是带着思念被压抑许久后所发酵的味道。香醇浓烈的爱尔兰咖啡,适合思念心情的咖啡。

(资料来源:http://blog.163.com/huahongbao520@126/blog/static/)

10. 摩卡咖啡

以咖啡最早的输出港口命名的摩卡咖啡,是在拿铁咖啡中加入巧克力调制而成的。在马克杯中加入约14克的巧克力酱,分量可依个人的喜好加减。再将意大利咖啡倒入马克杯中,咖啡的量约为30毫升。将咖啡与巧克力酱搅拌均匀,使巧克力酱完全融入咖啡中。然后倒入打过泡的热鲜奶至八分满,再加入两大匙的细致奶泡。以螺旋的形式,由外到内加入鲜奶油,并让鲜奶油略高出杯口。最后以巧克力酱于鲜奶油上构图,造成黑白对比鲜明的视觉效果。

11. 皇家咖啡

皇家咖啡的由来,据说是拿破仑在远征苏俄时,因遇到酷寒的冬天,于是在咖啡中加入白兰地以取暖,因而发明了这道咖啡。咖啡冲泡好后,在杯上放一支前面带钩的小匙,然后放一颗方糖于小匙内;将白兰地沿着方糖倒入小匙内;使方糖充分浸透白兰地;在方糖上方点火,白兰地徐徐燃烧,让方糖随着火焰慢慢熔解;等酒精完全挥发后,将小匙放入杯中搅拌均匀即成。

12. 绿茶咖啡

咖啡正式进入日本是在1877年,当时咖啡是被当做一种象征欧洲文化的高级饮料。经过百年,日本也渐渐发展出一套有着自己风味的咖啡文化。绿茶咖啡即是一道纯东洋风味的咖啡。将冲泡好的咖啡倒入精美的杯中加入砂糖搅拌均匀;以螺旋形的方式,由外向内加入鲜奶油,使鲜奶油形成美丽的螺旋图案;在鲜奶油上洒些绿茶粉,绿茶粉的量不可太多,以免掩盖了咖啡的原味。

二、茶

茶叶具有提神解乏、生津止渴、清热降火、促进消化、补充营养、增强体质、杀菌消炎、去除口臭、预防辐射的功效,所以深受人们喜爱。我国是世界上最早把茶叶作为饮料的国家。

由于茶叶的产地和制作工艺不同,形成了名目繁多的种类。我国出口的茶叶在商业经营上是以采制工艺和茶艺的品质特点来分类的,有绿茶、红茶、乌龙茶、花茶、紧压茶和白茶。

1. 绿茶

绿茶是我国最早出现的一种茶叶，其产量、品质都居世界前列。由于绿茶采用了高温杀青等工艺，防止了茶叶的发酵，保持了鲜叶的天然翠绿色，所以绿茶冲泡后茶汤碧绿清澈，其味清香鲜醇。

绿茶的名贵品种有西湖龙井、碧螺春、黄山毛峰等。除此之外，比较有名气的绿茶还有庐山云雾、六安瓜片、四川蒙顶茶、太平猴魁、信阳毛尖等。

2. 红茶

红茶是一种经过萎凋、揉捻、发酵、干燥等工艺处理的茶叶。由于经过发酵，使绿叶变成红叶，故称红茶。红茶属于全发酵茶类，是当今世界上产量最多、销路最广、销量最大的一种茶叶，在我国出口茶中名列前茅。红茶可单独冲饮，也可加牛奶、糖等调饮。冲泡后的红茶其色浓艳、味醇圆润，具有一种类似焦麦芽糖的香气。

按加工制作工艺，红茶可分为功夫红茶、小种红茶和分级红茶三种。功夫红茶以制作精细得名，为我国所特有。成品茶要求条索紧实匀称，色泽乌黑光润，汤色红亮明净，滋味浓郁甘醇。小种红茶在烘干时使用了纯松木明火，使其成茶有松烟香气。该茶外形紧结圆直，香气浓烈，汤色金黄且滋味醇浓。分级红茶又称红碎茶或红细茶，其茶形又分为叶茶、碎茶、片茶和末茶，该茶汤色深红，滋味有“浓、鲜、强”等特点。

我国的红茶按产地不同又分为安徽祁门红茶、云南滇红功夫茶、福建闽红功夫茶、台湾功夫茶、江西浮梁功夫茶等。在众多红茶中，尤以安徽的“祁红”、云南的“滇红”以及广东英德的“英红”在国内外享有较高的声誉，被看做是中国红茶的三颗明珠，是出口名品。

3. 乌龙茶

乌龙茶属于半发酵茶，外形呈青褐色，故又称“青茶”所以有“绿叶红镶边”的美誉。它的制作方法介于红茶和绿茶之间，既有红茶的鲜浓味，又有绿茶的清芬香，饮后齿颊留香，回味甘鲜。乌龙茶有药用作用，主要表现在分解脂肪、减肥健美等方面，在日本，乌龙茶被称为“美容茶”、“健美茶”。乌龙茶是我国独有的品种，主要产于福建、广东和台湾，著名的品种有武夷岩茶，铁观音等，其中武夷岩茶“大红袍”的声誉最高。

4. 花茶

花茶又名片香，它是用香花熏入素茶中制成的，经过花熏的花茶既不失浓郁爽口的茶味，又增添了芬芳诱人的花香，两者兼收并蓄，相得益彰。

花茶用的香花种类众多，主要有茉莉、珠兰、桂花、玫瑰、玉兰等，其中以茉莉花茶为上品。

花茶冲泡后茶汤清亮，香味浓郁，花茶不仅有茶的功效，而且也有很好的药理作用，对人体健康大有裨益。

5. 紧压茶

紧压茶是一种加工复制茶，是按照不同规格拼配原料，经过蒸压处理，用压力把原来散形茶压成不同形态的砖茶、球状茶、饼茶等。紧压茶质地坚实，久藏不易变质，又便于运输，适宜边疆人民饮用。紧压茶的名贵品种有普洱茶和六堡茶，其中，普洱茶产于云南的思茅等地。普洱茶可按压制形状分类，呈碗形的称“普洱沱茶”，长方形的称“普洱砖茶”，圆饼形的一般七块连在一起称“七子饼茶”等。各种普洱茶外形都端正匀整，叶底红褐色，耐贮藏，适合烹用或泡饮。依化学分析和实验证明，普洱茶不仅能解渴、提神，而且长期饮用对治疗痢疾、降低血脂和胆固醇的含量，都有明显的作用。近年来，国内外对普洱茶赞美之声四起，称它是“窈窕茶”、“美容茶”、“健身茶”。

6. 白茶

白茶的色泽不如绿茶那样翠绿，不像红茶那样乌黑，也不比乌龙茶那样紫褐，而是色如白银，茶汤颜色素雅、浅淡，因此称为白茶。白茶其性温凉、健脾胃。制作白茶不同于制作其他茶类，它采用特殊工艺，促使茶叶质地发生生物化学变化，改变原来青叶的苦涩，形成与众不同的口味风格。

白茶主要产于福建，名贵品种有白毫银针茶白牡丹茶等。其中，白毫银针茶满披白毫，细长如针，人称“瑞云祥龙，白茶第一”，已有千年历史，为北宋贡品。白毫银针因产地和茶树品种不同，又分为北路银针和南路银针。北路银针产于福建的福鼎，外形美观，芽肥壮、茸毛厚，汤色碧清，呈杏黄色，香气清淡，滋味醇和。南路银针产于福建政和，芽瘦长，茸毛略薄，光泽较差，但香气清鲜，滋味浓厚。两种银针，各有千秋。在饮用红茶时，如放入几根“银针”，芽叶直立，上下交错，颇为美观。

中国名茶

在中国茶叶历史上，曾多次评出过中国十大名茶，但说法并不统一，这里我们主要介绍曾经被列为中国十大名茶的部分名茶品质特征。

1. 西湖龙井茶：属绿茶类，产于浙江省杭州市西湖附近，产地分布主要有狮峰山、龙井村和梅家坞等。其外形扁平光滑、挺直，色泽略翠呈糙米色，滋味甘鲜醇和，香气幽雅清高，汤色碧绿清莹，叶底细嫩成朵。以“色翠、香郁、味醇、形美”四绝著称于世，素有“国茶”之称，与杭州的虎跑泉并称为“杭州双绝”。

2. 洞庭碧螺春：属绿茶类，产于江苏省吴县太湖洞庭山，相传“碧螺春”茶名为清康熙皇帝所题，其外形条索纤细卷曲似螺，茸毛密披，银白隐翠，汤色碧绿明亮，香气浓郁芬芳，滋味鲜甘醇厚，回味绵长。

3. 黄山毛峰：属绿茶类，产于安徽省黄山风景区，其形似雀舌，匀齐壮实，峰显毫露，色如象牙，有鱼叶，清香高长，汤色清澈，滋味鲜浓醇厚，甘鲜回甜。

4. 君山银针：属黄茶类，产于湖南省岳阳市洞庭湖中的君山岛，其芽头肥壮，紧实挺直，芽身金黄，满披白毫，有“金镶玉”的美称，汤色橙黄明净，香气清郁，滋味甘甜醇和，叶底明亮匀齐。冲泡杯中时，冲泡数次起落数次，以其“三起三落”享誉中外。

5. 祁门红茶：属红茶类，产于安徽省祁门县山区，其外形紧秀，峰苗好，叶底嫩软红亮，色泽乌黑泛灰光，俗称“宝光”，香气浓郁高长，似蜜糖香，又蕴含着独特的“玫瑰香”，汤色红艳，滋味醇厚，回味隽永。祁门红茶与印度的大吉岭茶、斯里兰卡乌伐的季节茶并称为世界三大高香茶。

6. 六安瓜片：属绿茶类，产于安徽省六安地区，其外形似瓜子单片，无芽、无梗，边缘微翘，色泽翠绿，香气清高，滋味鲜醇回甘，色泽清澈透亮，叶底嫩绿明亮。

7. 信阳毛尖：属绿茶类，产于河南省大别山区信阳县。其外形条索细圆紧直，色泽翠绿，白毫显露，叶底嫩绿匀齐，汤色青绿明亮，香气清高，滋味浓醇，素以“色翠、味鲜、香高”著称。

8. 都匀毛尖：属绿茶类，产于贵州省的都匀山区，其外形条索紧结，纤细披毫，色泽翠绿，香气清高，汤色清澈明亮，滋味醇厚回甘，叶底嫩匀明亮。

9. 武夷岩茶：属乌龙茶类，产于"奇秀天下"的福建省武夷山，外形条索紧结，叶端扭曲，叶底肥厚，色泽青褐油润呈"宝光"，香气浓郁，既具蜜香，又有花香，汤色橙红清澈，滋味醇厚，鲜爽回甘。武夷岩茶中有五大"名枞"：武夷大红袍、铁罗汉、水金龟、白鸡冠、半天腰，其中以"大红袍"为首。

10. 安溪铁观音：属乌龙茶类，产于福建省安溪县西坪一带，其条索呈颗粒状，紧实、重实，头似蜻蜓，呈青蒂绿腹，色泽砂绿油润，红点明显，叶表白霜，香气如空谷幽兰，清高隽永，汤色金黄明亮，滋味醇厚甘甜，叶底厚软，具缎面光泽，绿叶红镶边。

11. 太平猴魁：属绿茶类，产于安徽省太平县、泾县一带，其外形两叶抱芽，平扁挺直，自然舒展，白毫隐伏，有"猴魁两头尖，不散不翘不卷边"之说。色泽苍绿匀润，花香高爽，有独特的"猴韵"，滋味甘醇，汤色青绿明净，叶底嫩绿匀亮。

12. 庐山云雾：属绿茶类，产于江西省庐山，以五老峰和汉阳峰之间的茶叶品质最好。外形条索紧结重实，色泽碧绿隐毫，香气芬芳高长，汤色碧绿明亮，滋味浓醇鲜爽，叶底嫩软。

（资料来源：http://www.zgchawang.com/wh/zhcsView—id—3762.aspx）

三、其他饮料

1. 可可(Cacao)

可可是驰名世界的三大饮料之一(另外两种是咖啡和茶)。属梧桐科，常绿乔木，果实长卵形，呈红、黄或褐色，种子扁平，果壳厚而硬(如图 3.13 所示)。可可原产于美洲热带地区，在我国广东、台湾等地也有种植。可可的种子经焙炒、粉碎后即为可可粉，是制巧克力糖的必需原料。可可也可作饮料，如我国生产的著名速溶饮品"高乐高"，便是以可可粉为主要原料制成的。可可还可供药用，具有强心、利尿的功效。

图 3.13 可可果

2. 碳酸饮料

碳酸饮料是一种含有大量二氧化碳气体的清凉解暑饮料。它是冷开水、柠檬酸、小苏打、白糖、柠檬香精、食用色素等原料按一定比例配制而成的。碳酸饮料中的二氧化碳对胃壁有轻微的刺激作用,能加速胃液分泌,帮助消化。同时,二氧化碳会很快从体内排出,带走人体的热量,使人饮后有清凉的感觉。

碳酸饮料知识

碳酸饮料按配制原料可分为三类:汤力水类、柠檬水类和可乐类。汤力水类的碳酸原料中小苏打的含量较高,很少单饮,常常作为稀释液,以降低烈酒的浓度,中和酒的酸性,还可以起泡沫。常见的有:苏打水(Soda Water)、干姜水(Ginger Ale)、汤力水(Toinc Water)。柠檬水类,这类碳酸饮料原料中果汁含量高,加以微量的香精和色素,具有水果味,经常用于单饮,常见的有:柠檬碳酸饮料(Lemonada)、雪碧(Sprite)和芬达(Fanta)。可乐类,可乐类碳酸饮料是一种由美国人独创的特殊饮料,是用可乐果(或其他类似辛香的果香混合气体)、柠檬酸、月桂、香精并以焦糖着色调制而成的一种含有咖啡因的饮料,其中以可口可乐最为著名。除此以外,还有许多国家的众多厂商也生产出不同的可乐饮料,各家的配方不尽相同,各具特色。

(资料来源:http://wenku.baidu.com/view/0d14f08a71fe910ef12df880.html)

3. 矿泉水

矿泉水是高山上的岩石中浸出的清泉,含有钾、钠、磷、钙、铁、铜、铝、锌、锰等多种人体不可缺少的矿物质,它以水质好、无杂质污染、营养丰富而深受人们的欢迎,是调兑鸡尾酒及混合饮料的最佳用水。其味有微咸和微甜两种,其特征分有气泡和无气泡两种,饮之清凉爽口,可助消化。联合国确定的世界三大矿泉水产地:北高加索山脉、阿尔卑斯山和中国的长白山。目前世界上生产矿泉水的国家和厂商很多,其中较为著名的品牌当属法国的依云矿泉水(Evian Water,如图3.14)和巴黎水(Perrier,如图3.15),这两种矿泉水不仅在法国本土销售,还远销世界各地。我国较好的矿泉水是崂山矿泉水。

图3.14 依云矿泉水

图3.15 巴黎水

4. 鲜果汁(Fresh Juice)

鲜果汁指由水果中刚刚挤出的纯果汁。在调配鸡尾酒时,一般要求使用鲜果汁,但是出于经济上的考虑,也可以使用瓶、罐装的纯果汁。鲜果汁含有丰富的矿物质、维生素、糖类、蛋白质以及有机酸等物质,对人体有很好的营养作用。

5. 冷冻饮品

现在流行的冷冻饮品有冰淇淋圣代、巴菲、牛奶冰淇淋、冰淇淋苏打汽水、刨冰饮品、果汁冰淇淋、冰淇淋加甜酒等。比较普遍的是冰砖和各种纸质冰淇淋。

冰淇淋圣代知识

冰淇淋圣代始创于美国，传说美国有一个州，其州长认为星期日是“安息日”，于是逢星期日就禁售冰淇淋，但星期日想买冰淇淋的人很多，于是商贩想出办法，把各种糖浆淋在冰淇淋上，盖一层切碎的水果，使冰淇淋改头换面，以免遭禁售。当时给其取名为“Sunday”（星期日），后来改名为“Sundae”，于是“圣代”就诞生了。

冰淇淋圣代有很多种，常见的有：鲜草莓圣代、鲜柠檬圣代、鲜橘子圣代、巧克力胡桃圣代和荔枝圣代等。

（资料来源：http://baike.baidu.com/view/86134.htm）

【任务实例】

实例 1

2004 年 12 月 30 日晚，原告王某约请朋友到被告周某经营的某小肥羊火锅城就餐。原告及其朋友按火锅城菜单点好菜后，服务人员询问原告需要何种酒水饮料，原告提出要“酷儿”饮料，服务人员答复没有。原告要求服务人员到附近超市购买，服务人员称工作较忙而未予购买。在此情况下，原告自行到附近超市购买了价值共 9.2 元的 4 瓶“酷儿”饮料。在原告打开“酷儿”饮料准备饮用时，被告的服务人员及其主管人员沈某告知原告自带酒水要收服务费。原告对此有疑义但双方未发生争执。原告用餐完毕后前往总台付款，收银员及其主管人员沈某告知原告消费的餐费是 97 元，自带酒水的服务费是 13 元，总计 110 元。原告与被告聘请的服务人员及主管人员为是否应收 13 元自带酒水服务费发生争执，口头用语比较激烈。最后原告支付了 110 元餐饮费用。事后，原告即向市电视台“百姓零距离”栏目反映。另外被告未在其经营场所的显著位置设置“谢绝自带酒水”的告示，仅在小肥羊火锅城点菜单的左上角注明“本店薄利多销，谢绝自带酒水”等字样。2005 年 1 月 4 日，原告向某区人民法院起诉，要求被告返还自带酒水服务费 13 元。最终法院判决返还原告自带酒水服务费 13 元。

处理技巧 1. 从合同法角度分析，被告在“小肥羊火锅城点菜单”的左上角标明“本店薄利多销，谢绝自带酒水”字样，可视为被告提供的格式条款，根据我国合同法相关规定，提供格式条款的一方应当遵循公平原则确定当事人之间的权利和义务，并采取合理的方式提请对方注意免除限制其责任的条款。虽然被告在“小肥羊火锅城点菜单”上标明“谢绝自带酒水”字样，但该字样由于服务人员工作习惯将菜单的中间用夹子夹住，容易被原告在点菜时忽视。被告在原告消费前对“谢绝自带酒水”的格式条款未尽说明义务，即自带酒水要收服务费的说明并不明确，收取服务费违背了原告自愿的真实意思。

2. 从消费者保护法角度分析，依据消费者权益保护法相关规定，原告有权自由选择商品品种或者服务方式，自主决定购买或者不购买任何一种商品，具有交易自主选择权。在被告不能向原告提供服务或代购“酷儿”饮料情况下，原告有权自行购买并带入酒店饮用，因该饮料系原告自行购买，不存在被告提供购买服务的事实。

3. 从价格法角度分析，虽然市场经济情况下餐饮服务的价格是放开的，被告也要依法经营、明码标价。收取自带酒水服务费未经有关物价管理部门核准，也未明码标价，可见该收费是被告自行确定的。

综上，被告以原告自带酒水为由收取13元服务费既无法律依据，也无收费标准，最终法院支持了原告的诉讼请求。

（资料来源：http://www1.openedu.com.cn/file_post/display/read.php? FileID=32151）

【任务演练】

任务设计：在杯子里倒入五种非酒精饮料，分别介绍它的名称、产地、特点等基本知识。

【任务考核】

学生分小组练习，小组内部互评，也可在小组间互评。教师抽取三组，要求按照岗位要求表演，教师进行点评，考核参考标准如表3.2所示。

表3.2 考核参考标准

考核内容	得分标准	分值（满分10分）	得分
服务礼仪	主动、积极、热情、亲切	2分	
表达能力	普通标准、表达清晰、流利	2分	
阐述内容	条理清楚、阐述完整、准确	3分	
综合能力	联系实际	3分	

项目四

菜肴知识

项目目标

本项目主要讲述中式菜肴和西式菜肴的基本知识，通过学习和训练，了解中西菜肴发展的历史概况，掌握中西菜肴的主要特色及菜式分类，并针对不同客人的差异性，为客人推荐菜肴。

本项目包含两个任务：中式菜肴；西式菜肴。

任务一 中式菜肴

【任务目标】

通过本任务学习，能对中餐的发展、文化、菜系做比较深入的了解，掌握中餐的发展及中国饮食的地域特色，从而提高服务的针对性和技巧性，更好地为客人服务。

【任务导入】

国宴菜博采国内各菜系之众长，按“以味为核心，以养为目的”的要求，上及宫廷肴馔谱录，下采民间风味小吃，外涉世界各国名菜，内及国内八大菜系，广采博取，撷英集精，形成独具特色的系列菜系，突出体现了现代饮食“三低一高”（低盐、低糖、低脂肪、高蛋白）的要求，口味中西结合，科学合理配膳，注重保健养生之功效。

人民大会堂国宴菜被称为“堂菜”，是国宴菜的一个重要代表，其特点是：用料珍贵，选料精细；以味为本，鲜咸为主；刀工严谨，调味细腻；质地软嫩，色泽素淡；点缀得体，造型典雅。“堂菜”具有“清淡鲜嫩，形美色绝”的独特风格，是中华饮食文化的一枝奇葩。

钓鱼台国宾馆国宴菜被称为“台菜”，是国宴菜的代表，其特点是：优选用料，精中求精；精密加工，讲求烹技；提炼升华，追求新味；中西结合，取长补短；合理配膳，讲求养生。“台菜”具有“清鲜淡雅，醇和隽永”的风味特色，是中华饮食文化的精华。

（资料来源：http://baike.baidu.com/view/71823.htm）

任务：国宴与普通的宴席菜肴有什么区别？

【任务链接】

一、中式菜肴的发展概述

中国菜式在世界上享有盛名，以色、香、味、形俱全闻名遐迩。中国餐厅如今也在世界多个国家遍地开花。许多外国人从了解中国饮食入手，了解中国文化，从而认识中国。“民以食为天”，食物是人类赖以生存和发展的最基本的生理需求，这种需求从人类出现就开始存在。中餐的发展历史包含食材、烹饪手法、器皿、餐饮礼节、餐饮书籍等一系列的演变和发展。总体来说，中餐的发展可以划分为先秦、汉魏六朝、隋唐宋元、明清和当代五个时期。

1. 先秦时期

先秦时期主要指秦朝统一以前的历史时期，这是中国烹饪的草创时期，包括新石器时代、夏商周、春秋战国三个各有特色的发展阶段。这一时期，生产力水平低下，物质资源匮乏，百姓餐饮主要以求生为需要，饭、粥、糕、点等主食品种初见雏形，能较好地运用烘、烤、烧、煮、煨、蒸等技法，宫廷已设立食官，配置御厨，迈出食医结合第一步。《周礼・天官冢宰第一》《礼记・内则》和《吕氏春秋・本味篇》有不少关于烹饪的论述。

2. 汉魏六朝时期

从公元前 221 年秦始皇吞并六国起，到公元 589 年隋文帝统一南北止。这是我国封建社会的早期，战争频繁，民族之间出现大融合，中国烹饪在急剧的社会变革中演化，广收博采各民族饮食之精华。张骞通西域，开辟丝绸之路，相继引进茄子、黄瓜、扁豆、大蒜等新菜；猪的饲养量超过牛、羊，成为肉食品的大宗；不少地方的奇珍异味（如东北的鹿犴、西南的菌菇、江浙的鲍贝、闽粤的蛇虫）进入了餐桌；大量酿造米酒、香醋、豆酱，与糖、花卉、香料、药材等成为辅助调料；先秦时的“北菜”由冀豫向齐鲁推移，先秦时的“南菜”从荆楚向吴越、巴蜀、岭南演化，四大菜系正在孕育之中。这时的饮食市场也较活跃，江陵、临淄、番禺、洛阳等地，“熟食遍地，肴旅成市”。北魏贾思勰在《齐民要术》一书中对菜谱及烹饪科学都有了大篇幅的记载。

3. 隋唐宋元时期

这是我国封建社会的中期，国力强盛，经济活跃，文化昌明，在中国烹饪发展史上也是一个高潮时期。这时从西域、印度、南洋等地引进蔬菜新种更多，如菠菜、丝瓜、莴苣、胡椒、胡萝卜，都普遍栽培。同时国内食物资源也进一步开发，尤其是海产品用量激增。在餐具中，瓷器取代漆器独领风骚，银质餐具在汴京和临安的“正店”（高级酒楼）中也普遍使用。“北食”、“南食”、“川味”、“胡风烹饪”、“素食”等帮口名称问世，中国菜式北咸南甜、东淡西浓的口味特征业已形成。元代饮膳太医忽思慧所著的《饮膳正要》，强调药补不如食补，重视饮食多样化和季节性，要求培养良好的卫生习惯，堪称我国第一部营养卫生学专著，对中国烹饪发展起了很大的指导作用。

4. 明清时期

明清时期，中国进入封建社会的晚期，中国烹饪进入成熟期。据明人宋诩记录，弘治年间的烹调原料已达 1 300 余种，其中引人注目的是大豆制品发展（多达 50 余种）和蔬菜种植的技术提高。我国现存的 1 000 多种历史名菜大都诞生在明清两代，孔府菜、谭家菜、随园菜等也以殊风别韵，饮誉食坛。酒筵在明清亦是大发展的黄金时代，全鱼宴、全羊宴等各式全席脱颖而出。由于交通畅达，商旅兴盛，明清饮食市场已向专业化、集约化发展，出现数里相连的食肆。前人描绘西湖，“卖酒的青帘高扬，卖茶的红炭满炉，仕女游人，络绎不绝，真不数三十六家花酒店，七十二家管弦楼”，《随园食单》《醒园录》等饮食专著层出不穷，食谱的内容更加丰富多彩。

5. 当代

从辛亥革命至今的这一百年里，中餐主要经历了两个发展阶段。新中国成立前，尽管工农业发展缓慢，但由于列强势力渗透、战争刺激和权贵追求享乐，烹饪中也出现了一些新因素，如：西餐的引入，给中菜注入了新鲜血液；仿膳菜肇始和仿古宴萌发，使宫廷菜的精华在新形势下得以保存；随着华侨的足迹走向世界，中餐在国际饮食市场上得以传播。改革开放以后，烹饪得以迅速地发展。党和国家做了许多工作，诸如建立管理机构，抢救传统绝技；组织众多人力出版饮食书刊、报纸；开办烹饪院校，培养新型名厨名师；设立烹饪技术培训站，进行在职厨师进修；制定职称标准，表彰名厨名师；开展技术交流，提高服务质量；采用先进设备，创新花色品种；派遣技师出国，传播中菜技术；开展科学研究，建立理论体系等。不仅提高饮食行业的社会地位，肯定厨师的社会劳动，更为烹饪事业的发展开辟出一条坦途。

二、中式菜肴的烹饪特色

中式菜肴在漫长的历史发展过程中，融合了各民族的智慧与文化，具有鲜明的民族特点和地域特征，同时，也形成了风格迥异的风味流派。

1. 取料广泛，选料讲究

我国地跨寒、温、热三带，疆域辽阔，物产丰富，动植物原料常年供应，种类齐全。历代厨师在烹调实践中，并非墨守成规，还善于开发、运用各种类型的原料，“天上飞的、地上走的、土里长的、水里生的”都可以做成菜，像豆腐、木耳、豆芽、锅巴、蚂蚁、蛇、蝎子、蚯蚓、豆虫、家畜内脏、各种野菜等现在中餐常用的原料，往往在外国人眼里很不可思议。时至今日，入菜原料已有两千多种，并且还有不少新兴的原料被越来越普遍地采用，如家养的鸵鸟、火鸡，人工种植的仙人掌、芦荟等。

烹调选料除了要讲究鲜活外，还要注重产地、季节、品种、部位、质地等，以适应不同的烹调方法和地方风味。如：甲鱼、鲥鱼、桃花虾在桃花盛开的季节为最肥美；黄海、渤海产量较多的梭子蟹，在中秋节时肉最饱满；火腿以金华、宣威为最好；鳊鱼以湖北樊口质量好；在山东，苍山大蒜、莱芜生姜、烟台苹果、莱阳梨、微山湖鳜鱼、泰山赤鳞鱼等质量上乘。家畜各个部位的肉质量不同，不同的菜肴要选用不同位置的肉，如：“红烧肉”、“米粉肉”讲究带皮五花肉，“油爆肚仁”一定要用肚头；羊身上各个部位的肉老嫩不一，分别选用相应的烹调技法，可以做出“全羊席”。家禽的生长阶段不同，肉质也不相同，如：用鸡做菜一般要用当年小嫩鸡，吊汤要用老鸡；盐水鸭用老鸭滋味好、补益性强，烤鸭则用饲养三个多月的幼鸭，脂厚肉嫩。

2. 刀工精湛，配料巧妙

中式烹调讲究刀工，这在世界上也是绝无仅有的。为了加热、造型、消化和文明饮食的需要，可将原料加工成整齐划一的条、丝、丁、片、块、段、米、粒、末、茸等形状，通过混合刀法，还可以加工麦穗、荔枝、蓑衣、梳子、菊花等不同的造型，以达到美化菜肴的目的。中国人擅用筷子，也主要得益于加工后原料体形的小巧。

中式烹调讲究合理配料，主要在形状、质地、色泽、口味、营养、食疗方面体现。在配色方面讲究顺色配和俏色配，目的是为了色泽协调，突出主料；形状方面一般是丝配丝、条配条、丁配丁、片配片，辅料不能大于主料；质地上，讲究脆配脆、软配软等；味道上讲究原料本味，同时辅料要突出、烘托主料的味道，中餐大部分菜肴当中常用的笋片和火腿就起到了这样的作用；在营养上讲究荤素搭配，为人们提供合理全面的营养素，维护人体内的酸碱平衡。

3. 调和重味，味型丰富

味是菜肴的灵魂。食无定味，适口者珍，原料的天赋之味并非样样迷人，只有依赖调味手段，根据各种调料的化学性质，艺术地进行组合，才能驱除腥膻臊臭，突出原料的美味。中餐中常用的葱、姜、蒜、醋、料酒、糖、盐以及各种香料都具有去异增味的作用。

世界上公认中国菜好吃的主要原因之一便是其味型多样，主料、辅料、调料都含有不同的呈味成分，以酸、甜、苦、辣、咸、鲜、香、麻为基本味，经过不同方法的烹制，在不同阶段合理投料，像中国音乐的五音阶可以谱出无穷乐曲一样，可以变换出无数种味型，如鱼香、麻辣、糖醋、红油、家常、怪味、蒜香、咸鲜、辣咸、香辣、姜汁、酱香、麻酱、椒麻等。

4. 精于用火，技法多样

早在《吕氏春秋·本味篇》中就有记载："……火为之纪，时疾时徐。灭腥去臊除膻，必以其胜，无失其理。"意思是说要注意掌握和调节给原料加热的火候，根据原料的质地、味道的特点，适度用火，不得违背用火的道理，有的旺火短时间加热，有的慢火长时间烹调，还有时大中微火交替进行，以形成爽、滑、酥、嫩、烂、软、糯、浓、弹、韧、硬等不同的口感。

中式烹调的技法多样，在世界上首屈一指，除了炒、煮、煎、爆、炸、烩、灼、炖、煨、烤、扒、卤、熏等常见的烹调技法外，还有一些是不同地区自己独特的烹调技法，如山东的"拔丝"和"汤爆"、广东的"盐焗"、四川的"小炒"、江浙的"泥烤"等。

5. 菜品繁多，讲究盛器

中国地域广、民族多，再加上历史悠久，文化、习俗各异，使我国形成了多种不同的风味流派，地方风味名菜有五千多种，花色菜品在万种以上，菜品之多是世界上任何国家所无法比拟的。

美食和美器同样重要，好的菜肴配上精美的盛器，能使其形状锦上添花。用烹饪原料做造型文章，其雕琢的空间毕竟是有限的，结合原料的自然形色，巧用各式各样的美器，很能表情达意。多种多样的盛器与众多美食之间大体构成这样恰当的关系：整禽整鱼宜用腰盘，煎炒爆熘宜用圆碟，汤羹甜菜宜用海碗，精炖焖煨宜用陶砂，粉蒸酵点连笼上，涮煮羊鱼宜火锅，酱菜醋姜宜用白盏，参翅燕鲍宜用华皿。宜大则大，宜小则小，或全席之皿青成一色，或满桌之皿杂色多形，皆成天趣。食与器的完美结合，充分体现了我国独特的饮食文化。

6. 中西结合，借鉴求新

中式烹调在继承优秀传统的同时，还善于结合本民族的饮食特点，借鉴西餐的一些先进的做法，主要表现在原料的选择、调料的使用、加热方法的改进及工艺的革新等方面。如咖喱粉、吉士粉、西红柿酱，可乐、火鸡、鸵鸟肉，铁板烧等西餐的材料技法在中餐中已经常用了。有的把中餐的调味品用于西餐烹调技法中，有的在中式烹调技法中添加西餐调味品，这方面上海、广东的饮食企业在保持民族特色的基础上借鉴西餐，做得比较好。同时，借鉴求新还表现在本民族不同地区之间的交流。社会的发展繁荣与人类的广泛交往，是中式烹调创新的真正动力。

三、八大菜系

菜系是指在一定的区域内，因物产、气候、历史条件、饮食习俗的不同，经过漫长历史的演变而形成的一套自成体系的烹饪技艺，即被世人所承认的地方菜。中国幅员辽阔、地大物博、物产丰富、民族众多，各地自然地貌、气候环境、民风习俗有着迥然的差别。长期下来，形成了八大菜系，即川菜、鲁菜、粤菜、淮扬菜、闽菜、浙菜、徽菜、湘菜。部分书籍中增添了京菜、沪菜，形成十大菜系。

1. 川菜

川菜即是四川菜。四川号称“天府之国”，六畜兴旺、四季常青，烹饪原料丰富而富有特色。川菜发展至今，已具有用料广博、味型多样、菜肴适应面广三个特征，其中尤以味型多样、变化巧妙而著称。“味在四川”，是世人所公认的。川菜之味，以麻辣、怪味见长，离不开三椒（辣椒、胡椒、花椒）和姜汁。除常见的烹调技法外，四川独创的小炒、干煸、干烧、家常烧等手法更是别具一格。

川菜的代表菜肴有：宫保鸡丁、麻婆豆腐、鱼香肉丝、回锅肉、怪味鸡块、干烧岩鲤、四味鲍鱼等。

2. 鲁菜

鲁菜主要指山东菜。山东是齐鲁文化的发祥地，物产富庶，自古经济状况就相对较好。除了曲阜孔府内宅早已形成的官府菜外，又产生了以济南、胶东（福山）为主的两类地方风味菜，并传入宫廷，成为御膳的主体。山东菜系是以济南和胶东两地的地方菜为主组成的。

济南风味在烹调手法上擅长爆、烧、炒、炸，菜品突出清、鲜、脆、嫩，菜肴素以善用清汤、奶汤著称。胶东风味以烹制各种海鲜驰名，擅长爆、炸、扒、蒸，口味以鲜为主，偏重清淡，注意保持主料的鲜味。鲁菜总的特点在于注重突出菜肴的原味，内地以咸鲜为主味，沿海以鲜咸为特色。

鲁菜的代表菜有蟹黄海参、白汁裙边、干炸赤鳞鱼、菊花全蝎、山东蒸丸、九转大肠、福山烧鸡、鸡丝蛰头、清蒸加吉鱼、醋椒鳜鱼、奶汤蒲菜、红烧海螺、烧蛎黄等。

3. 粤菜

粤菜是指广东菜，是由广州、潮州、东江等地菜肴发展而成。粤菜作为我国八大菜系之一，尤以选料广博而闻名，飞禽走兽、山珍海味、野菜山花，无不可入肴，蛇、鼠、雀、虫、狗、猫等令人瞠目结舌的选料，被奉为席间珍品。粤菜吸收京、鲁、苏、川等菜系的精华和西餐的烹饪技术，饮食习俗在博采众长的同时，能逐渐摒弃外地饮食中的某些陋习，形成不尚奢华、讲究实际的风格。粤菜在配料、刀工、火候、烹饪时间、起锅、包尾、器皿、上菜方式等诸多环节都有着非常严格的要求。有人总结粤菜的特色是“选料杂博无所不吃，博采众长讲究实际，制作精细追求享受”。

粤菜的代表菜肴有：烤乳猪、脆皮鸡、古老肉、冬瓜盅、竹丝烩王蛇等，此外还有著名的蛇宴。

4. 淮扬菜

淮扬菜又名苏菜，由苏州、扬州、南京、镇江四地菜肴为代表组成。选料严格，制作精细，注意配色，讲究造型，菜谱四季有别。原料以时令蔬菜、淡水鱼虾、海产品为主，烹饪技法以炖、焖、煨、焐见长。咸、鲜为主，注重原汁原味、清鲜平和，善用甜味调料。

淮扬菜的代表菜肴有：三套鸭、清汤火方、鸭包鱼翅、松鼠桂鱼、西瓜鸡、清炖狮子头、大煮干丝等。

5. 闽菜

闽菜即福建菜，起源于福建闽侯县，是以福州、泉州、厦门等地的菜肴为代表发展起来的。其特点是色调美观，滋味清鲜。烹调方法擅长于炒、熘、煎、煨，尤以“糟”最具特色。由于福建地处东南沿海，多以海鲜为原料烹制各式菜肴，别具风味。

闽菜的代表菜肴有：佛跳墙、醉糟鸡、西施舌、鸡汤海蚌、淡糟香螺片、烧片糟鸡、太极明虾、清蒸加力鱼、荔枝肉等。

6. 浙菜

浙菜就是浙江菜，主要由杭州、宁波、绍兴菜肴发展而成。浙菜的一大特色就是“南料北烹”，这是因为京师人南下开饭馆，用北边的烹调方法将南方丰富的原料做成美食，从而影响了当地人。如浙菜的一道名菜西湖醋鱼，就是仿照北方名菜糖醋黄河鲤鱼的做法，用醋和白糖将西湖中的草鱼调味，烹制而成。浙菜小巧玲珑、清俊逸秀、鲜美滑嫩、脆软清爽，擅长炒、炸、烩、熘、蒸、烧。

浙菜的代表菜肴有：西湖醋鱼、宋嫂鱼羹、东坡肉、龙井虾仁、干炸响铃、叫花童子鸡、清汤鱼圆等。

7. 徽菜

徽菜主要指安徽菜，是由沿江、沿淮、徽州等三个地方的风味菜组合而成。徽菜的风格特点与其他菜系不同，作为一种区域性菜系，它立足本地优势，善于发挥原料本身的味道，即保持原汁原味，如常用火腿佐料、冰糖提鲜，料酒除腥提香，以烹饪山珍野味而显其特色，以色、香、味、形、意、养俱全而著称于世。宋代有位叫梅圣俞的人，将徽菜名品编成诗句“沙地马蹄鳖，雪中牛尾狐”，牛尾狐就是果子狸，马蹄鳖则是一种甲鱼。徽菜自古以来的风格特点是：注重油、色、火功，味道醇厚。

徽菜的代表菜有：符离集烧鸡、火腿炖甲鱼、腌鲜鳜鱼、火腿炖鞭笋、雪冬烧山鸡、红烧果子狸、奶汁肥王鱼、毛峰熏鲥鱼、无为熏鸭等。

8. 湘菜

湘菜主要指湖南菜，是以湘江流域、洞庭湖区、湘西山区的菜肴为代表发展形成的。湘江流域以长沙、衡阳、湘潭为中心，是湘菜的主要代表，其特色是油重色浓，讲求实惠，注重鲜香、酸辣、软嫩，尤以辣味菜和腊菜著称。洞庭湖区的菜以烹制河鲜和家禽、家畜见长，特点是量大油厚，咸辣香软，以炖菜、烧菜出名。湘西菜擅长制作山珍野味、烟熏腊肉和各种腌肉、风鸡，口味侧重于咸香酸辣，有浓厚的山乡风味。

湘菜的代表菜肴有：腊味合蒸、湘西酸肉、麻辣仔鸡、荷包肚、红煨鱼翅、冰糖湘莲、五元金鸡等。

【任务实例】

南方某酒店餐厅，客人们面对琳琅满目的菜品无从下手。漂亮的女服务人员款款走来，“您好，我是酒店的职业点菜师，请问有什么可以效劳吗？”

“我们来自北方，三位女性加一个小朋友，不喜欢油腻，价钱控制在300块以内，可以推荐一些菜肴吗？”

“我建议你们来个水果沙拉，小朋友喜欢，也比较清淡开胃；野菜干煲老鸭汤，营养清火，适合这个季节吃；半斤基围虾，蛋白质成分高；另外向你们推荐清蒸鲥鱼，鲥鱼是南方的特产，肉质鲜嫩，明朝被列为贡品，清代被列为满汉全席的重要菜肴，味道可口且极为细腻……”几位客人不住地点头。

处理技巧 点菜对于餐厅来说既是一个服务的环节，更是一个销售的环节，如何将二者完美结合达到双赢，既让客人享受到餐厅提供的美味佳肴，也让餐厅实现丰盈的利润，需要点菜师、服务人员具备丰富的菜肴知识，掌握客人的心理，观察客人的需求，因时推销，因势推销。案例中的点菜师职业素养高，职业能力强，既考虑到客人的年龄、性别、地域特征，充分为客人考虑，同时也兼顾餐厅菜肴特色、时令特色，兼顾餐厅利益，得到了客人的高度好评。

（资料来源：http://wuxizazhi.cnki.net/Search/XZQJ200517006.html）

【任务演练】

任务设计 1：谈一谈学习菜肴知识对餐厅工作人员来说具有哪些意义。

任务设计 2：假如你是一名餐厅点菜师，一批北京客人希望你向其介绍徽菜的特色，并推荐一些特色菜肴，你会如何处理？

【任务考核】

学生分小组练习，小组内部互评，也可在小组间互评。教师抽取三组，要求按照岗位要求进行表演，教师进行点评，考核参考标准如表 4.1 所示。

表 4.1 考核参考标准

考核内容	得分标准	分值(满分 10 分)	得分
服务礼仪	主动、积极、热情、亲切	2 分	
表达能力	普通话标准、表达清晰、流利	2 分	
操作程序	程序合理、规范	3 分	
处理技巧	方法妥当、技能熟练	3 分	

任务二 西式菜肴

【任务目标】

通过本任务的完成，使学生了解西餐的文化背景，掌握一定的西餐礼仪，掌握西餐的特点及经典的西式菜肴。能为客人提供全面周到的服务，让客人在享受美味的同时，得到文化和精神层次的满足。

【任务导入】

柳先生夫妇来到北京某高级宾馆的西餐厅用餐。入座后，服务人员为他们端上柠檬水，接着问他们要点些什么。柳先生不知所措地说："小姐，我们是教师，从来没有在高级酒店吃过西餐。今天正好是教师节，我们想乘此机会体验一下吃西餐的感受，请帮我们多介绍一些情况，以防出丑。"

服务人员王小姐听后微笑着向他们解释说："吃西餐一般要先喝点清汤或清水，目的是减少后面喝酒对胃的刺激，然后可以按顺序要鸡尾酒和餐前小吃、开胃菜、汤、色拉、主菜、水果、奶酪、甜点和餐后饮料等。实际上，不必每个程序都点菜，可根据自己的喜好和口味任意挑选。"柳先生听完忙用笔记录下来，并请王小姐告诉他们怎样用餐具、怎样点菜。王小姐先将菜单递给柳夫人，又将一个菜单递给柳先生，简要地介绍了菜单上的内容，然后又送上了酒单，告诉他们点菜后可以点酒，并耐心地介绍了相应的酒菜搭配知识。柳先生夫妇听得津津有味。"还是请你为我们点菜吧。"柳先生恳切地要求。根据客人的要求和意愿，结合餐厅的特色酒、菜，王小姐按全部程序点了鸡尾酒、冷肉、法式小面包、黄油、汤、海鲜色拉、虾排、牛排、红葡萄酒、冰激凌、咖啡等饮食。

餐后，柳先生夫妇非常高兴地对王小姐说："今天我们不仅得到了良好的服务，而且还体会到了吃西餐的乐趣，以后一定还会来这里讨教。"

（资料来源：程新造，王文慧. 星级酒店餐饮服务案例选析[M]. 北京：旅游教育出版社，2005.）

任务：柳先生夫妇为何如此高兴？

【任务链接】

一、西式菜肴概述

西餐是一种不同于我国饮食文化的舶来品，是我国对欧美各国的饭食点心和菜肴的统称，泛指根据西方国家饮食习惯烹制出的菜点，以及根据西方习俗提供的餐饮服务。改革开放之后，随着国际交往的日益频繁，西餐已经越来越深入到普通百姓的生活中，是中国人民了解西方文化的一个重要手段。西餐服务已经成为衡量酒店服务和管理水平的重要标志。

值得一提的是，西餐只是东方人的概念。西方各国的餐饮虽然在相似的文化背景下存在许多共同之处，但由于自然条件、历史传统、社会制度的不同，不同国家和地区人民的风土人情、饮食习惯各有特色，从而出现了风格不同的西餐派系。法国人认为他们做的是法国菜，英国人认为他们做的是英国菜。其中法国西餐、意大利西餐、英国西餐、美国西餐、俄罗斯西餐、德国西餐影响较大，而法国西餐最为有名。西餐又有广义西餐和狭义西餐之分。广义西餐包括西式正餐、西式快餐、西式休闲餐三类。狭义西餐仅指西式正餐。我们通常所讲的西餐实际上就是指西式正餐。

二、西式菜肴的烹饪特色

1. 选料精细，品种多样

西式菜肴的食材选料广泛，主要涉及海鲜、畜类、禽类、蛋类、奶制品、蔬菜、水果和粮食等。西式菜肴大多烹制时间不长，加热温度不高，往往达不到杀菌的标准，因此要求原料必须新鲜。此外，西式菜肴的调料、香料品种繁多，烹饪一种菜肴往往需要使用多种香料，如桂皮、丁香、甜紫苏、胡椒、咖喱粉、芥末、香草、薄荷、蛇麻草等,葡萄酒、奶制品也是西餐烹调使用较多的一种调料。可见西式菜肴的选料精细,调料繁多,品种多样。

2. 烹制方法别具一格

常用的西餐烹调方法有煎、炒、焗、炸、熏、烧、扒、烤、蒸、炖、烘、焖、烩、煨等,尤其是铁扒、铁板煎、烤、焗等技法在烹调中更具特色,是许多高档菜肴的常用烹制法。如烤乳猪、铁扒牛柳等,有些甚至在客前烹制,别有一番风味。

(1) 沙司单独调制

沙司是英文 sauce 的音译,意思是调味的汁水。西餐菜式的变化,很多是使用了不同沙司而引起的。由于西餐菜肴在形态上多以大块为主,大块原料在烹调时不易入味,所以大都要在菜肴成熟后拌或浇上各种沙司。为此,厨房中有专门的沙司制作师,不同的菜调制不同的沙司,在使用时有严格的区分。

(2) 讲究营养成分

西餐每餐都有一定的搭配规格,要求兼具人体所需的各种营养成分。对肉类菜肴,特别是牛肉、羊肉的老嫩程度很讲究。营养学家认为,肉质越嫩,营养成分越高。一般来说,肉类菜肴的成熟度可分为全熟(Well Done,简写 W. D)、七成熟(Medium Well,简写 M. W)、五成熟(Medium,简写 M)、三成熟(Medium Rare,简写 M. R)、一成熟(Rare,简写 R)五种。不同的客人对不同菜肴的成熟度有不同的要求。

三、西式菜肴的菜式分类

由于西餐主要是指欧洲国家和地区以及人口以欧洲国家和地区的移民为主的北美洲、南美洲和大洋洲的广大地区的菜肴,因此本书将重点介绍英国、法国、意大利、美国、德国、俄罗斯等六个国家的菜肴特色。

1. 英式菜肴

英国的饮食烹饪,有家庭美肴之称。英式菜肴的特点是:油少、清淡,调味时较少用酒,调味品大都放在餐台上由客人自己选用。烹调讲究鲜嫩,选料注重海鲜及各式蔬菜,菜量要求少而精。英式菜肴的烹调方法多以蒸、煮、烧、熏见长。

英式菜肴的名菜有:鸡丁沙拉、烤大虾苏夫力、薯烩羊肉、烤羊马鞍、冬至布丁、明治排等。

2. 法式菜肴

法国有"烹饪王国"的美誉,法式菜肴享誉世界,被公认为是西餐的代表。法式菜肴选料广泛(如蜗牛、鹅肝都是法式菜肴中的美味),加工精细,烹调考究,口味有浓有淡,花色品种多。法式菜还比较讲究吃半熟或生食,如牛排、羊腿以半熟鲜嫩为特点,海味的蚝也可生吃,烧野鸭一般六成熟即可食用等。法式菜肴重视调味,调味品种类多样,用酒来调味,什么样的菜选用什么酒都有严格的规定,如清汤用葡萄酒,海味品用白兰地酒,甜品用各式甜酒或白兰地等。法国人十分喜爱吃奶酪、水果和各种新鲜蔬菜。

法式菜肴的名菜有:马赛鱼羹、鹅肝排、巴黎龙虾、红酒山鸡、沙福罗鸡、鸡肝牛排等。

3. 意式菜肴

意式菜肴被称为是西餐的鼻祖,在罗马帝国时代,意大利曾是欧洲的政治、经济、文化中心,虽然后来意大利落后了,但就西餐烹饪来讲,意大利却是始祖,可以与法国、英国媲美。意式菜肴的特点是:原汁原味,以味浓著称。烹调注重炸、熏等,以炒、煎炸、烩等方法见长。

意大利人喜爱面食，做法吃法甚多。其制作面条有独到之处，形状、颜色、味道不同的面条至少有几十种，如字母形、贝壳形，实心面条、通心面条等。意大利人还喜食意式馄饨、意式饺子等。

意式菜肴的名菜有：通心粉素菜汤、焗馄饨、奶酪焗通心粉、肉末通心粉、比萨饼等。

4. 美式菜肴

美式菜肴是西餐的后起之秀，是在英国菜的基础上发展起来的，继承了英式菜简单、清淡的特点，口味咸中带甜。美国人一般对辣味不感兴趣，喜欢铁扒类的菜肴，常用水果作为配料与菜肴一起烹制，如菠萝焗火腿、苹果烤鸭等。喜欢吃各种新鲜蔬菜和各式水果。美国人对饮食口味要求并不高，只要求营养、快捷。

美式菜肴的名菜有：烤火鸡、橘子烧野鸭、美式牛扒、苹果沙拉、糖酱煎饼等。

5. 德式菜肴

德国人对饮食并不讲究，食物以经济实惠为主，菜味清淡、酸甜，爱吃野味，也爱吃猪肉、牛肉、鸡、鸡蛋，喜吃水果、奶酪、香肠、酸菜、土豆等，不求浮华只求营养，烹饪方法一般以煎、蒸、煮、红烧为主。德国人首先发明自助快餐，喜喝啤酒，每年的慕尼黑啤酒节大约要消耗掉100万升啤酒。因此“自助”、“啤酒”是德式菜肴的特色。

主要的德式名菜有：咸猪脚酸菜、鞑靼牛排、烤鹅、苹果酿馅、猪肉酸黄瓜卷、生牛肉饼等。

6. 俄式菜肴

由于地处寒带，俄罗斯人喜食热食，爱吃鱼肉、肉末、鸡蛋和蔬菜制成的小包子和肉饼等，各式小吃颇有盛名。菜肴制作简单，但是热量较高、油大味重。口味以酸、甜、辣、咸为主，酸黄瓜、酸白菜往往是酒店或家庭餐桌上的必备食品。烹调方法以烤、熏腌为特色。俄罗斯人以面包为主食。

俄式菜肴在西餐中影响较大，一些地处寒带的北欧国家人们日常生活习惯与俄罗斯人相似，大多喜欢腌制的各种鱼肉、熏肉、香肠、火腿以及酸菜、酸黄瓜等。

俄式菜肴的名菜有：什锦冷盘、鱼子酱、酸黄瓜汤、冷苹果汤、鱼肉包子、黄油鸡卷等。

中西方饮食文化差异

餐饮产品由于地域特征、气候环境、风俗习惯等因素的影响，会出现在原料、口味、烹调方法上不同程度的差异。正是因为这些差异，餐饮产品具有了强烈的地域性。餐饮产品的地域性和中西文化之间的差异造就了中西饮食文化的差异，而这种差异来自中西方不同的思维方式和处世哲学。中国人注重“天人合一”，西方人注重“以人为本”。

这里从三个方面简要谈谈中西方饮食文化的差异。

一、两种不同的饮食观念

对比注重“味”的中国饮食，西方是一种理性饮食观念。不论食物的色、香、味、形如何，营养一定要得到保证，讲究一天要摄取多少热量、维生素、蛋白质等。即便口味千篇一律，也一定要吃下去——因为有营养。在宴席上，可以讲究餐具，讲究用料，讲究服务，讲究菜之原料的形、色方面的搭配。但不管怎么豪华高档，从洛杉矶到纽约，牛排都只有一种味道，无艺术可言。作为菜肴，鸡就是鸡，牛排就是牛排，纵然有搭配，那也是在装盘中进行的，一盘法式羊排，一边放土豆泥，旁倚羊排，另一边配煮青豆，加几片番茄便成。色彩上对比鲜明，但在滋味上各种原料互不相干，各是各的味，简单明了。

中国饮食之所以有其独特的魅力，关键就在于它的味。而美味的产生，在于调和，要使食物的本味，加热以后的熟味，加上配料和辅料的味以及调料的调和之味，交织融合在一起，使之互相补充，互助渗透，水乳交融，你中有我，我中有你。中国烹饪讲究的调和之美，是中国烹饪艺术的精华之处。菜点的形和色是外在的东西，而味却是内在的东西，重内在而不刻意修饰外表，重菜肴的味而不过分展露菜肴的形和色，这正是中国饮食观最重要的表现。

二、中西饮食对象的差异

西方人认为菜肴是充饥的，所以专吃大块肉、整块鸡等"硬菜"。而中国的菜肴是"吃味"的，所以中国烹调在用料上也显示出极大的随意性。许多西方人视为弃物的东西，在中国都是极好的原料；外国厨师无法处理的东西，一到中国厨师手里，就可以化腐朽为神奇。西方人在介绍自己国家的饮食特点时，觉得比中国更重视营养的合理搭配，有较为发达的食品工业，如罐头、快餐等，虽口味千篇一律，但节省时间，且营养丰富，故他们国家的人身体普遍比中国人健壮：高个、长腿、宽大的肩、发达的肌肉；而中国人则显得身材瘦小、肩窄腿短、色黄质弱。有人根据中西方饮食对象的明显差异这一特点，把中国人称为植物性格，西方人称为动物性格。

三、饮食方式的不同

中西方的饮食方式有很大不同，这种差异对民族性格也有影响。在中国，任何一个宴席，不管是什么目的，都只会有一种形式，就是大家团团围坐，共享一席。筵席要用圆桌，这就从形式上造成了一种团结、礼貌、共趣的气氛。美味佳肴放在一桌人的中心，它既是一桌人欣赏、品尝的对象，又是一桌人感情交流的媒介物。人们相互敬酒，相互让菜、劝菜，在美好的事物面前，体现了人与人之间相互尊重、礼让的美德。虽然从卫生的角度看，这种饮食方式有明显的不足之处，但它反映了中国古典哲学中"和"对人们生活的影响，符合我们民族"大团圆"的普遍心态，便于集体的情感交流因而至今难以改革。

西式饮宴上，食品和酒尽管非常重要，但实际上都是作为陪衬。宴会的核心在于交谊，通过与邻座客人之间的交谈，达到交谊的目的。如果将宴会的交谊性与舞蹈相比，那么可以说，中式宴席好比是集体舞，而西式宴会好比是男女的交谊舞。由此可见，中式宴会和西式宴会交谊的目的都很明显，只不过中式宴会更多地体现在全席的交谊，而西式宴会多体现于相邻客人之间的交谊。与中国饮食方式的差异更为明显的是西方流行的自助餐，将所有食物一一陈列出来，大家各取所需，不必固定在位子上吃，走动自由。这种方式便于个人之间的情感交流，不必将所有的话摆在桌面上，也表现了西方人对个性、对自我的尊重。但各吃各的，互不相扰，缺少了一些中国人联欢共乐的情调。

所以，归根结底还是感性与理性之间的差异。但是，这种差异似乎着随着科学的发展，中西方交流的增加而变得模糊。越来越多的中国人已不再只注重菜的色、香、味，而更注重它的卫生与营养了，尤其是在经历了非典以后。还有，人们因为越来越繁忙的工作，觉得中餐做起来太麻烦，不如来个汉堡方便等。这样一来，在饮食上的差异也就不太明显了。

（来源：http://www.doc88.com/p－473334901173.html）

【任务实例】

一对美国夫妇住在山东某饭店，长期以来只吃西餐。一天，夫妇俩走进了中餐厅。入座后，服务人员小刘很快为他们端来了茶水和面巾。客人希望小刘为他们推荐一些可口的菜肴。小刘寻思着：中国有八大菜系，到了山东当然得尝尝鲁菜。于是就向客人推荐了九转大肠、糖醋鲤鱼等，谁料客人听后连连摇头，他们告诉小刘，他们不吃鲤鱼，也不吃动物内脏。小刘一时间无语了。

处理技巧　不同国家、地区和个人，都有自己独特的习俗、癖好和忌讳。这些是长期的历史传承及个人的生活习惯使然，一时间很难发生改变。餐厅员工要对各个国家的饮食习惯、口味风俗有一定程度的熟悉，方能在服务中游刃有余、应对自如，否则会引起客人的误会，严重的还可能引发纠纷，导致客人的投诉。

（资料来源：http://www.ctnews.com.cn/lybgb/2008－04/16/content_494486.htm）

【任务演练】

任务设计 1：对比分析中西菜肴的差异。

任务设计 2：假如你是一名中餐厅服务人员，你将如何向西方国家的客人推荐中国菜肴？

【任务考核】

学生分小组练习，小组内部互评，也可在小组间互评。教师抽取三组，要求按照岗位要求进行表演，教师进行点评，考核参考标准如表 4.2 所示。

表 4.2　考核参考标准

考核内容	得分标准	分值（满分 10 分）	得分
服务礼仪	主动、积极、热情、亲切	2 分	
表达能力	普通话标准、表达清晰、流利	2 分	
操作程序	程序合理、规范	3 分	
处理技巧	方法妥当、技能熟练	3 分	

实践篇

项目五

餐厅预订、迎宾与席位安排

项目目标

本项目主要讲述餐厅预订、迎宾和餐厅席位安排的相关知识，通过本项目的训练，让学生了解餐厅预订、迎宾的基本知识，掌握具体的预订和迎宾服务技巧，熟悉餐厅席位安排的要求，学会准确安排席位，为后续服务提供便利。

本项目包含三个任务：餐厅预订；餐厅迎宾；餐厅席位安排。

任务一　餐 厅 预 订

【任务目标】

通过完成本任务，使学生了解餐厅预订员须具备的基本知识，熟悉预订的方式和流程，掌握预订处理技巧。

【任务导入】

刘小姐是北京某四星级饭店粤菜餐厅的预订员，星期一她接到某旅行社的电话预订，要求星期五晚上安排 120 位客人的晚餐，每人餐费标准 40 元，酒水 5 元，其中有 5 人吃素。时间定在星期五晚 6 点，付账方式是由导游员签账单（某些饭店与一些旅行社有合同，可收取旅行社的餐饮结算单，定期结账）。刘小姐将预订时间、预订人姓名、联系电话、客人人数、旅游团代号、导游员姓名、客人的特殊要求等一一记录在预订簿上。

星期五晚 6 点该旅游团没有到达。此前刘小姐曾与旅行社进行过确认，都没有更改预订的迹象，因此，刘小姐对其他预订均已谢绝。6 时 30 分，该团仍无踪影。刚巧这天餐厅的上座率非常高，望着那一桌桌空着的餐桌，大家都着急了。餐厅经理急忙作出决定，一方面让刘小姐继续与旅行社联系，一方面允许已经上门的没有预订的散客使用部分该团预订的餐桌。同时与其他餐厅联系，准备旅游团来了使用其他餐厅撤台的餐桌。经联系，旅行社值班人员回复预订没有改变，可能是由于交通堵塞造成团队不能准时到达饭店。7时30分，旅游团终于地来到饭店。导游员告诉经理，有30人因其他事由不能来用餐，还有90人用餐，其中有3人吃素。经理急忙让服务人员安排，并回复导游员，按规定要扣除这30人的预订超时和餐食备餐成本费用，比例是餐费的50%。

虽然团队到达时间晚，但有些预订餐桌没有动，餐厅内散客的撤台率又较快，加上旅游团少来了30人，所以90个客人到达后马上得到了安排。望着这些狼吞虎咽的旅游者，大家终于松了一口气。

（资料来源：http://www.6eat.com/DataStore/CardExpensePage/270675_0）

任务：请从该案例分析一下餐厅接受团队预订时应注意的事项。

【任务链接】

酒店餐饮部预订是酒店对外开发客源市场、销售酒店餐饮产品、沟通各餐厅之间关系的职能部门，是酒店与外部沟通的桥梁，也是酒店内部相互合作的枢纽。因此，餐厅预订员必须具备较高的基本条件，了解预订的方式，熟悉预订的基本流程，掌握预订时的礼貌用语。

一、餐厅预订员需要具备的基本条件

(1) 普通话标准，口齿清晰，精通外语，能够与外国人顺利地进行沟通；

(2) 具有较强的事业心，热爱餐饮事业，富有学习和创新精神；

(3) 待人和气友善，具备良好的仪容仪表和待人接物能力；

(4) 具有吃苦耐劳的精神，工作主动性强，有良好的服务意识，品行端正，热情开朗；

(5) 熟练掌握Word、Excel等Office办公自动化软件；

(6) 熟悉本酒店的基本状况，熟悉本酒店餐饮部、客房部等部门的基本情况及其各种布置方案，能够根据客户要求及时调整；

(7) 了解当地的风俗民情，熟悉本酒店所有菜式及其口味特点，具备较丰富的酒水和菜肴知识；

(8) 了解各式菜肴的烹饪方法和服务程序，熟悉本酒店名厨的拿手菜肴；

(9) 了解本酒店所在地的市场细分状况；

(10) 有扎实的餐饮服务与管理的专业知识和较强的应变能力。

二、预订的常用方式

(1) 电话预订，即客人用打电话的方式进行预订，目前这种方式比较常用；

(2) 现场预订，即客人亲自到酒店进行面对面预订；

(3) 信件预订，这一般是一些老客人采用的方式，他们对酒店比较熟悉；

(4) 传真预订，这一般是团队客人采用的一种预订方式，如旅行社订团餐；

(5) 上门推销，这是酒店销售人员对一些潜在的客人或者VIP客人进行的一种主动推销方式；

(6) 网络预订，这种方式目前也比较常用，一般可以利用MSN、QQ、微信或者电子邮件等方式进行预订。

三、电话预订流程

目前，电话预订是酒店预订中较为常用的一种预订方式，具体流程如下：

1. 接听电话

(1) 预订员一般要在电话铃声响起三声之内拿起电话，使用酒店餐厅统一标准用语问候客人，或根据具体的时间向客人问好（如早上好、中午好、下午好、晚上好）。若未能在三声内接听电话，在接听电话时，需向客人表示歉意，如"对不起，让您久等了"。

(2) 在问候客人的同时，主动报出自己所在餐厅名称或者包房的名字，并主动询问客人有什么需要或者要求。

(3) 接听电话时，要站着接听电话，同时嘴巴里不能吃东西，如不小心打喷嚏，需要向客人表示歉意，在与客人讲话的时候语言一定要简洁、清晰、礼貌、亲切。

2. 记录预订内容

(1) 如实、详细、完整、准确地登记客人信息，如客人姓名（最好是全称，以防重姓）、预订日期、所在单位或组织、大概就餐人数、大概用餐标准、用餐时间以及有无其他要求等。

(2) 详细记录客人的特殊要求，如在宴会时，需要与客人落实是否需要多备桌，对酒水有没有特殊要求等。

(3) 询问时态度一定要亲切，有耐心，一定要充分征求客人的意见，并不厌其烦地与客人核对确认。

3. 复述预订内容

(1) 在挂断电话前，先向客人复述已经记录下来的预订内容；

(2) 通话要简洁，表述清晰，不要带有口头禅；

(3) 复述内容要完整，尤其是一些重要信息；

(4) 确保客人姓名读写正确，防止同音不同字的现象，如"张女士"还是"章女士"；

(5) 在不常见的或者多音字的姓名下标注正确读音，以便客人来酒店的时候，能够正确地称呼客人的名字，给客人留下良好的第一印象；

(6) 留下客人联系方式（电话号码），并做好"用餐预订登记表"记录。

4. 感谢客人预订并与客人道别

(1) 用语要礼貌，使用敬语；

(2) 切记要等客人挂断电话后方可放下电话，以防客人还有其他的要求想提出。

5. 落实预订

(1) 预订确定后迅速通报餐厅当班服务人员或领班或部门经理；

(2) 将预订内容及时通报厨房；

(3) 在开餐前将餐厅预订情况及特殊预订通知全体当班人员，以便做好准备；

(4) 若客人因特殊原因，取消预订，预订员须立即在预订本上注明，当遇到交换班时，更要提前通知后者，做好交接；

(5) 如遇客人预订时间或地点与其他预订有冲突，应建议客人改期或更换地点。如客人不同意，可征求客人意见，留下电话或其他联系方式，以便餐厅原有预订取消或变更时，可在第一时间通知客人该预订是被确认或拒绝；

(6) 如客人超过预订时间 1 小时后仍未到达，预订员需要主动打电话向客人确认预订。

总之，虽然电话预订是一种非面对面的预订，但是一个优秀的餐饮预订员能给客人一个非常深刻的印象，对客人能否前来实际消费起到一个催化剂的作用。

四、现场预订流程

除电话预订外,客人亲自前来预订也是一个比较常见的方式,这种预订的成功率更高。

(1) 当客人进入酒店前台时,预订员热情礼貌地向客人问候:"您好,先生/女士,请问有什么需要服务的吗?"

(2) 当得知客人需要订餐时,需主动报上自己姓名和工作职务。

(3) 将客人引领至接待区入座,迎宾员倒上茶水。

(4) 询问客人用餐时间、用餐形式、特殊要求、用餐人数、用餐标准、付款方式、客人姓名及单位名称等具体信息。

(5) 对于无法满足的客人要求,应婉转回绝或向上级汇报、请示,妥善解决,不能欺骗客人。

(6) 根据客人的要求(如人数、环境等),推荐合适的餐厅,如有需要可带客人参观或由客人自选包间,如确实不能在本酒店承办,可以主动帮客人介绍一些附近的酒店。

(7) 若需提前准备菜品、酒水或需备其他特殊用品的预订,餐厅根据情况,适当收取客人订金,订金由收银员收取交财务部保存,并出具订金收条。

(8) 确认预订后,留下客人联系方式(电话号码),并填写预订登记表。

(9) 如遇客人预订的时间或地点与其他预订有冲突,询问客人可否改期或更换地点,如客人不同意,可征求客人意见,留下电话或其他联系方式,以便餐厅原有预订取消或变更时,可在第一时间通知客人该预订是被确认或拒绝。

(10) 向客人致谢,期待客人的光顾,送客人至餐厅门口。

五、预订时常用礼貌用语

1. 接听电话

第1步:问候

(外线):您好!××××酒店餐饮预订部!请问有什么可以为您服务的吗?

(内线):您好!这里是××××酒店××××餐饮预订部!

第2步:询问客人的姓名、具体用餐人数和时间

小姐/先生(第1步后,便知道对方是男士还是女士),请问您贵姓?

小姐/先生,方便知道您的全名吗?

请问您大约有几人用餐?有没有儿童或者婴儿?有没有需要特殊照顾的客人?

请问您是要什么时候用餐呢?

请问您是要订什么时候的宴会呢?我们需要提前多久准备?需要备几桌呢?

请问您是要订什么时候的包房?

第3步:询问客人的电话号码

请问您方便留下联系电话吗?以便我们联系!(当客人不愿意留电话时,必须提醒客人)

您的电话号码是××××?请问是对的吗?(再次确认)

我们包房会为您预留到××××(中餐12:45、晚餐6:45),如果您没有来的话我们就自动取消了,好吗?

请问方便留下您的单位名称吗?(根据客人的要求,可问可不问)

第 4 步:告诉客人预订的场地

××先生/小姐(当已经知道对方的姓氏或者称呼时,可以直接呼出),我们给您预订的包房名称是××××,请问您还有别的要求吗?(当客人表示有特殊要求的时候,询问客人并记录)

请问您大概什么时候到?(询问客人到达时间)

第 5 步:最后重复确认预订内容

××先生/小姐,您好! 您预订的是××时间的中餐/晚餐,××××包房,您的特别要求是……,请问可以吗?(当以上都询问客人后,重复确认预订细节)如果您对预订内容有任何改动,可以提前打电话给我们,以便及时为您更新预订内容。请问还有其他可以为您服务的吗?

第 6 步:致谢/道别

感谢您的预订!(以上全部说好以后)

期待您的光临! 再见!(最后等对方挂上电话后,自己才能挂电话)

2. 拨出电话

在打出电话前(确认取消预订或确认到达时间),要充分准备好,比如要准备纸和笔,准备好要讲的具体内容,以便给客人留下好印象。

第 1 步:问候,确认身份,报自己部门

请问您是××先生/小姐吗? 您好! 我这里是××××酒店餐饮预订部。

第 2 步:询问到达时间,确定是否取消并了解原因

请问您预订的今天中餐/晚餐××××包房,大概什么时候到达?(当还没有到自动取消包房时间的时候)

您预订的今天中餐/晚餐××××包房,已经超过预留时间了,请问还需要为您预留吗?还是另改时间呢?(当已经超过时间客人还没有来的时候)

请问是什么原因取消呢? 可以告诉我们吗? 以便我们以后更好地改进工作(或者可以说出一些原因让客人回答,例如:是您请的客人改变行程了吗? 是我们这里太远了而取消吗? 还是有其他原因呢……请您多提宝贵意见!)。如果客人已经产生反感或不耐烦不愿意说的时候,我们不适宜追问下去,不要勉强客人。

第 3 步:确认取消或更改预订

谢谢您,××先生/小姐! 那您订的今天中餐/晚餐××××包房,为您取消了(取消预订时)。谢谢您,××先生/小姐! 那您订的今天中餐/晚餐××××包房,就为您改在时间××××包房了,请问要求还是和原来一样的吗?(更改预订时)

第 4 步:致谢

感谢您,欢迎下次光临! 再见。(取消预订说的告别语)谢谢您,期待您的光临! 再见。(更改预订时说的告别语)

最后等对方挂上电话后,自己再挂电话。

拨打电话时须注意的问题

第一，择时通话。通话时机的选择看似平常，实际上很重要。有的人只以自己的情况为判断标准，选择自己方便的时候拨打电话，这实际上是对通话对象尊重不够的表现。设身处地考虑对方的情况，是选择通话时机的基本原则。拨打电话要选择通话效率高的时间，换句话来讲，就是人家不会厌烦的时间。比如休息时间尽量不要给他人打电话，除非万不得已。严格地讲，晚上 10 点之后，早上 7 点之前，没有什么特别的急事不要打电话。万一有急事打电话，要先说一句"抱歉，事关紧急，打扰您了！"否则的话对方很可能会厌烦。再者，就餐时别打电话。现代人工作繁忙，通常中午只有一个小时的吃饭时间，如遇电话，岂不影响食欲？另外，倘若不是重大事情，节假日不要打电话。在现代社会里，尽量不打扰他人的节假日休息应该成为常识。如果是拨打国际长途电话，尤其是美国、欧洲这样距离较远的国家，还要考虑到时差的问题。

第二，简短通话。电话打多长好呢？在日常生活中拨打电话，有多少事就说多长时间，说清楚为止。通话时间是宜短不宜长，要遵守电话礼仪中的"3 分钟原则"，即每次通话的时间应该有效地控制在 3 分钟之内。当然，这里的"3 分钟"并非是绝对的只能通话 3 分钟，而是指要长话短说，废话少说，没话不说。

第三，通话内容精练有序。正确把握通话内容的一个有效方法就是要养成重要电话列提纲的习惯。首先，要知道通话对方有几个电话号码，第一个打不通就拨第二个。接通后要先做自我介绍。其次，要列出通话的事项，先讲重要的事情，后讲次要的事情。

第四，礼貌挂机。结束通话后要礼貌地挂机。要了解怎样暗示对方终止通话。其标准化的做法就是重复要点，以免对方记错了或者忘记了，同时也显示出工作人员训练有素，不说废话。

（资料来源：金正昆，金龙．秘书工作中的电话礼仪[J]．秘书工作，2006 年第 2 期．）

【任务实例】

实例 1

一天，北京某酒店宴会部的预订员孟小姐接到了某大公司总经理秘书赵先生打来的预订电话。对方在详细询问了餐厅面积、餐位、菜肴风味、设备设施、服务项目等情况后，提出预订一个三天后 200 人规模的高档庆典宴会。孟小姐热情地向客户介绍了各种情况，双方开始约定见面的时间。

赵先生提议道："小姐，请你明天上午 9 点到我们公司来签一下宴会合同，并收取订金。"

"我们这几天业务繁忙，人手不够，还是请您抽空到我们酒店来一趟吧。"孟小姐答道。

最后，赵先生同意下午来查看场地，并签订合同。

放下电话，孟小姐十分高兴，暗自寻思：没想到今天预订的这么多，这已经是第十个预订电话了，看来这个星期的预订任务是没有问题了。

此后，孟小姐又接了几个预订电话，都是小宴会厅的中、低档客户。孟小姐对待他们的态度显然没有那么热情了，接电话的时间也显得拖拉起来。这些电话中有一位山西口音的李先生，要求预订当晚淮扬风味的8人小型宴会，每人标准100元。孟小姐很不耐烦地告诉他，预订已满，请他到其他地方预订。

下午，孟小姐一心等赵先生的到来，结果却只等到一个回复电话。

“对不起，小姐，我们李总不想在你们酒店预订这次宴会了。”赵先生说。

“为什么？是不是需要我亲自到你们公司去一趟？”孟小姐急忙问。

“不必了。我们李总就是刚才给你打电话预订8人宴会的那个山西人。他说连8个人的小宴会都接待不了，还谈什么200人的大宴会呢？所以他指令我把宴会订到其他地方。”赵先生含有歉意地解释着。

“这……”孟小姐顿时感到茫然。

处理技巧　酒店餐厅的预订要求面向社会各个阶层的消费者，对待高层、中层和低层的消费者都应一视同仁，热情接待，不能用有色眼光去看待客人。根据这个案例，在电话预订中应注意：对待客人不可厚此薄彼，不管客人的数量是多是少，都应该同等热情地对待。酒店的预订人员应具有良好的服务素质和道德意识，明白有些客人是潜在的客源，如果用势利的眼光去对待客人，必将影响饭店的声誉和利益。

（资料来源：http://wenku.baidu.com/view/8e262320ccbff121dd368380.html）

实例2

一天晚上，厦门某饭店的门前驶来一辆出租车，四位客人先后下车走进饭店，直奔二楼的风味餐厅。

“欢迎各位到我们餐厅用餐，请问先生贵姓，有没有预订？”接待小姐很有礼貌地问道。

“我姓黎，三天前电话预订了‘佛跳墙’，请你查看一下。”黎先生说。

接待小姐查了预订记录，发现有两个姓李的人都预订了四人餐，一个是李永昌（海鲜宴），另一个是李佳明（外订“佛跳墙”）。

“先生，请看这是不是您的预订？”接待小姐请黎先生确认预订记录。

“哦，不，我叫黎嘉铭，这外订‘佛跳墙’是什么意思呢？”黎先生用笔更正了姓名后，不解地问道。

“‘佛跳墙’这道菜需要18种原料，其中鱼唇、金线鲍鱼等原料我们这里今天刚进货，加工需要很长时间，制作时间已经不够，但考虑到您对饭店的信任，我们已经为您在其他地方预订了这道菜，希望您不要介意。”接待小姐耐心地向黎先生解释了外订的原因。“那不行，你们这么大的饭店连‘佛跳墙’都做不出来，还开什么餐厅！同意了我的预订就要兑现，我就要吃你们做的‘佛跳墙’，其他地方做的不要。”黎先生突然生气了。

“十分抱歉，我们没有向您解释清楚，让您误会了。这几天预订‘佛跳墙’的客人只有您一位，原料和时间都紧张，我们就派厨师到关系单位亲自为您加工，现在已经准备好了，口味绝对正宗。请您先到里面入座，先品尝其他菜，‘佛跳墙’马上就上桌。”餐厅经理急忙走过来回答。

“谢谢你们想得周到，但以后预订时，不要把人家的名字搞错。”黎先生和家人跟随领位小姐走进了餐厅。

当黎先生一家吃到那满堂馥郁的“佛跳墙”时，不禁食欲大增，对服务人员伸起大拇指连声说好。

处理技巧　首先，服务人员在为客人预订时，一定要确保客人的信息是完整无误的。此案例中预订员误把“黎嘉铭”写成“李佳明”，引起了客人的不满。因此，同音或近音的姓名尤其要确认清楚，容易引起混淆的，一定要逐字核对。

其次，此案例中，接待小姐具有较为灵活的反应能力和处理突发事件的能力。掌握餐厅的供应情况和加工能力，同时考虑到饭店的信誉，不能只图利润而预订那些不能落实的菜肴，否则容易在实际服务中造成被动，引起客人投诉。

最后，虽然接待小姐的耐心和餐厅经理的及时应答弥补了工作上的不足，但是也存在一些需要改进之处，如最好不要把预订记录拿给客人看，否则可能会引起不必要的麻烦或造成服务上的被动。

（资料来源：http://www.xianyangzhiyuan.cn:8017/alj.asp）

实例 3

客人喜欢靠窗的餐位，而那个座位已经有人或者已经被预订该怎么办？

处理技巧 首先应诚挚地向客人道歉，告诉客人此台已被预订；其次，给客人安排其他比较明亮的台位，尽量让客人满意。

（资料来源：http://www.canyin168.com/Shop/hotel/200805/12723.html）

实例 4

餐厅里已坐满，只空下部分已经被预订的座位，客人要坐怎么办？

处理技巧 首先，不能因为预订的客人还未到就把其他客人安排上去，要遵守酒店与每一位客人之间的约定，应有礼貌地告诉客人，这些座位是留给预订客人的；可以给客人安排一个稍微安静点的地方等待，同时要尽量为客人找位子，如客人要赶时间，可先给他们点菜。如餐厅已经没有空位，应请客人在餐厅外登记等候，在客人等候过程中，应尽量使用语言去安抚这部分客人，让客人感受到酒店对他们的重视，不能让客人感觉受到了冷落。

（资料来源：金敏. 餐厅服务人员实战手册[M]. 北京：旅游教育出版社，2007.）

【任务演练】

任务设计 1：假设你是餐厅的一名预订员，某天中午有一位女士前来预订餐厅，其目的是为即将过生日的儿子举办生日宴，你该如何应对？

任务设计 2：假设你是餐厅的一名预订员，某天晚上接到导游员小张的电话，其目的是为所带团队预订晚餐，你该如何应对？

任务设计 3：假设你是餐厅的一名预订员，某天中午，预订本酒店且交了 200 元订金的王先生突然来到酒店临时取消预订，你该如何应对？

【任务考核】

学生分小组练习，小组内部互评，也可在小组间互评。教师抽取三组，要求按照岗位要求进行表演，教师进行点评，考核参考标准如表 5.1 所示。

表 5.1 考核参考标准

考核内容	得分标准	分值(满分 10 分)	得分
服务礼仪	主动、积极、热情、亲切	2 分	
表达能力	普通话标准、表达清晰、流利	2 分	
操作程序	程序合理、规范	3 分	
处理技巧	方法妥当、技能熟练	3 分	

任务二　餐厅迎宾

【任务目标】

通过完成本任务，使学生了解餐厅迎宾员的岗位职责，熟悉迎宾员的基本服务礼仪，掌握迎宾技巧。

【任务导入】

一天中午，一对夫妇一边吵架一边走进餐厅，两人互相指责着，脸上都是很不高兴的神色。听得出斗嘴的内容无非是生活里的一些家常琐事。

任务：对这样的客人如何进行引领和服务呢？

【任务链接】

餐厅迎宾员是酒店的形象，也餐厅的门面，是对外展示餐厅良好形象的窗口，是衡量酒店水平的一个重要影响因子。迎宾员优雅的仪容仪表、得体的言行举止、高超的服务技能将会给消费者留下良好的第一印象，更会对餐厅随后的潜在客人产生极为重要的影响，大方优雅的迎宾服务甚至还能起到调节餐厅氛围的作用。

一、迎宾员的岗位职责

迎宾员又称接待员、迎接员或引宾员，是餐厅的“门面”，其主要工作是迎接客人入门，为客人安排座位以及送别客人。迎宾员的工作直接影响着餐厅的形象，对餐厅的经营起着至关重要的作用。其在餐厅中承担的岗位职责具体如下：

(1) 遵守酒店的各项规章、制度；

(2) 服从上级领导的指挥、调动；

(3) 熟悉开餐前的各项工作准备情况，掌握订餐情况；

(4) 熟练接受客人的订座，包括电话预订和当面预订；

(5) 礼貌地迎接客人(如图5.1所示)，并安排合适的座位；

(6) 为客人做好登记工作；

(7) 为已入座的客人递送菜单、酒单；

(8) 掌握进餐客人人数、桌数等，做好书面记录；

(9) 了解客人饮食习俗；

(10) 负责接听餐厅电话，及时通知他人；

(11) 正确地处理与客人、领导、各部门同事的关系；

(12) 接受客人的建议，处理投诉并及时向上级汇报；

(13) 负责将就餐完毕的客人送出大门，并有礼貌地向客人道谢道别；

(14) 完成上级分派的其他各项工作。

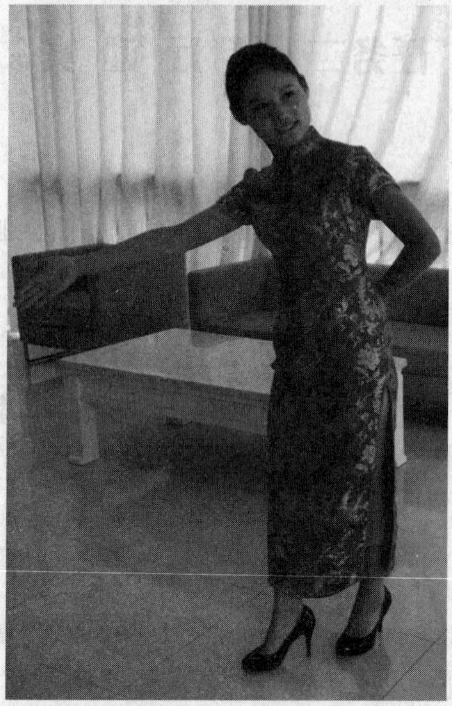

图 5.1 礼貌迎接客人

沃尔玛迎宾员

30 多年以来，在美国进入任何一家沃尔玛超市，都会在入口处看到著名的“沃尔玛迎宾员”。他们所做的工作似乎很简单，而且他们通常都是一些年纪大的人，有的甚至非常老。

“您需要帮助吗?”迎宾员会这样问你。

你会纳闷，为什么要雇佣这些人？进入沃尔玛后是很容易找到人帮助的，为什么沃尔玛还要浪费这个钱？

请注意：当沃尔玛在“浪费钱”的时候，背后一定另有原因，而且极可能这并非浪费。事实上，山姆·沃尔顿在关于他如何建立了沃尔玛公司的《富甲美国——山姆·沃尔顿自传》一书中阐述了其中的原因：有一次，山姆·沃尔顿和手下一位高级管理人员汤姆·科格林去了一家沃尔玛超市，在入口处受到一位老人的欢迎，老人说了些“欢迎光临”之类的话。他们从来没遇到过这样的事情：门口有专人负责欢迎进入卖场。

山姆·沃尔顿和汤姆·科格林与老人攀谈起来，询问他为什么要在这里欢迎客人。老人说经理交给他这项工作有两个原因：一是让来超市的客人感觉愉快，二是防止有人带着未付款的商品走出去。超市饱受盗窃的困扰，而经理也知道，他不可能在门口安排持枪的大块头来吓唬诚实的客人，但他也要让偷盗者知道当他们带着偷来的商品走出超市的时候会有人看到。这位经理确信,就是一个简单的招呼小偷们也不愿意听到。

山姆·沃尔顿很赞同这个观点,于是他让每一家超市都在门口安排了这样一位迎宾员。这样做的效果出人意料的好,按汤姆·科格林的话来说,"如果这就是我们多年来坚持造访店面所发现的唯一的一个好点子,我还是要说,作为管理者造访这些店面所花费的时间是最有价值的"。事实上,这些迎宾员在沃尔玛内部还有另一个称呼:资产卫士!

(资料来源:柏唯良.沃尔玛迎宾员[J].IT经理世界,2011(15).)

二、迎宾员基本操作技巧

餐厅迎宾员在迎宾时应做到动作姿势规范优美,迎宾服务时使用敬语,语言规范合理,具体要做到以下几点:

(1) 开餐前5分钟按照标准站立姿势,站立于酒店门口外侧或者迎宾台后,面向客人进入餐厅的方向,面部表情自然、热情,始终微笑,眼光平视前方。

(2) 当客人行至距离约3米处,迎宾员应主动向前移动半步,双手自然下垂于身前,微微弯腰,并礼貌问候:"中午/晚上好,欢迎光临×××大酒店。"

(3) 向客人致意后,应主动询问客人是否已经预订过餐位。如果客人已经预订,要核实清楚客人的预订信息后再引导客人进入酒店,并将客人引领至已安排好的位子。如果客人没有提前预订,应该问清楚客人的具体人数,问清客人是否对就餐位子有特殊的要求,如有的客人比较喜欢安静的地方,有的客人喜欢靠窗的位置,有的客人对位置没有特殊的要求,迎宾员要根据客人人数、酒店预订情况引导客人进入酒店安排座位。

(4) 走在客人侧前方1米左右,引领客人到适当的座位,中途要注意与客人的语言和眼神交流,不能自顾自行走。

(5) 迎宾顺序:一般按照客人到达先后顺序;如客人同时到,应先主宾、后陪同,先女宾、后男宾。

(6) 一般来说,高档豪华酒店与宴会重要客人应先引到贵宾接待室,然后主动递送茶水、香巾,请客人稍候,再交酒店经理、主管接待。

(7) 给客人安排好座位后,迎宾员完成交接工作,并祝客人用餐愉快,后退两步再转身回到岗位。

(8) 有电梯的楼层迎宾岗位,迎宾员须随时注意观察电梯的状态。当电梯到达楼层,迎宾员须主动上前鞠躬30°~45°,并礼貌问候客人。主动询问客人是预订的哪个包厢,确定无误后带领客人进入相应的包厢。第一时间使用对讲机通知楼层主管或楼层管理人员,及时安排服务人员进入包厢为客人提供服务,从而可以避免房间的服务人员空岗的现象。

(9) 无电梯的楼层迎宾岗位,当看到客人距离自己3米左右时,需主动上前去问候客人,主动询问客人是哪个包厢的,确定无误后带客人进入相应的包厢。

(10) 遇到拐角的位置,迎宾员需打手势并提醒客人(这边请)。遇到有台阶的地方,要提醒客人注意脚下楼梯。

(11) 站岗的时候要保持规定的站姿,不可靠墙,不可东倒西歪,不可聚集聊天,不可吃东西，不可有不文雅和不规范的动作。

(12) 当带第一批客人进入包厢时，迎宾员要主动递送茶水，并主动询问客人是否需要开启电视，尽量减少先到客人等其他客人的无聊时间。

(13) 对于那些未提前预订包厢的客人，迎宾员需请客人稍等片刻，找个休息区先让客人休息，并主动了解客人的姓氏及用餐人数、用餐标准、消费概况等，将相关的信息告知营业台，要求其给客人安排包厢。尽量抓紧时间，避免让客人等待太久，并按营业部提供的包厢号引领客人入座。

(14) 迎宾员在整个迎宾过程中，服务态度要端正，要热情主动，要有强烈的服务意识和责任感，身体素质和身体条件好，个人形象美观，气质好，有风度；同时，注重仪容仪表和形体语言，有良好的礼貌修养，能耐心周到地为客人提供优质服务。

【任务实例】

实例 1

一天晚上，住在某三星级宾馆的一位外宾来餐厅用餐。迎宾员很有礼貌地用英语向他问候说："先生，您好！请问您有没有预订？"

客人微微一愣，笑着回答道："晚上好，我就住在你们饭店，现在想用餐。"

迎宾员没有听明白，仍继续问客人有没有预订，客人不耐烦地告诉迎宾员，前台让他来这里用餐，并拿出住宿卡让她看，迎宾员看后，忙带客人走进餐厅。

"请坐。"迎宾员把客人引到靠窗的餐桌前。

奇怪的是，客人不肯坐下，并摇着头说出一串迎宾员听不懂的英语。

迎宾员愣愣地看着客人，不知所措。

这时，一位英语比较好的服务人员走过来帮忙，经过询问才知道，原来客人要在饭店的西餐厅用餐，但是他没有找到西餐厅，错来了中餐厅，而迎宾员在没有搞清楚的情况下，就把客人引了过来。

迎宾员听明白后，忙向客人道歉，并主动引领客人去西餐厅。

"晚上好，先生，欢迎您来这里，请问您是否住在我们饭店？"西餐厅的迎宾员微笑着问候客人。

"晚上好，小姐，这是我的住宿卡。"客人满意地回答。

临近餐厅前，客人又转过身来对中餐厅的迎宾员说："你应该像这位小姐这样服务。"

处理技巧 此案例中，迎宾员外语水平没有达到星级酒店的要求，没有听懂客人的问话，没有搞清客人的目的，在没有问清楚是否在本餐厅用餐的情况下就将客人带入餐厅，造成了误会。作为迎宾员应该做到：首先，正确地使用各种敬语，并注意使用的时间和地点。其次，在接待中，一定要搞清楚客人是否住在本饭店，采用什么方式用餐，是否在本餐厅用餐，在了解清楚后，再将客人引入餐厅。再者，迎宾员的外语水平一定要达标，即使是中餐厅的服务人员，也应不断提高外语听说能力，才能保证服务的质量和水平。最后，当你没有完全弄明白客人的要求时，不要轻易地判断客人的意思。

(资料来源：姜文宏，王焕宇．餐厅服务人员技能综合实训[M]．北京：高等教育出版社，2004.)

实例 2

小刘是一名刚参加工作的服务人员，在职业学校学到的知识使她对这项工作充满了兴趣。第一天上班正好迎宾员请了事假，领班便安排小刘暂时顶岗。中午过去了，小刘的微笑和努力工作得到了客人的表扬，小刘决心晚餐的服务要做得更好。

晚餐刚开始，来了两位看起来颇为气派的本地人，小刘微笑着询问了有无预订，然后带领客人走进他们预订的包厢，沿途小刘介绍着今日的特别推荐和本餐厅的特色菜，但客人似乎心不在焉，说“我知道的”。小刘感觉客人的心情似乎不是很好，于是想让客人开心起来，便介绍起餐厅晚餐的表演节目，边说边走进了包厢，其中一个客人生硬地说：“都知道。”小刘仍然在继续进行介绍，不想一位客人突然掏出一张钱递到她面前，不耐烦地说了声：“拿去！”小刘的笑容顿时僵硬了，但是她还想说完最后几句就离开，不想刚开口，另一位客人就说：“嫌少吗？我这还有！”

小刘没有想到好心对他们，反而是这样的结果，打心里感觉委屈，马上说：“对不起，我们不收小费。”转身离开，刚走回大门边，就委屈地哭了起来。

处理技巧　此案例中，小刘的服务态度是值得肯定的，她严格按照酒店的要求提供了规范化的服务，并且主动热情地关心客人，看到客人不大开心就想用自己的热情去影响他们，初衷是很好的。但是，仅仅有服务的基本规范是远远不够的，迎宾员的服务工作不能死板，要能够随机应变，要因人而异。服务工作的目的就是让客人得到理解和满足，要学会细心地观察每位客人，了解客人的心理，学会判断客人的类型，再有针对性地提供个性化服务。客人对餐厅不一定都是不熟悉的，小刘的新鲜感影响到了自己的服务质量。颇为气派的本地人，很可能是酒店的常客，一再介绍餐厅的特色和表演在这里显然是没有必要的，也是一种打扰，反而造成了客人误会，以为是索要小费，所以才对她非常反感。

（资料来源：金敏，周名丁．餐厅服务人员实战手册[M]．北京：旅游教育出版社，2007.）

实例 3

易先生在一家酒店门口等朋友过来一起吃饭，可等了十分钟朋友还没有过来，于是和这家餐厅的迎宾员说，一会他有个姓张的朋友过来，让迎宾员把客人带到牡丹厅。这个迎宾员记下了，“好的，没有问题”。“您贵姓啊？”“我姓易。”“好的，易先生，一会张先生来了，我一定会带过去，请您放心。”“谢谢。”易先生满意地回到包间去等。可不到两分钟就接到了朋友打来的电话，说：“你在哪里？”易先生问：“你是到餐厅了吗？”他说是啊，易先生问迎宾员没有告诉你我们在哪里吗，他说是啊，还问了，迎宾员说不知道啊。易先生心想这就怪了，刚才还说得很好，还让我放心，这怎么就又不知道了，易先生立刻就冲了出去，看见他的朋友正在和迎宾员说着什么，易先生一看不是刚才那个迎宾员，就问刚才那个服务人员呢？她说去洗手间了。“她去之前没有告诉你们我有个朋友要过来吗？”“没有啊。”迎宾员答道。易先生就带朋友去包间了，可在去的路上，看见了那个迎宾员，就问“你不是让我放心的吗？”她却说：“以为你朋友还有一会儿才来，你不是说一会儿吗？”

处理技巧　很显然此案例中，第一位迎宾员对待客人是极不负责任的。在正常情况下，迎宾员要严格遵守酒店的各项规章制度，要有高度的责任心和认真的工作态度，当确实有特殊原因不在岗时，应把手头上工作任务交接安排好，不能抱有侥幸的心理。另外，当客人对服务质量不满意时，服务人员应首先向客人表示歉意，不能加以辩解。服务人员要记住的是，客人永远是对的。

（资料来源：http://doc.mbalib.com/view/6d3bb17914b416a11fcf397e7105f36d.html）

【任务演练】

任务设计 1：假设你是餐厅的一名迎宾员，遇到 VIP 客人陈总前来就餐，餐厅经理在门口迎接。你需要做些什么？

任务设计 2：假设你是餐厅的一名迎宾员，客人王先生带四个朋友前来用餐，但是此时餐厅已满座。你会如何处理？

任务设计 3：假设你是餐厅的一名迎宾员，某天中午李女士带五岁的儿子前来用餐。你会如何处理？

【任务考核】

学生分小组练习，小组内部互评，也可在小组间互评。教师抽取三组，要求按照岗位要求进行表演，教师进行点评，考核参考标准如表 5.2 所示。

表 5.2 考核参考标准

考核内容	得分标准	分值(满分 10 分)	得分
迎接客人	面带微笑，主动上前问好	2 分	
引位	引领姿态正确，合理引位	2 分	
拉椅让座	女士优先，顺序正确，拉椅姿势正确	2 分	
送上菜单	菜单干净整洁，拿取菜单姿势正确，顺序正确	2 分	
记录	正确填写迎宾记录表	2 分	

任务三 餐厅席位安排

【任务目标】

通过完成本任务，了解餐饮服务工作中席位安排的原则和要求，学会合理安排席位，为后续工作提供便利。

【任务导入】

一天，小张回到县城老家，遇到了担任某局局长的老同学，见面寒暄几句之后，老同学就说："来得巧，中午正好帮我陪客，千万别走了。"既然如此，恭敬不如从命了。走进宾馆才知道，原来是老同学为农村来的亲戚"候饭"呢。小张生在农村，长在农村，对"候饭"一词可不陌生，凡是三亲六档家中有结婚的新媳妇或新姑爷，第二年正月间是必要"候饭"的；本族中没出五服的新媳妇或新姑爷，还有友好的人家也是要"候饭"的；除了上述以外，还对一般的亲戚朋友家中的新媳妇进行"候饭"。农村的"候饭"都是十大碗，有的还先上八个或十个凉盘。桌子都是八人座的方桌，上边左方为主宾席，右边为陪席（媳妇一般都是婆家陪），其余是一左一右按辈分入座。可今天是在县城，又是农村来的人，是按农村的规矩还是按城里的规矩呢？这可是正规的宴请呀，只见老同学大大方方地走到上方中间的位置坐下（很有点局长的派头），接下来就叫他的亲戚坐在他的左边，叫小张坐在他的右边。小张站着没有入座，对老同学说："你是按农村的规矩还是按城里的规矩呢？"他说："当然按城里的规矩了。"小张说:“如按城里的规矩,你的亲戚不能坐左边的位子,应该坐在右边才是呀。”老同学说:“你别搞错了,今天他是主客,左为大嘛。”小张说:“这是圆桌,不是方桌,在农村,用的是方桌,左为大,在城里,用的是圆桌,右为大。”

(案例来源:http://hi.baidu.com/gfufskwfxbfgjte/item/da341291844b0634326eeb03)

任务:试分析案例中小张和其同学的观点。

【任务链接】

在中餐宴会活动中,大多采用圆桌布置菜肴、酒水,偶尔使用方桌。每桌人数从8人、10人到12人不等。作为礼仪之邦的中国非常重视座次席位的安排,尤其突出“主人位”的安排,也就是我们常说的“首席”或“首座”。按照国际惯例,主桌上男女交叉安排座位,以女主人为准,主宾在女主人右方,主宾夫人在男主人右方。而我国习惯按照职务的高低或者年龄进行排列,以便交谈。如有夫人出席,通常把女方安排在一起,即主宾坐在男主人右方,其夫人在女主人右方。

宴会厅餐桌座位的安排要根据餐厅的形状、餐厅的背景、餐厅内物品的布置特点、主办方对宴会的特殊要求及就餐人数规模来定。总的来说,要求排列整齐有序,合理利用场地,方便客人走动和服务人员工作,体现宴会的档次。那么,一般排列位次的基本方法有哪些呢?

一、中餐多桌宴会的宾主席位安排

(1) 主人一般都是面对餐厅的正门而坐,并在主桌就座。

(2) 最好每桌都要有一位主桌主人的代表在座。位置一般和主桌上的主人在同一个方向,有时也可以面向主桌主人。

(3) 一般情况下,各桌席位的主次应根据距离主人的远近而定,以近为主,以远为次。

(4) 对于各桌距离主人相同的位次,讲究以右为尊,即以该桌主人面向为准,右为主,左为次。另外,每张餐桌上所安排的用餐人数应限制在10人或10人以内,最好是双数,如6人、8人、10人。如果人数过多,不仅不方便服务,也可能坐不下,给后续工作带来麻烦。

(5) 由3或3以上桌数所组成的宴会。在安排多桌宴请的桌次时,除了要注意“面门定位”、“以右为尊”、“以近为上”等规则外,还应兼顾其他各桌与主桌距离的远近。通常,距离主桌越近,桌次越高;距离主桌越远,桌次越低。在安排桌次时,所用餐桌的大小、形状要基本一致。除主桌可以略大外,其他餐桌都不要过大或过小。

为了确保在宴请时赴宴者及时、准确地找到自己的桌次,可以在宴会厅入口处悬挂宴会桌次排列示意图,安排引导员引导来宾按桌就座。工作人员和主人除要及时加以引导、指示外,应事先在每位来宾所属座次正前方的桌面上,放置醒目的个人姓名座位卡。当举行涉外宴请时,席位卡应以中、英两种文字书写。按照我国的传统惯例,中文在上,英文在下。必要时,席位卡的两面都要书写用餐者的姓名。

多桌席位安排小技巧

一、小型宴会餐桌安排

3 桌可摆放成品字形(正方形餐厅)或者一字形(长方形餐厅)。

4 桌可以摆放成正方形(正方形餐厅)或菱形(长方形餐厅)。

5 桌可以中心一桌,四角方向各一桌,摆放成梅花形(正方形餐厅),也可以将第一桌摆于正上方,其余四桌摆放成正方形(长方形餐厅)。

6 桌可以摆放成梅花形,也可以摆放成菱形、三角形或者长方形。

7 桌可以摆放成六瓣花型,即中心一桌,周围六桌(正方形餐厅),也可以一主桌,六副桌(长方形餐厅)。

8 桌可以摆舰队形,也可以摆放成梯形(正方形餐厅),同样可摆放成长方形或长菱形(长方形餐厅)。

9 桌可以摆成横三竖三的形状(正方形餐桌),也可以摆成三角形等形状(长方形餐厅)。

10 桌可以摆成三角形,也可以摆成箭头形或圆形。

二、中型宴会餐桌安排

11、12 桌宴会多摆放成双角形、圆形、松树形、多边形和塔形。

15～17 桌宴会餐桌摆放成岛型或圆形,突出主桌,一般由一主、两副组成。

三、大型宴会餐桌安排

将宴会厅划分为若干区,如服务区、主宾区。

乐队安排在主宾席的两侧或主席台对面的宴会区外侧。

也可以自行设定宴会主题,餐厅规模及形状,按照所设定的场景设计台形。

二、中餐单桌宴会的宾主席位安排

一般在酒店的包房内,都是单桌居多。单桌宴会的主人座位应设于圆桌正面的中心位置。若单桌对门,则面对门的方向为主人位;若单桌在内侧,则以进门后面向桌的方向正面为主人位。副主人位应设于主人位的对面,正、副主人位与桌中心呈一条直线相对,客人席位,可按交叉排法确定(如图 5.2 所示)。在本排法中,以主人为中心,主方其余人员和客方人员各自按“以右为贵”原则依次按“之”字形飞线排列,同时要做到主客相间。

男女主人共同宴请时的座次排序。男女主人共同宴请时的排序方法是一种主副相对、以右为贵的排列。男主人坐上席,女主人位于男主人的对面。客人通常随男女主人,按右高左低顺序依次对角飞线排列,同时要做到主客相间(如图 5.3 所示)。国际惯例是男主宾安排在女主人右侧,女主宾安排在男主人右侧。

同性别双主人宴请时的座次排序。第一、第二主人均为同性别人士,正式场合宴请时用的方法,是一种主副相对、按“以右为贵”的原则依次按顺时针排列,同时要做到主客相间(如

图 5.4 所示)。

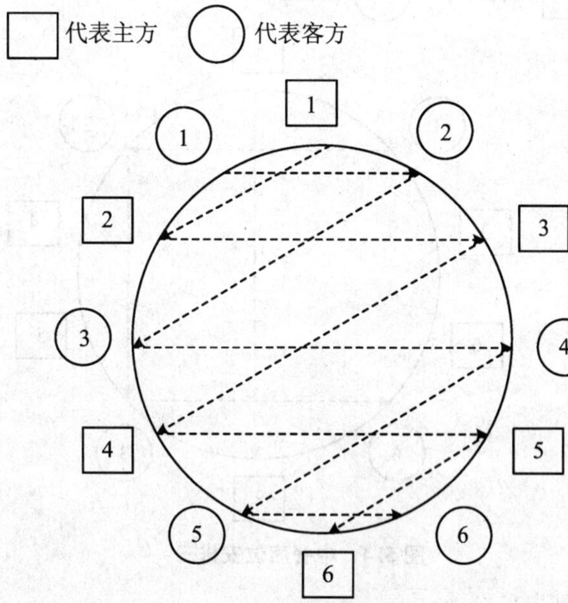

图 5.2　中餐席位安排一

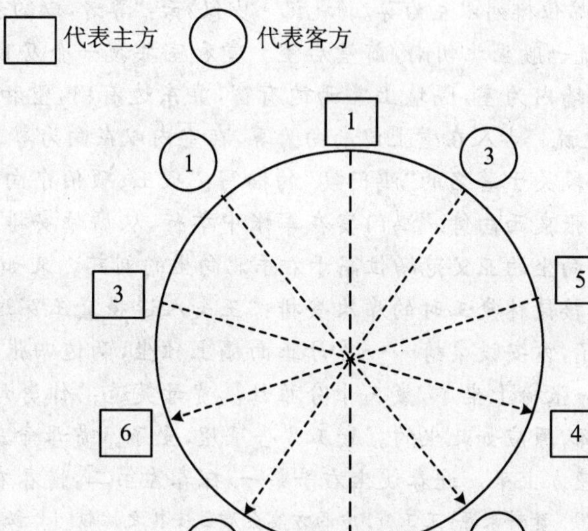

图 5.3　中餐席位安排二

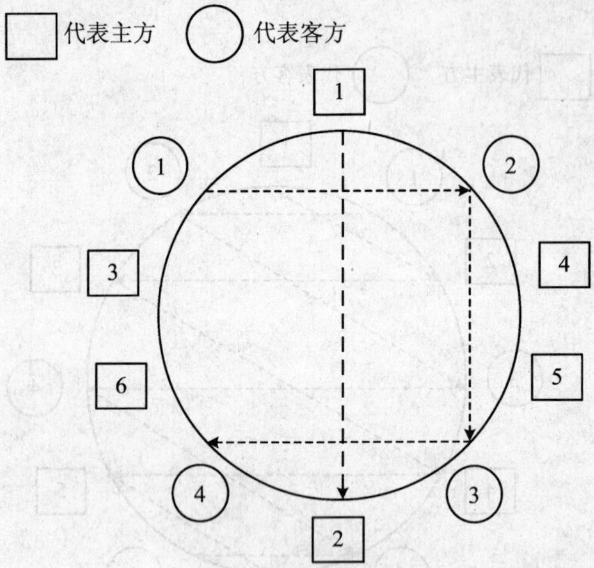

图 5.4 中餐席位安排三

传统宴会

在我国古代,席位排列以左为尊。《礼记·少仪》云:"尊者,以酌者之左为上尊。"

我国古代建筑一般坐北朝南,前堂后室。堂和室共覆一个房顶,堂大于室,堂室之间以墙为隔,墙内为室,隔墙上靠西边有窗,靠东边有门,堂和室以此相通,因此有"登堂入室"之说。古人在堂上以南向为尊,在室内以东向为尊。例如,《史记·项羽本纪》中有一段关于著名的"鸿门宴"的描写:"项王、项伯东向坐,亚父南向坐……沛公北向坐,张良西向侍。"鸿门宴在军帐中举行,从席位安排可以看出,项羽居中,其左手位南向坐的亚父范增位高于右手北向坐的刘邦。又如,《红楼梦》第三回,描写贾府设宴接待林黛玉时的席次安排:"王夫人遂携黛玉穿过一个东西穿堂……见王夫人来了,方安设桌椅……贾母正面榻上独坐,两边四张空椅,熙凤忙拉了黛玉在左边第一张椅上坐了,黛玉十分推让。贾母笑道:'你舅母你嫂子们不在这里吃饭。你是客,原应如此坐的。'黛玉方告了座,坐了。贾母命王夫人坐了。迎春姊妹三个告了座方上来。迎春便坐右手第一,探春左第二,惜春右第二。"

(资料来源:王玉霞.中西方宴会席位安排之比较[J].秘书工作,2010(2).)

三、排列席位时应遵循的原则

1. 左低右高原则

两人并排就座时,通常以右为上座,以左为下座。这是因为中餐服务中,上菜、分菜、斟酒等餐饮服务多是以顺时针方向进行,因此居右而坐的人要比居左而坐的优先受到照顾。

2. 中座为尊原则

三人一同就座用餐,坐在中间的人在位次上高于两侧的人。

3. 面门为上原则

用餐的时候，按照礼仪惯例，面对正门者是上座，背对正门者是下座。当然，也有特殊的情况，如在高档餐厅里，室内往往有优美的景致或高雅的演出供用餐者欣赏。这时候，观赏角度最好的座位是上座。在某些中低档餐馆用餐时，通常以靠近墙的位置为上座，靠过道的位置为下座，以便于服务人员操作。

餐桌的安排既要方便用餐，又要有利于席间服务，同时还要富有美感，满足客人视觉欣赏的需要。餐桌上台号的编制必须要符合客人的风俗习惯和生活禁忌，如欧美客人参加的宴会必须去掉台号"13"。台号卡一般高于桌面上的所有物品，多用镀金、镀银、不锈钢等鲜亮的材料制作，使客人一进到餐厅就可以看到。

一般情况下应预留10%的座位，不过，事先最好与主人协商一下。餐桌排列时，注意桌与桌之间的距离应恰当，以方便客人行动自如，同时也方便服务。否则，若桌子之间的距离太小，不仅会造成服务人员服务上的困难，也可能使客人产生压迫感；然而若桌距过大，也会造成客人之间疏远的感觉。宴会餐桌标准占地面积一般为每桌10～12平方米，桌距一般最少要140厘米，最佳距离为183厘米。

四、西方宴会席位安排

在正式宴请客人时，对出席来宾的位次，要按一定的规则进行排列。在宴会的席位安排中，必须注意符合西方宴会活动的礼仪规范。

1. 西式宴会席位排列规则

在西式宴会中，最常用的餐桌为长桌，席位排列的原则是：女士优先、恭敬主宾、距离定位（越是重要的客人离主位越近）、以右为尊、面门为上、男女穿插。因此，西餐的席位安排主要分两种情况：一是男女主人分别坐在长桌两端，女主人坐在离门远的一端，其右边和左边分别是男宾甲和男宾乙；而男主人则在女主人对面就座，其右边和左边分别是女宾甲和女宾乙。西方礼仪中突出女士优先的观念，这在西式宴会活动中得到了充分的体现。国际正式会议的宴请，往往使用长方桌或椭圆形桌，男主人居中而坐，右座最尊，其次是左座和对座。

国家领导人席位安排

2009年4月，在英国伦敦召开了20国集团金融峰会。当地时间4月1日晚，英国首相布朗夫妇在坐落于唐宁街10号的首相官邸宴请了出席此次峰会的各国领导人及其配偶。英国首相布朗作为东道主坐在了椭圆形宴会桌的主位上，他右侧那个众人瞩目的座位，属于中国国家主席胡锦涛。按照西方餐桌礼仪，坐在这个位置上的是最重要的来宾。

2009年11月17日晚，中国国家主席胡锦涛宴请来华访问的美国总统奥巴马，胡锦涛主席在巨大的圆桌正中就座，右侧是总统奥巴马，左侧是国务卿希拉里。

在国际活动的席位排列中，排列主要依据国际惯例和本国的礼宾顺序。除此之外，还要考虑客人之间的政治关系、身份地位、语言沟通、专业兴趣等诸多因素，但不论如何排列，都会把主宾置于主人的右侧。

2. 西式长条餐桌座次排序

西式宴请多采用长条餐桌，在席位安排顺序上，类似中式的圆桌，要让陪同人员或主人、副主人坐在长桌的两端，尽量留心别让客人坐在长桌两端的席位上(如图 5.5 所示)。排座时还应考虑来宾民族习惯、宗教信仰的差异性，不要出现不协调局面。

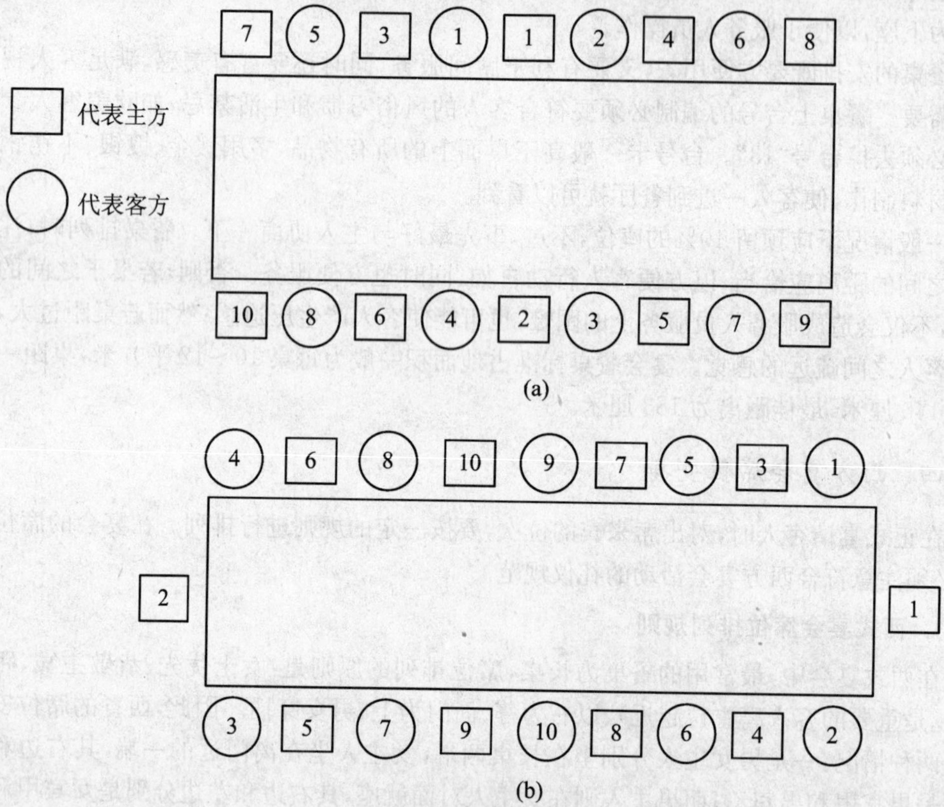

图 5.5 西餐席位安排

“圆桌会议”的来历

古今中外，那些正式的会议或宴会，都非常讲究席位座次。一般都是让主、尊、长者居中而坐，客人则根据其身份、地位、辈分，一左一右，依次安排在主位的两侧。但如果碰巧客人都是显贵尊长，就不好办了。这个难题在公元 5 世纪时被英国国王巧妙地解决了。英国国王亚瑟和他统率的骑士举行会议时，不分上下席位，围着圆桌而坐，这就避免了与会者因席位上下而引起纠纷。于是便形成了“圆桌会议”。英国威尔士的温彻斯特古堡现在还保存着一张这样的圆桌。由于“圆桌会议”不分上下尊卑，可以避免席次的争议，所以含有与会者“一律平等”和“协商”的意思。第一次世界大战以后，国际会议采取“圆桌会议”的形式逐渐多起来。有的时候，因为参加会议的人数很多，也可以用方桌在会场中摆成一个圆圈的形式来举行“圆桌会议”。

关于亚瑟王和圆桌骑士的传说虽然有着各种各样的版本，但圆桌会议的精神已经延续下来。第一次世界大战之后，这种形式被国际会议广泛采用。到今天“圆桌会议”已成为平等交流、意见开放的代名词，是国家之间以及国家内部一种重要的协商和沟通形式。

（资料来源：http://www.cnki.com.cn/Article/CJFDTotal－QNKX200811049.htm）

【任务实例】

实例 1

周女士在单位做行政工作，年末要请客，她就成了组织者。可安排座位时，周女士却没注意，让参会的一位贵客坐在背靠门口的位置，这让周女士的上司很不高兴。

处理技巧　宴请时，每张餐桌上的具体位次都有主次之别。主人或贵宾大都应当面对正门而坐，并在主桌就座。各桌之上的位次，应根据其距离该桌主人的远近而定，以近为上，以远为下。各桌之上距离该桌主人相同的位次，讲究以右为尊，即以该桌主人面向为准，其右为主，其左为次。

实例 2

前不久，A 市市人大的几位领导来我市考察，小张作为陪同人员，出席了宴会。当晚有十六人就餐，宾方来的有两位副主任（一名正厅级，一名副厅级），四位工委主任（正处级），还有两位副处长。我市按对等接待的惯例，由两名常委会副主任出席。入座时，我市主持工作的副主任（正厅）在主人席就座，接下来就由领导们互相谦让，最后是主宾席由 A 市的一名正厅级副主任入座，副主宾席由 A 市的另一名副主任入座，在主宾席的左边由我市另一名副主任入座，接下来就是 A 市的所有人员按次序自上而下入座，我市的其他人员全部坐在下方。小张的职位最低，当然坐在了最下方。宴请结束了，小张对负责接待的人员说，今天晚上的座次全乱套了。

（资料来源：http://www.doc88.com/p－281930083486.html）

处理技巧　一般来说，常见的国内宴请大致分为：

1. 设两个主陪式。按普通的宴席来讲，一般主陪在面对房门的上方中间位置，副主陪在主陪的对面，1 号客人在主陪的右手，2 号客人在主陪的左手，3 号客人在副主陪的右手，4 号客人在副主陪的左手，其他可以随意（如图 5.6 所示）。

2. 设一个主陪式。这种方式在客人较少且主宾比较突出的情况下适用（如图 5.7 所示）。

【任务演练】

任务设计 1：假如你邀请 5 位外宾吃饭，按西方的礼仪，你应该怎么安排他们的座位，并给出理由。

任务设计 2：以接待上级领导（一桌 12 人）为例，请设计一下客人的座位安排。

【任务考核】

学生分小组练习，小组内部互评，也可在小组间互评。教师抽取三组，要求按照岗位要求进行表演，教师进行点评，考核参考标准如表 5.3 所示。

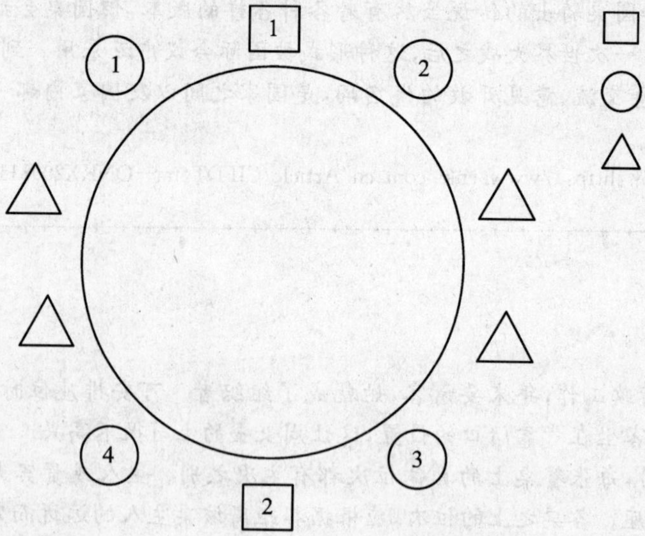

图 5.6 两个主陪式席位安排

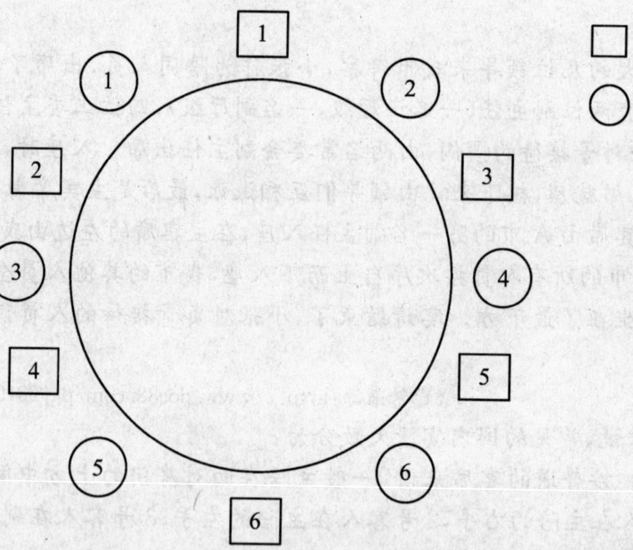

图 5.7 一个主陪式席位安排

表 5.3 考核参考标准

考核内容	得分标准	分值(满分 10 分)	得分
服务礼仪	主动、积极、热情、亲切	2 分	
表达能力	普通话标准、表达清晰、流利	2 分	
操作程序	程序合理、规范	3 分	
处理技巧	方法妥当、技能熟练	3 分	

项目六

托盘

项目目标

本项目主要讲述基本的操作技能——托盘的使用。通过本项目的训练,为后续其他操作技能(餐前摆台准备、餐间提供酒水菜点、运送各种物品等)打好基础。正确地使用托盘是每一位餐饮服务人员在工作中必须掌握的一项基本操作技能。

本项目包含两个任务:轻托;重托。

任务一 轻托

【任务目标】

通过完成本任务,使学生掌握使用托盘的操作技能,熟练进行轻托的操作。

【任务导入】

小王刚刚参加完学校相关的课程实训,被安排在餐饮部某个包厢里面跟着师傅学习对客服务,一桌客人对师徒两人的服务均感满意。正当小王使用托盘为客人斟酒时,一位先生看到小王实习生的工作牌,赞叹道:"这个小姑娘还是实习生呢,挺好的。"小王微笑地回答"谢谢",只顾着右手给客人斟酒了,却忘记了左手还托着两三瓶酒水,托盘倾斜了,一个不小心,白酒、红酒和牛奶都从客人的背后滚落了下来,洒到了这位客人身上……

任务:请从该案例分析一下,为何托盘里的物品都洒到了客人身上?该如何避免这样的事情发生?

【任务链接】

一、托盘的基本知识

正确地使用托盘，是每一位餐饮服务人员在工作中必须掌握的技能，这项工作看似简单，但是没有平时的勤学苦练，在繁忙的工作中，很容易发生“任务导入”中出现的问题。

托盘是在餐厅里经常使用到的用来运送各种物品的工具，正确地使用托盘是餐饮服务过程中卫生安全的保证，可以减少物品搬运次数，提高服务人员的工作效率，减少服务人员的劳动强度，有利于提高服务质量。使用托盘运送餐具、食物等不仅能体现餐厅服务工作的规范化，还能显示出服务人员的文明操作。操作托盘的规范性要求是：稳重安全、讲究卫生、菜形不变、汤汁不洒。

1. 托盘的种类和用途

(1) 根据质地分有木质托盘，金属托盘（如镀金托盘、镀银托盘、不锈钢托盘、铝托盘），塑料托盘，胶木托盘。目前酒店和餐厅里面常用的托盘有不锈钢、胶木两类，并以胶木为佳，其特点是防滑防腐、轻便耐用。

(2) 根据形状分长方形、圆形、方形和异形托盘。

(3) 根据规格分又可分为大、中、小型托盘。

不同规格的托盘其用途也不同。大、中型圆形托盘一般用于摆台、斟酒、送菜、分菜、送冷饮等；大、中型长方形托盘一般用于传菜、托送酒水和盘碟等较重物品；小型圆形通常用来送少量饮料，递送账单、小物品，收款等；异形托盘常用于特殊的鸡尾酒会或其他庆典活动。托运物品时，应该选择与所负载的物品大小相称的托盘。

如果所使用的托盘不是防滑托盘，则应用一块湿的托盘巾或者一块湿的餐巾垫在托盘上，以起到防滑作用。

2. 托盘的使用方法

(1) 轻托。轻托是指在餐厅服务工作中使用大小合适的托盘，专门为客人上菜、斟酒、分菜、撤换餐具时使用的一种托盘运送的方法，因所托的物品较轻，一般在 5 千克以内，故称轻托，又因需要平托于胸前，故又称为胸前托或平托。

(2) 重托。重托是指在餐厅服务工作中使用的大型托盘，专门用于运送较重的菜品、酒水和盘碟等物品的方法，因所托的物品较重，一般在 5 千克以上，故称重托，又因需要平托于肩上，故又称为肩上托。

二、轻托的操作程序

1. 操作要领

使用轻托时，左手臂自然弯曲成 90 度，掌心向上，五指分开微弯曲，使掌心微呈凹形。用左手五指指端和手掌形成六个着力点托住盘底，利用五指的弹性控制盘面的平稳。托盘平托于胸前，略低于胸部，基本在第二、第三个衣扣之间，保持平衡，能做到利用左手的手腕灵活转向。注意使用托盘时左肘不要与腰部接触（应有一拳的距离），重心始终落在掌心或掌心稍内侧，遇到有障碍物时能及时里压外摆，躲闪避让。

2. 操作程序和标准

(1) 理盘。根据托运物品的大小和重量选择合适的托盘并将之洗净、消毒、擦干。如果不是防滑托盘,可以在盘内垫上一块经过消毒的专用盘巾,洒些清水,以防滑动。

(2) 装盘。根据物品的形状、体积和使用先后顺序合理装盘,同时必须遵循安全稳妥、便于托送、便于取用的原则。一般重物、高物放在托盘的里档,轻物、低物放在托盘的外档,先取用的物品放在前、在上,后取用的物品在后、在下。装盘时物品摆放要均匀稳定,要注意重心的控制,物品之间要有一定的间隔。用长方形托盘时,物品应并排摆放,横竖成行;用圆形托盘时,码放的物品可呈圆形,分布得当。托运酒水时,商标朝外,显示给客人。

(3) 起托。起托时,身体成站立姿势站在与托盘保持一定距离的台前,左脚向前一步弓步,略微弯腰,左手放到与托盘同样的平面上,右手将托盘的 1/3 拉出桌面并慢慢移至左手上,按托盘操作要领托住盘底。托稳后用右手扶住托盘边缘起身,左脚收回,调整好平衡后放下右手,右手回体侧,身体成站立姿势。

(4) 行走。行走时,头正肩平,上身挺直,两眼平视前方,步履轻快而稳健。托盘随着步伐在胸前自然小幅摆动。托托盘的手腕要轻松灵活,托盘边不要靠在左手的小臂上,上臂不靠身体。右手自然下垂摆动,行走时切忌肢体僵硬,眼睛不能盯着托盘里面的物品。手指的力量应随时根据盘上各部位的轻重变化而作相应的调整,以保证托盘的平稳。

托盘行走常用的步伐

(1) 常规步:步伐均匀,快慢适当,如同日常走路。此步伐适用于餐厅日常的服务工作。

(2) 快步:步距加大,步伐较快,但是不能跑。此步伐适用于端送火候菜或急需用品。

(3) 碎步:步距小,步伐快。此步伐多用于端送汤汁多的菜肴或重托物品。

(4) 楼梯步:身体略向前倾,重心前移,用较大的步距,一步跨两级台阶,一步紧跟一步,上升速度要快而均匀,不可上一步停一下。此步伐用于端送菜品上楼梯。

(5) 垫步:当需要侧身通过时,右脚向前侧一步,左脚跟一步,一步紧跟一步,用于通过狭窄的通道,或者需要避让时的情况。

(资料来源:http://www.xianyangzhiyuan.cn:8017/sxzddisp.asp? id=(218))

(5) 落托和卸盘。在行走过程中,如果需要取用盘内的物品称之为卸盘。卸盘时,用右手取走盘内的物品,左手应随着盘内物品的变化而用手指力量来调整托盘的重心,且应从前后左右交叉取用。

在行走过程中,如需把托盘整个放在工作台称之为落托。落托时,应左脚向前跨一步,用右手虎口扶住盘边后延处(左手还是在托住托盘),弯腰,左手在右手的协助下将托盘前沿搁放在工作台面,轻轻往里平推,直至整个托盘都在工作台上。放稳后起身站立,按照从外到内的顺序取用盘内的物品。

【任务实例】

正值用餐高峰时期，刚刚上岗一个星期的实习生小王忙得晕头转向，不仅要不断地为客人提供餐间服务，还要完成师傅交办的其他任务。这时，一位女客人向小王示意要换双筷子。小王忙跑到工作台拿出一双备用筷子，同时四下寻找干净的托盘。但是工作台上的托盘由于上菜、斟酒时的不小心，都沾满了油腻的汤汁。本想拿抹布抹去脏物，却又被另外一位客人催促着上酒水。小王忙得满脸是汗，心想：算了，还是直接拿给那位女士吧，太忙了，就不用托盘了。于是，小王一路小跑把筷子拿到那位女客人面前，还不忘擦了一把汗。这位客人在接过来筷子的时候，眉头皱了皱，迟疑地不接筷子。原来，小王为了让客人拿着方便，自己用手拿着筷子夹菜的那头，怪不得，女客人不愿意接下筷子……

客人走后，员工收餐的时候，小王得到了一封投诉信。

处理技巧 使用托盘要严格按照操作规范的要求去做，即使是轻的、小的物品，也要郑重其事地对待，这是工作认真及对客礼貌的体现，同时也是服务规格的体现。

此案例中，小王在工作中犯的这个错误，是由于特别忙的情况下，将客人吃饭用的筷子随手拿着，并且拿着错误的一处，使客人觉得难以接受并引起投诉。餐厅的服务人员要时刻谨记，凡与客人饮食相关的物品、用具，均需使用托盘递送，而不能因为工作忙，图省事，做出类似案例中的行为。同时，每次托盘使用完毕，应及时擦干净以备后用。

【任务演练】

任务设计1：假设你是一名刚入职的服务人员，按照轻托的操作要领进行负重练习。一般可使用放有4个装有1.5升水的啤酒瓶的托盘，保持标准站姿3分钟。能做到动作优美，操作娴熟。

任务设计2：假设你是一名传菜员，托着装有一个汤碗（里面装八分满水）的托盘，按照轻托的操作程序完成理盘、装盘、起托、行走、落托的过程。同时，模拟跑楼梯行走、快步、垫步等情形下的行走。

【任务考核】

学生分组练习，小组内部互评，也可在小组间互评。教师抽取三组，要求按照岗位要求进行表演，教师进行点评。考核参考标准如表6.1所示。

表6.1 考核参考标准

考核项目	操作要求	分值（满分10分）	得 分
理 盘	洗净、擦干，垫好盘巾	1	
装 盘	物品摆放合理，符合要求，重心均衡	1	
起 托	左脚向前迈一步，右手将托盘拉出台面1/3	1	
	托盘重心位于掌心处，保持盘面平衡	1	
	左手掌呈凹形，不与盘底接触	0.5	
	托稳，右手放回体侧成站立姿势	1	

续表

考核项目	操作要求	分值(满分 10 分)	得 分
行 走	头正肩平,上身挺直	1	
	步伐轻盈,稳健自如	0.5	
	目视前方,表情自然,精力集中,姿态优美	1	
	托盘随着步伐在胸前自然摆动	0.5	
落 托	左脚向前迈一步,用右手协助左手把托盘小心推至工作台面	0.5	
	托盘边缘与台面边缘齐平,卸下所托物品	1	

任务二　重　托

【任务目标】

通过完成本任务,使学生掌握使用托盘托运重物的正确姿势,熟练进行重托的操作。

【任务导入】

小王刚上班第二天就赶上了一次大型婚宴,主管将小王临时调到传菜部传菜。之前师傅教会小王用轻托的方式使用托盘,可是他却看到传菜部的同事们全部都把托盘举过肩膀。小王不知该怎么办,但仍然用单手平托起装有菜肴的托盘,发现托盘比平时重的多,然后就调整姿势,用双手分别抓住托盘的两边将托盘托起,跟着同事往前走。在过一个狭窄的通道时,小王为了避让对面来的同事,竟将托盘中的汤菜洒出了一半……

任务:在上面的情景中,小王应该如何改进呢?

【任务链接】

重托是指用托盘运送较重的菜点、酒水和盘碟的方法,一般所托重量在 5 千克以上 10 千克以下。重托的托盘托送菜肴较多,易沾油腻,在使用前需要仔细检查和擦洗。

一、操作要领

用双手将托盘的边沿移至工作台外,使托盘 1/3 悬空,用右手拿住托盘的一边扶稳,左手伸入盘底,五指分开,掌心向上伸平托住盘底中心。双脚分开呈八字形,双腿屈膝下蹲,在左手确定好端托重心后,用右手协助左手向上慢慢托起呈轻托状,随后左手手腕向左后方转动 180 度,同时使托盘向外旋转送至左肩外上方,待左手托稳后,再将右手放回体侧或自然摆动,或轻扶托盘的前内角。

托起托盘后,应悬空托于左肩上方,盘底不触肩,盘前不近嘴,盘后不靠发。不论左手和托盘怎样转动,盘底都应该始终保持平稳。

二、操作程序

(1) 理盘。重托托盘经常与汤汁、菜品接触,油腻较大,使用前必须洗净、擦干、消毒,铺上专用的盘巾(胶木防滑托盘可不垫盘巾),垫布上洒少量的清水。

(2) 装盘。重托的特点是“重”,因此,要求物品重量分布均匀,托盘内的物品要摆放平稳,物品之间留有一定的间隔,以免行走时发生碰撞,使汤汁洒出或有声响。重物、高物放在里档或托盘中心位置。

(3) 起托。按照重托的操作要领,用右手协助将托盘拉出工作台面 1/3,左手托住盘底,掌握好重心后,将托盘旋转至左肩外上方。起托时,不论左手和托盘如何转动,盘面应始终保持平稳。

(4) 行走。行走时,步伐不宜太大、太急,应表情自然,操作平稳自如。右臂自然下垂并随着身体自然摆动,或扶着托盘的前内角,并随时防止他人的碰撞,保持身体的平稳。

(5) 落托。落托时,左脚向前迈一步,用右手扶住托盘边缘,左手向右转动手腕,同时托盘向右旋转,待盘面从左肩移至与工作台面齐平时,再用双手将托盘推至工作台上。落托后,应及时将盘内的物品拿出来整理好,并及时擦净盘面以备后用。

三、重托的要求

(1) 重托过程中要做到平、稳、松。

① 平:托运时掌握好平衡,行走时做到肩平、盘平,动作协调。

② 稳:装盘时要合理稳妥,不要在盘内装力不能及的物品,不可勉强超负荷托运。行走时做到身体不摇晃、转动灵活不碰撞,给人稳重踏实的感觉。

③ 松:在手托重物的情况下,动作和表情要显得轻松自如,上身挺直,表情自然、轻松,不给人吃力的感觉。

(2) 托盘里不要将冷的食物放在热的食物旁边,因为热量会通过传导使冷盘变热,影响食物的品质。

目前,酒店一般以小型推餐车代替重托盘来递送重物,这样既安全又省力,并且漂亮的推车在餐厅还起到了装饰美化的作用。尽管如此,重托仍应作为餐厅服务基本技能加以练习,以备不时之需。

【任务实例】

晚宴时分,绿茵园餐厅由于个别员工休假、请假,人员短缺,服务人员 A 一个人负责三个大包厢的服务。不停地忙着为客人点菜、点酒水、上菜、斟酒,来回穿梭于三个包厢之间。传菜员 B 托着两桌客人的同一道菜用肩上托的方式来到其中一个包厢,这时 A 并不在包厢内,恰巧这桌客人着急地要求上菜,看 B 来到包厢就要求赶紧上菜。B 出门喊了一声 A 但不见回声,一顺势就单手从托盘里面取菜品下来准备给客人上菜。这时,由于重心不稳,托盘倾斜得厉害,虽然 B 做了相应调整并没有打翻托盘,但是里面的菜汁仍然滴到了客人的身上,导致客人产生了不满,要求餐厅清洁被弄脏的衣物,并给予其他赔偿。

处理技巧 餐厅里面服务人员和传菜员应各司其职。传菜员的工作是将菜品从厨房传送至包厢的工作台,不能代替服务人员将菜品上到餐桌上。此案例中,传菜员 B 的本意是好的,希望能尽快地把菜品按照客人要求上至餐桌,但是忽略了自己正在用重托的方式托举着两个重物，单手拿其中一个不方便，很容易导致打翻托盘以及将菜汁滴落客人身上等意外的发生。

所以，在日常工作中，要避免案例中情形的发生，不仅要加强对员工的服务技能培训，还要培养员工规范操作的意识。

【任务演练】

任务设计：假设你是一名传菜员，按照重托的操作要领和操作程序将5～10千克的物品从一个工作台托运至另一个工作台。

【任务考核】

学生分组练习，小组内部互评，也可在小组间互评。教师抽取三组，要求按照岗位要求进行表演，教师进行点评。考核参考标准如表6.2所示。

表6.2　考核参考标准

考核项目	操作要求	分值(满分10分)	得分
理盘	洗净、擦干，垫好盘巾	1	
装盘	物品摆放合理，符合要求，重心均衡	1	
起托	左脚向前迈一步，右手将托盘拉出台面1/3	1	
	用右手拿住托盘的一边扶稳，左手伸入盘底，五指分开，掌心向上伸平托住盘底中心	1	
	左手手腕向左后方转动180度，同时使托盘向外旋转送至左肩外上方	0.5	
	托稳，右手放回体侧成站立姿势	1	
行走	头正肩平，上身挺直	1	
	步伐轻盈，稳健自如	0.5	
	目视前方，表情自然，精力集中，姿态优美	1	
	托盘随着步伐在胸前自然摆动	0.5	
落托	左脚向前迈一步，用右手协助左手把托盘小心推至工作台面	0.5	
	放稳托盘，卸下所托物品	1	

项目七

餐 巾 折 花

项目目标

通过对餐巾折花基础知识的讲解和操作技能的训练，使学生了解餐巾折花的种类、花型的选择和摆放要求，掌握折花的手法要领和折花的操作方法，达到操作规范、折叠规范的训练要求。

本项目包含三个任务：餐巾花的要求和基本折叠技法；杯花；盘花。

任务一　餐巾花的要求和基本折叠技法

【任务目标】

通过完成本任务，使学生了解餐巾的种类、作用，掌握餐巾花型的选择和摆放要求，熟练掌握餐巾折花的9种基本技法。

【任务导入】

实习生小李在客人没到之前，认真地进行摆台，在折叠餐巾的时候，小李想起了在学校里面学习的几十种很漂亮的花型，于是就精心挑选了5种植物和5种动物的造型，插入杯中。恰巧餐厅的主管来巡查，看到了小李的杯花，摇摇头说："你的杯花种类很多，但是没有主位花，没体现出主人的身份，不妥啊。"小李听后一脸茫然。

任务：餐巾折花的作用是什么？在摆台时应该如何放置如何搭配才能达到最佳效果？

【任务链接】

一、餐巾的基本知识

餐巾又名口布、茶巾等，是宴会酒席上专用的保洁方巾，边长一般在45～65厘米，颜色多种多样。由于餐巾对美化席面、渲染宴席气氛、清洁卫生等方面有很好的作用，深受客人的欢迎。餐巾需要直接接触客人的手和嘴，因此在卫生方面要特别注意。

1. 餐巾的作用

(1) 卫生保洁。餐巾是一种供客人在进餐过程中使用的对卫生要求较高的布巾。客人把餐巾衬在胸前或放在腿上，一方面可以用来擦手擦嘴，另一方面也可以防止汤汁油腻溅到衣服上，起到卫生保洁的作用。

(2) 美化席面。色彩艳丽的餐巾通过服务人员的精心折叠，变成许多栩栩如生、造型别致的餐巾花，给席面增添热烈、欢快或雅致的气氛，起到点缀美化席面的作用。

(3) 突出主题。运用不同餐巾花的造型和摆设，还可以标示主宾、主人席位，以无声的形象语言，突出宴会的主题，表达主人的深情厚谊，起到独特的沟通作用。

2. 餐巾的种类、规格

餐巾按质地分，一般有纯棉和混纺两种，它们的实际用途各有所长。餐巾的规格各地区不尽相同，实际使用中采用50厘米或60厘米见方的餐巾最适宜。餐巾的色彩可根据餐厅的颜色选用，力求与餐厅色彩和谐。

3. 餐巾折花的类型

(1) 按照餐巾折叠方法和放置位置不同分类，可将餐巾折花分为杯花、盘花、环花三类。

① 杯花。将折好的餐巾花插入饮料杯或葡萄酒杯中，从杯中取出后即散形。

② 盘花。将折好的餐巾花放置台面或餐盘中，不会自行散开。

③ 环花。将餐巾折好卷好形成一个尾端，套在餐巾环或餐巾扣内。这种餐巾环或餐巾扣有瓷制的、金属制的等，也可以用丝带或中国结代替。环花一般放置在装饰盘和餐盘上。

通常，中餐使用杯花较多，西餐使用盘花较多。

(2) 按照餐巾折花的造型分类，可分为植物类、动物类和实物类。

① 植物类包括花草、蔬菜、水果等，其中以花草为主，如荷花、月季、水仙等。植物类造型有的取其花的造型，有的取其叶、果实等。

② 动物类包括飞禽、走兽、鱼虾等，其中以飞禽为主，如白鹤、孔雀等。动物类造型有的取其整体，如鸵鸟、蝴蝶，有的取其特征。

③ 实物类指模仿生活中各种实物形态折叠而成，如和服、折扇、蜡烛等，多用于盘花。

二、餐巾折花的选择和摆放要求

1. 餐巾花造型的选择

餐巾花的选择和应用，一般应根据宴会的性质、规模、规格和季节时令、客人的风俗习惯、宗教信仰、宾主座位的安排、台面的摆设需要等因素来考虑。

(1) 根据宴会的规模来选择花型。一般大型宴会可选用简单、快捷、挺拔、美观的花型，每桌可选主位花和客人花两种。小型宴会可以同一桌上使用各种不同的花型，以2～3种动、植物花型相间搭配，形成既多样又协调的布局。

(2) 根据宴会的主题选择花型。主题宴会因主题各异，形式不同，所选择的花型也不同。

(3) 根据花式冷拼选用与之相配的花型。如冷拼是“游鱼戏水”，餐巾花则可以选用“金鱼”造型。

(4) 根据时令季节选择花型。用台面上的花型反映季节特色,使之富有时令感。

(5) 根据客人身份、宗教信仰、风俗习惯和爱好来选择花型。根据客人身份如在接待国际友人宴会上,叠和平鸽表示和平,叠花篮表示欢迎,为女宾叠孔雀表示美丽,为儿童客人叠小鸟表示活泼可爱,使宾主均感到亲切;根据客人信仰如果是信仰佛教的,勿叠动物造型,宜叠植物、实物造型等;根据客人风俗习惯选择花型,如日本人喜樱花,忌用荷花,美国人喜山茶花,法国人喜百合花,英国人喜蔷薇花,委内瑞拉人喜爱兰花等。

(6) 根据宾主席位的安排来选择花型。宴会主人座位上餐巾花称为主花,主花一般选用品种名贵、折叠细致、美观醒目的花,达到突出主人、尊敬主宾的目的。

总之,要根据宴会主题,设计折叠不同的餐巾花,要灵活掌握,力求简便、快捷、整齐、美观大方。

2. 餐巾折花的摆放要求

操作前要洗手消毒,在干净卫生的托盘或餐盘中操作;不允许用嘴叼、口咬;放花入杯时,要注意卫生,手指不允许接触杯口,杯身不允许留下指纹;折叠尽量简便,减少反复折叠次数;餐巾花造型要与气氛和谐,尽量多用盘花。

插入杯中的餐巾花在插时要保持花型的完整,杯内部分也应线条清楚。插花时要慢慢顺势插入,不能乱插乱塞或硬性塞入,以防杯口破裂。插入后,要再整理一下花型,盘花则要摆正摆稳,挺立不倒。

插摆时注意主花摆插在主人位,突出主人座位,和其他餐巾花一起要高低均匀,错落有致,一般的餐巾花则摆插在其他客人座位上。不同品种的花型同桌摆放时要位置适当,将形状相似的花型错开或对称摆放。摆插餐巾花时,要将其观赏面朝向客人席位,适合正面观赏的要将头部朝向客人;适合侧面观赏的要选择一个最佳观赏角度摆放。餐巾花不能遮挡台上用品,不要影响服务操作。插摆好餐巾花后,要仔细检查一遍,发现问题及时纠正。

三、餐巾折花的基本手法

餐巾折花的基本技法有叠、折、卷、穿、翻、拉、捏、掰、攥9种。

(1) 叠。叠是最基本的餐巾折花手法,几乎所有的造型都要使用。叠就是将餐巾一折为二,二折为四,或折成三角形、长方形、菱形、梯形、锯齿形等形状(如图7.1所示)。叠有折叠、分叠两种。叠时要熟悉折叠方法,看准角度一次叠成,如有反复,就会在餐巾上留下痕迹,影响挺括。

(2) 折。折是打褶时运用的一种手法。折就是将餐巾面折成褶裥的形状,使花形层次丰富、紧凑、美观。打褶时,用双手的拇指和食指分别捏住餐巾两头的第一个褶裥,两个大拇指相对成一线,指面向外;再用两手中指按住餐巾,并控制好下一个褶裥的距离,拇指、食指的指面握紧餐巾向前推折至中指外,用食指将推折的褶裥捏住;中指腾出去控制下一个褶裥的距离,三个手指互相配合(如图7.2所示)。折可分为直线折和斜线折两种:两头一样大小的用直线折,一头大一头小或折半圆形或圆弧形的用斜线折。折的要领是折出的褶裥均匀整齐。

(3) 卷。卷是用大拇指、食指、中指三个手指相互配合,将餐巾卷成圆筒状。卷分直卷和螺旋卷(如图7.3所示)。直卷有单头卷、双头卷、平头卷。直卷要求餐巾两头一定要卷平。螺旋卷分两种,一种是先将餐巾叠成三角形,餐巾边参差不齐;另一种是将餐巾一头固定,卷另一头,或一头多卷,另一头少卷,使卷筒一头大,一头小。不管是直卷还是螺旋卷，餐巾都要卷得紧凑、挺括，否则会因松软无力、弯曲变形而影响造型。卷的要领是卷紧、卷挺。

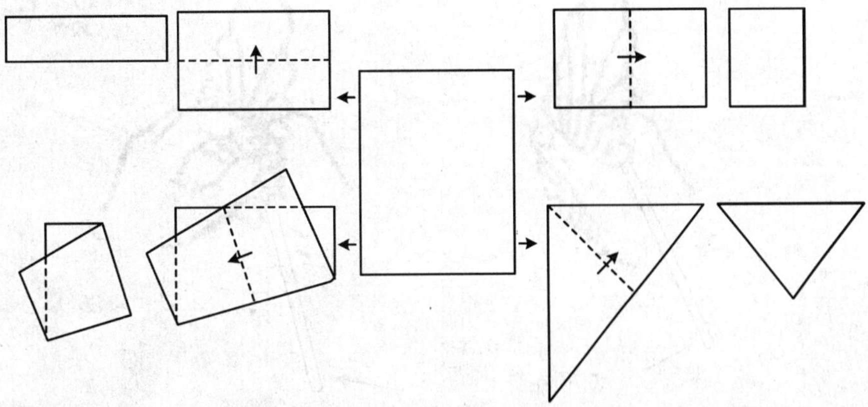

图 7.1　叠的基本技法

图 7.2　折的基本技法

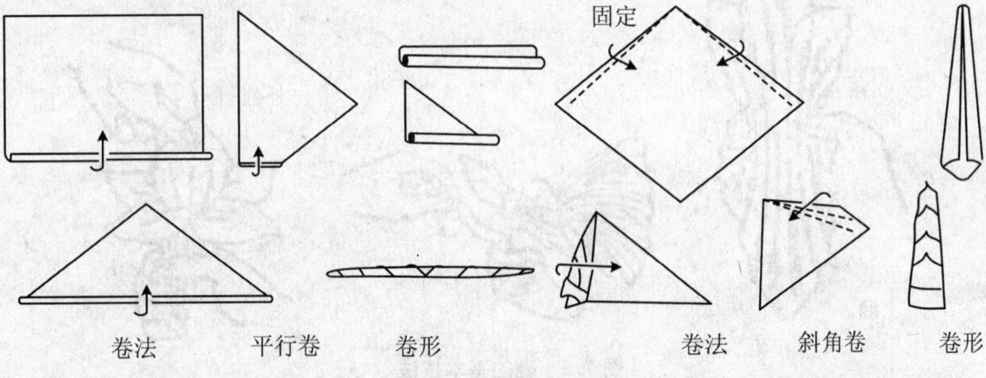

图 7.3　卷的基本技法

(4) 穿。将餐巾先折好后攥在左手掌心内，用筷子一头穿进餐巾的褶缝里，然后用右手的大拇指和食指将筷子上的餐巾一点一点向后拨，直至把筷子穿出餐巾为止(如图 7.4 所示)；穿好后先把餐巾花插入杯子内，然后把筷子抽掉整理成型。根据需要，一般只穿 1～2

根筷子。穿的要领是穿好的褶裥要平、直、细小、均匀。

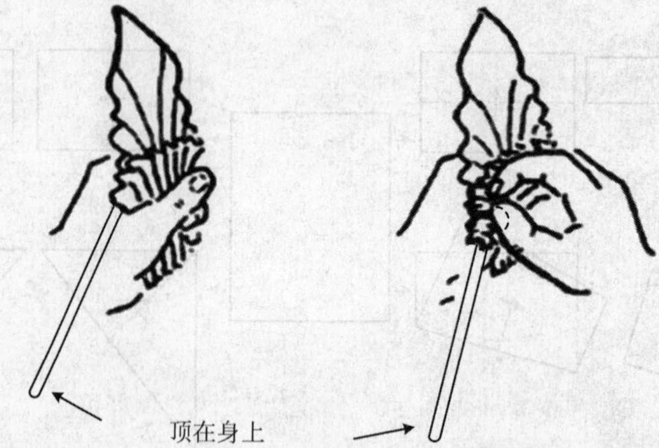

图 7.4　穿的基本技法

(5) 翻。翻大都用于折花鸟造型。操作时，一手拿餐巾，一手将下垂的餐巾翻起一只角，翻成花卉或鸟的头颈、翅膀、尾等形状(如图 7.5 所示)。翻花叶时，要注意叶子对称，大小一致，距离相等。翻鸟的翅膀、尾巴或头颈时，一定要翻挺，不要软折。翻的要领是注意大小适宜，自然美观。

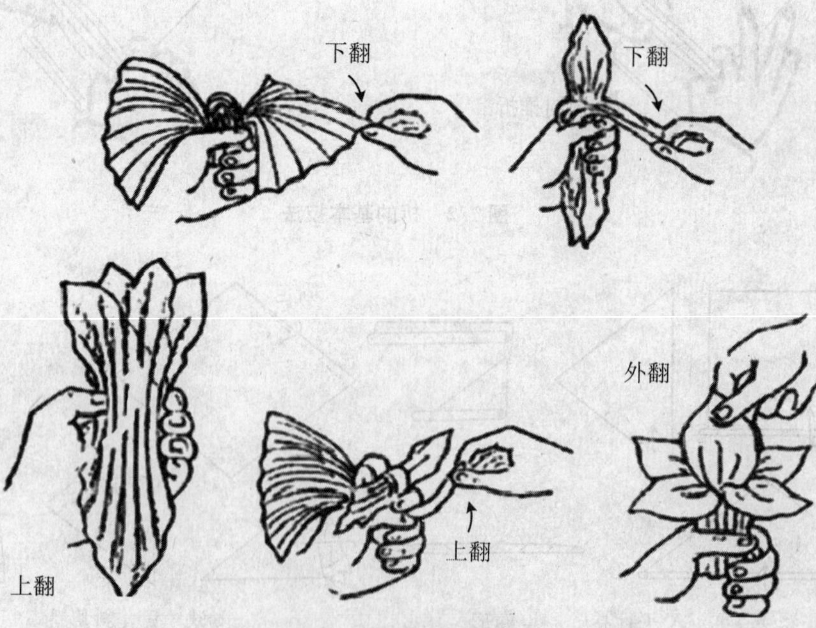

图 7.5　翻的基本技法

(6) 拉。拉一般在餐巾花半成形时进行，把半成形的餐巾花攥在左手中，用右手拉出一只角或几只角来。拉的要领是大小比例适当，造型挺括。

(7) 捏。捏主要用于折鸟的头部造型。操作时先将餐巾的一角拉挺做颈部，然后用一只手的大拇指、食指、中指三个指头捏住鸟颈的顶端，食指向下，将巾角尖端向里压下，用中指与拇指将压下的巾角捏出尖嘴状，作为鸟头（如图 7.6 所示）。捏的要领是棱角分明，头顶角、嘴尖角到位。

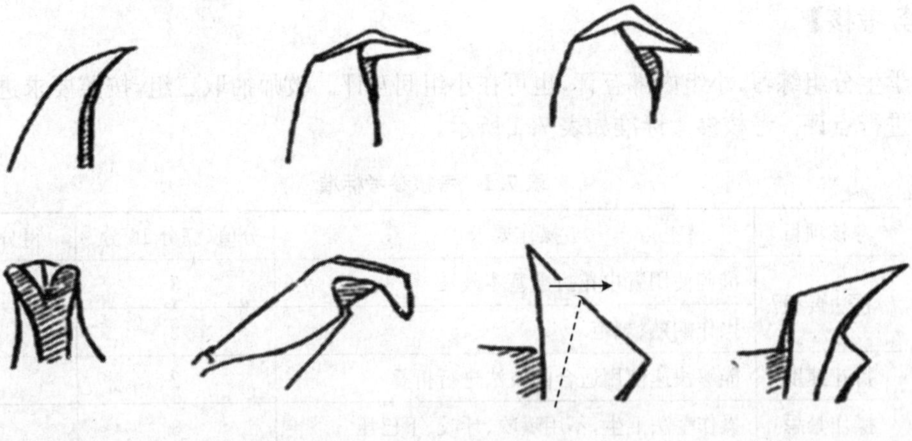

图 7.6　捏的基本技法

（8）掰。将餐巾做好的褶用左手一层一层掰出层次，成花蕾状。掰时不要用力过大，以免松散。掰的要领是层次分明，间距均匀。

（9）攥。攥是为了使叠出的餐巾花半成品不易散开，一般用左手攥住餐巾的中部或者下部，然后右手操作其他部位，攥在手中的部分不能松散（如图 7.7 所示）。

图 7.7　攥的基本技法

【任务实例】

小王在酒店实习有一段时间了，但是每次在折叠“扇面送爽”（将在本项目任务三里介绍）时，总是折不出满意的效果。领班让小王当着他的面进行折叠，发现小王不会基本的推折技法，折出来的裥不均匀，自然也就无法达到满意的效果。于是，小王又从头开始练习折花的基本技法，逐渐达到了较满意的效果。

处理技巧　折花的基本技法是非常重要的，因此要先学好这些基本技法，才能在日后的工作中达到熟练的程度。

【任务演练】

任务设计:分别使用餐巾折花 9 种基本技法进行反复练习,达到熟练程度。

【任务考核】

学生分组练习,小组内部互评,也可在小组间互评。教师抽取三组,按照要求进行表演,教师进行点评。考核参考标准如表 7.1 所示。

表 7.1 考核参考标准

考核项目	操作要求	分值(满分 10 分)	得分
技法要领	准确使用餐巾花折叠基本技法	3	
	操作娴熟、规范	2	
折花速度	能够快速使用适合的技法进行折叠	2	
操作禁忌	操作手法卫生,不用嘴吹、牙咬、下巴压	3	

任务二 杯 花

【任务目标】

通过完成本任务,使学生熟练掌握 10 种杯花的折叠方法,并能按照正确的摆放要求进行放置。

【任务导入】

某酒店的高级管理层将要接待数位来自美国的业界同行,在宴会厅摆放六张餐桌,每个餐桌上都是精致的餐具,水杯上插着细心折叠、造型各异的餐巾。宴会厅的经理在准备就绪后进行检查,发现六张餐桌上的餐巾造型各不相同,而且,每张餐桌上各个餐位前的餐巾花也不同。经查发现,原来宴会厅的服务人员听说接待的是国外饭店业的同行,便想方设法地将各个细节做好,并在餐巾花上做文章,使餐巾花的种类繁多而不重复。但是却没有想到整体的效果却不是那么理想,反而使整个餐桌的设计显得凌乱而没有主题。

任务:杯花的种类很多,应该如何在宴会厅中选择摆放呢?

【任务链接】

杯花是将折好的餐巾花放在杯中,整理成型,取出就会散形。各种各样的餐巾花,造型别致、栩栩如生,现在比较成熟的餐巾花有近百种,经常使用的有五六十种。有时,同一种餐巾花往往有数种折叠方法,而我们一般要求熟练掌握 10 种餐巾花的折法。

1. 单叶荷花

操作步骤:

(1) 将餐巾底边向上对折成长方形；
(2) 从右向左对折成正方形；
(3) 从中间向两边均匀折裥；
(4) 将底角折上 1/3 左右，向后包住餐巾；
(5) 放入杯中，打开餐巾四个巾角向两侧成弧状拉开，整理成型(如图 7.8 所示)。

2. 一片叶子

操作步骤：
(1) 将餐巾反面向上菱形放置；
(2) 将底角折上 1/3 左右；
(3) 折后的底边再向上折过中线；
(4) 从底边一侧向另一侧均匀折裥；
(5) 放入杯中，整理成型(如图 7.9 所示)。

图 7.8　单叶荷花

图 7.9　一片叶子

3. 月季

操作步骤：
(1) 将餐巾反面向上对折成三角形；
(2) 从底边向上均匀折叠，上端留一小角；
(3) 将折叠后的巾角向下对折；
(4) 左手攥住餐巾，用右手将上端巾角依次向外掰成花瓣状，将两底角向上拉，做成花叶；
(5) 放入杯中，整理成型(如图 7.10 所示)。

4. 槐花

操作步骤：
(1) 将餐巾反面向上成正方形放置，将上下两底边分别向中间折叠；
(2) 翻过餐巾，对折成条形；
(3) 从一侧向另一侧均匀折裥；
(4) 折裥后，用左手攥住餐巾下部，将两个筷子依次穿入餐巾的夹层；
(5) 左手攥住餐巾，放入杯中，将筷子拔出，整理成型(图 7.11 所示)。

5. 双叶荷花

操作步骤：
(1) 将餐巾反面向上对折成长方形，再折成正方形；

(2) 将两层巾角向对角对折,反侧的两层巾角也向对角对折,形成三角形;
(3) 抓住三角形的中心线,分别向两边折裥;
(4) 放入杯中,整理成型(图 7.12 所示)。

图 7.10 月季

图 7.11 槐花

6. 兔耳朵

操作步骤:

(1) 将餐巾反面向上对折成三角形,将底边两角向内侧、向顶角折拢,形成内三角外四方的形状;
(2) 将正面外层巾角向顶角对折,反侧的外层巾角也向顶角对折,形成三角形;
(3) 抓住顶角的中心线,分别向两边折裥;
(4) 放入杯中,整理成型(如图 7.13)。

图 7.12 双叶荷花

图 7.13 兔耳朵

7. 白鹤

操作步骤:

(1) 从一巾角的两边向中间斜卷,卷成宽底尖形;
(2) 卷至中间两卷合并后,将尖头反折成 V 形;
(3) 将尖角捏成头,放入杯中,整理成型(如图 7.14 所示)。

8. 蝴蝶

操作步骤:

(1) 将两边向中线对拢折叠成长方形,分别从中心位置将四巾角向下打开并折开;
(2) 从底边向上卷起至 1/3 处,再继续向上均匀折裥;
(3) 将两边向下对拢,放入杯中,整理成型(如图 7.15 所示)。

9. 圣诞火鸡

操作步骤：

(1) 将餐巾底边向上对折成长方形，再对折成正方形，从第一层巾角向对角线处折下 4/5 左右；

(2) 再依次将其余三层巾角折下，巾角相距 1 厘米逐层错开；

(3) 从中间向两侧均匀折裥，将外层巾角拉出做头；

(4) 放入杯中，整理成型(如图 7.16 所示)。

图 7.14　白鹤

图 7.15　蝴蝶

10. 驼背鸟

操作步骤：

(1) 将餐巾底边向上对折成长方形，再对折成正方形；

(2) 以对角线为轴向两侧均匀折裥，将最外层巾角拉出做头，剩余部分包住底部；

(3) 放入杯中，整理成型(如图 7.17 所示)。

图 7.16　圣诞火鸡

图 7.17　驼背鸟

【任务实例】

某酒店要接待一个日本大型旅行团，酒店为了做好接待工作做了大量的准备。中餐厅要承担这几天的餐饮接待任务，服务人员也打起十二分精神，迎接他们的到来。晚餐时间，各位日本客人就座以后，却盯着餐桌上的杯花，面露不快。日本旅行团的翻译兼组织者仔细一看，原因出在这精美餐具上的荷花型杯花，于是赶紧让服务人员们撤下。这尴尬的局面才被慢慢地化解。

处理技巧　餐巾花要根据宴会的规格、规模，以及宗教信仰，风俗习惯等选择花形。日本人忌讳荷花，因为荷花在日本被认为是一种葬礼花。其他如法国人忌讳仙鹤、英国人不喜欢孔雀。所以，在折叠和摆放杯花的时候要进行合理地选择。

【任务演练】

任务设计 1:10 种杯花的折叠与摆放。

任务设计 2:假设你是一名包厢服务人员,现在要对整个台面的餐巾花进行设计,请按照合理的要求进行折叠并摆放好。

【任务考核】

学生分组练习,小组内部互评,也可在小组间互评。教师抽取三组,要求按照岗位要求进行考核,教师进行点评。考核参考标准如表 7.2 所示。

表 7.2 考核参考标准

考核项目	操作要求	分值(满分 10 分)	得分
技法要领	准确使用餐巾花折叠基本技法	2 分	
	操作娴熟、规范	2 分	
折花造型	折花造型美观、逼真、挺拔	2 分	
	操作熟练、一次成型	2 分	
折花速度	能够保证在规定时间内完成折花造型	1 分	
其他	操作手法卫生,不用嘴吹、牙咬、下巴压,手不触及杯子上部	1 分	

任务三 盘 花

【任务目标】

通过完成本任务,使学生熟练掌握 10 种盘花的折叠方式,并能按照正确的摆放要求进行放置。

【任务导入】

某酒店西餐厅在接待数十位外宾,由于西餐长桌不够同时容纳这些人就座,于是改成圆桌就餐,在客人就座后,一位客人看着折叠精美的杯花微微皱眉,转回脸就招呼服务人员要求换一块崭新的餐巾和杯子。

任务:为什么外宾不喜欢折叠精美的杯花而要换杯子呢?

【任务链接】

盘花是将折好的餐巾花直接放置在餐盘上,即可成型,多用于西餐。因其简洁大方,折叠步骤少而被越来越多的餐厅使用,甚至有些中餐厅也在中餐宴会的时候采用盘花。盘花的种类繁多,我们在此要求熟练掌握 10 种盘花的折叠方法。

1. 蜡烛

操作步骤：

(1) 将餐巾反面向上，对角向下折成三角形；

(2) 将三角形的底边向下折 3 厘米左右，翻过餐巾；

(3) 从底角的一侧向另一侧卷起，把角插入夹层；

(4) 拉下顶端外层巾角，做出蜡烛火焰的样子；

(5) 整理成型，放入盘中(如图 7.18 所示)。

2. 出水芙蓉

操作步骤：

(1) 将餐巾反面向上，四角向中心对折成正方形；

(2) 翻过餐巾，以相同的方式再折成正方形；

(3) 将餐巾翻面再以同样的方式折成一个正方形；

(4) 将反面餐巾的四个巾角依次向外翻出；

(5) 整理成型，放入盘中(如图 7.19 所示)。

图 7.18 蜡烛

图 7.19 出水芙蓉

3. 皇冠

操作步骤：

(1) 将餐巾底边向上对折成长方形；

(2) 分别从长方形的长边向中线对折；

(3) 对折成平行四边形；

(4) 翻过餐巾，将平行四边形向上对折；

(5) 左侧巾角插入右侧的夹层，翻过餐巾，将右侧巾角插入左侧的夹层；

(6) 撑开成型，放入盘中(如图 7.20 所示)。

4. 龙头花

操作步骤：

(1) 将餐巾反面朝上，对折两次，成正方形；

(2) 四巾角朝下，向上翻折成三角形；

(3) 将三角形两边向内对折于中线，并把多余部分三角形反折于背面；

(4) 把新三角形在反面对折；

(5) 从中间拉出餐巾所有可见的巾角，形成帆状；

(6) 整理成型，放入盘中(如图 7.21 所示)。

5. 郁金香(主教帽)

操作步骤:

(1) 将餐巾反面朝上,对角折叠;

(2) 将两底角折至顶角形成正方形;

(3) 将底角翻折至一半,并反折至底边;

(4) 将两侧角反折于背面,把其中一角塞入另一角内;

(5) 撑开成型,把上面两个松散的角拉出;

(6) 整理成型,放入盘中(如图 7.22 所示)。

图 7.20 皇冠

图 7.21 龙头花

6. 企鹅迎宾

操作步骤:

(1) 将餐巾反面朝上,对角折叠;

(2) 将两底角折至顶角形成正方形;

(3) 把左右两边向中心折叠,并将顶角全部向后折;

(4) 将此餐巾相向对折后立起,拉出鸟头和鸟尾;

(5) 整理成型,放入盘中(如图 7.23 所示)。

图 7.22 郁金香

图 7.23 企鹅迎宾

7. 帐篷

操作步骤:

(1) 将餐巾反面朝上,对角折叠;

(2) 将两底角折至顶角形成正方形;

(3) 把底角向后翻折,成三角形,沿中线左右对折;

(4) 整理成型,立于盘中(如图 7.24 所示)。

8. 蝴蝶纷飞

操作步骤：

(1) 将餐巾反面朝上，两巾边朝中心线折叠成长方形；

(2) 再向背面对折形成长条形；

(3) 分别从长条餐巾两端向中线对折 2 次后呈左右各 3 层，使餐巾边位于最上层；

(4) 将上两层分别向中间朝下卷曲成圆锥形，并使它们交汇于底边的中点。

(5) 整理成型，放入盘中(如图 7.25 所示)。

图 7.24　帐篷

图 7.25　蝴蝶纷飞

9. 扇面送爽

操作步骤：

(1) 将餐巾反面朝上，对折；

(2) 将双边向上折叠成长方形；

(3) 均匀折 5 个裥；

(4) 撑开成扇形，放入盘中(如图 7.26 所示)。

10. 和服归箱

操作步骤：

(1) 将餐巾反面朝上，对折成三角形；

(2) 将三角形的底边向上折 1/5 处左右；

(3) 翻过餐巾，将两边角向中间交错对折；

(4) 对折成衣领状后，将左右两边、下部底边向背后折；

(5) 向背后折向底角，半插入折间里；

(6) 整理成型，放入盘中(如图 7.27 所示)。

图 7.26　扇面送爽

图 7.27　和服归箱

【任务实例】

小王做事精益求精，喜欢把餐具摆放好后再进行餐巾折花，并且对自己折的花型反复调整。通常都是折叠好几次才把最满意的折花放在杯子里或者盘子上，有时候还喜欢在折的过程中自创新造型。虽然总体效果看起来不错，但是效率却相应地降低了，同时，由于反复折叠而使餐巾有很多褶皱，看起来并不美观，也不卫生。为此，领班对她提出了批评。

处理技巧 餐巾经过清洁、熨烫、上浆才能继续使用。如果服务人员在折花的过程中不注意卫生，或者多次折叠，会留下很多折痕。客人展开使用时，会影响使用心情。小王应该在平时多加练习，尽量一次到位，减少折叠次数，提高工作效率。

【任务演练】

任务设计 1：10 种盘花的折叠与摆放。

任务设计 2：假设你是一名包厢服务人员，现在要对台面的餐巾花进行设计，请按照合理的要求折叠并摆放好。

【任务考核】

学生分组练习，小组内部互评，也可在小组间互评。教师抽取三组，按照岗位要求进行考核，教师进行点评。考核参考标准如表 7.3 所示。

表 7.3 考核参考标准

考核项目	操作要求	分值(满分 10 分)	得分
技法要领	准确使用餐巾花折叠基本技法	2 分	
	操作娴熟、规范	2 分	
折花造型	折花造型美观、逼真、挺括	2 分	
	操作熟练、一次成型	2 分	
折花速度	能够保证在规定时间内完成折花造型	1 分	
其他	操作手法卫生，不用嘴吹、牙咬、下巴压，手不触及杯子上部	1 分	

项目八

铺　台　布

项目目标

本项目主要讲述基本的操作技能——铺台布。通过本项目的训练，使学生了解台布的种类、规格、方法，掌握中式铺台布和西式铺台布的操作程序和标准，达到规范操作、一次到位的训练要求。

本项目包含两个任务：中式铺台布；西式铺台布。

任务一　中式铺台布

【任务目标】

通过完成任务，熟练掌握中式铺台布的三种方式，并达到规范操作、一次到位的要求。

【任务导入】

小李在学校期间曾经参加过省级中餐摆台大赛，经过严格的训练，铺台布尤为熟练。来到酒店，第一天上班就遇到了就餐高峰，在师傅的吩咐下，小李去收拾一个台面翻台。在铺台布的时候，一顺手用了一个漂亮的撒网式进行台布的铺设，动作虽然漂亮，却也引来了周围用餐者的不满。

任务：小李同学的做法有什么不妥？

【任务链接】

台布铺设是将台布平整地铺在餐桌上的过程。餐厅经营的风格与模式不同，使用的餐台不同，选用的台布材质、造型、花色等方面也有所不同。不同的餐台可采取不同的铺设方法。中式铺台布的方式适合于中式餐厅的圆桌。

一、准备工作

铺台布是进行中餐摆台的第一步，通常情况下是在客人未到之前就完成的工作。

铺台布之前，应将所需餐椅按就餐人数摆放于餐台的四周，使之呈三三两两的并列状，然后服务人员应将双手洗净，对准备好的每块台布进行检查，有残破、油渍的台布不能继续使用。

根据餐厅的装饰、布局确定正副主人席位，服务人员将副主人餐椅向外拉开，站立在副主人餐椅处，距餐台30～40厘米，将选好的台布放于副主人处的餐台上。

台布的种类很多，因纯棉台布吸湿性能好，大多数餐厅均使用纯棉提花台布。台布的图案有团花、散花、工艺绣花等；台布的颜色有白色、黄色、粉色、红色、绿色等，但多数选用白色。选择台布的颜色，要与餐厅的风格、装饰、环境相协调。

台布的形状大体有三种：正方形、长方形和圆形。正方形台布常用于方台或圆台，长方形台布则多用于西餐的餐台，圆形台布主要用于中餐圆台。

台布的规格大小有多种，经常使用的有140厘米×140厘米、160厘米×160厘米、180厘米×180厘米、200厘米×200厘米、220厘米×220厘米、240厘米×240厘米、260厘米×260厘米等的台布。使用时应根据餐桌的大小选择适当规格的台布，如：

140厘米×140厘米的台布适用于边长90厘米的方台；

160厘米×160厘米的台布适用于边长100厘米、边长110厘米的方台；

180厘米×180厘米的台布适用于直径150厘米、直径160厘米的圆台；

200厘米×200厘米的台布适用于直径170厘米的圆台；

220厘米×220厘米的台布适用于直径180厘米或200厘米的圆台；

240厘米×240厘米的台布适用于直径220厘米的圆台；

260厘米×260厘米的台布适用于直径240厘米的圆台。

除了方台布外还有长方形台布，如160厘米×200厘米、180厘米×300厘米等不同规格。这类台布用于中餐零点餐厅长方形台及西餐各种餐台，可根据餐台的大小形状选用不同规格的台布，一块不够用时可以拼接，在拼接时注意将接口处接压整齐。

圆形台布其规格各有不同，一般的圆形台布多见于定型特制，即根据餐台的大小将台布制成大于餐台直径60厘米的圆形台布，使台布铺于餐台上，圆周下垂30厘米为宜。

二、铺设方法

中餐圆台铺好的台布中间的折线对准主位，十字取中，四面下垂部分对称，台布自然下垂至餐椅边最为合适。铺台布的常用方法有三种：

1. 推拉式

推拉式即用双手将台布打开后放至餐台上，将台布贴着台面平行推出去再拉回来的铺设方式。服务人员选好台布，站在副主人座位处，用双手将台布迅速打开后放至餐台上，用两手的大拇指和食指分别夹住台布的一边，其余三指抓住剩余台布，拢进胸前，将台布贴着餐台平行推出去待台布完全打开后再拉回来。

这种铺法适用于零点餐厅或较小的餐厅，或因有客人就座于餐台周围等候用餐时或在地方窄小的情况下进行铺台。

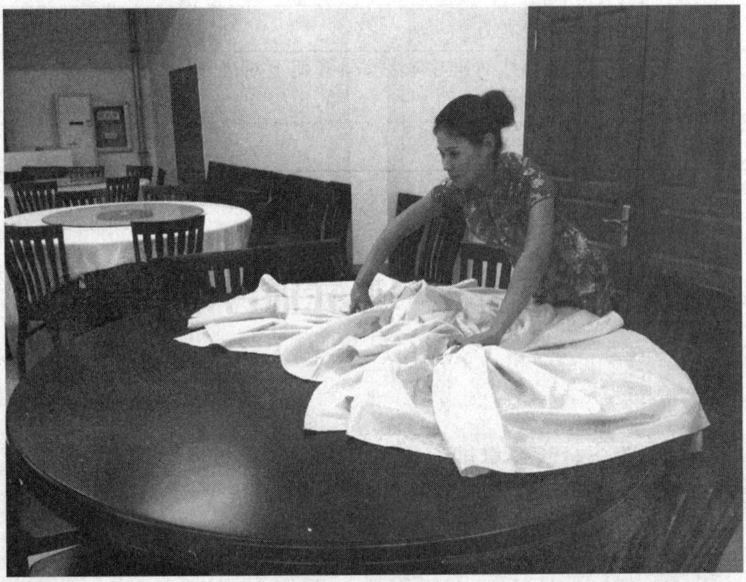

图 8.1　铺台布

2. 抖铺式

抖铺式即服务人员选好台布，站在副主人座位处，用双手将台布迅速打开，用两手的大拇指和食指分别夹住台布的一边，其余三指将多余台布提拿于胸前，身体呈正位站立式，利用双腕的力量，将台布向前一次性抖开并平铺于餐台上。

这种铺法适合于较宽敞的餐厅或在周围没有客人就座的情况下进行。

3. 撒网式

服务人员站在副主人位置上，右脚向前迈一步，上身前倾，把台布正面向上打开，用两手的大拇指和食指分别夹住台布的一边，其他三指头抓住多余的台布提拿起至左肩后方，上身向左转体，下肢不动并在右臂与身体回转的时候，台布斜着向前撒出去，将台布抛至前方时，上身同时转体回正，台布平铺于台面。

这种铺法适合宽大的场地，周围没有宾客就餐的情况下，或技术比赛场合。

【任务演练】

任务设计：假设你是一名中餐包厢服务人员进行铺设台布，请按照铺台布的 3 种方式进行的操作，一次到位。

【任务考核】

学生分组练习，小组内部互评，也可在小组间互评。教师抽取三组，按照岗位要求进行考核，教师进行点评。考核参考标准如表 8.1 所示。

表 8.1 考核参考标准

考核项目	操作要求	分值(满分 10 分)	得分
操作位置	在副主人位进行操作	2 分	
操作姿势	按照要求采用不同方法铺台布，姿势规范，符合要求	2 分	
操作要求	一次铺设到位，姿势大方	2 分	
操作结果	台布正面向上，十字线对准中心线，凸缝朝上对准正副主人	2 分	
	台布下垂部分距离地面相等	2 分	

任务二　西式铺台布

【任务目标】

通过完成本任务，学会对西餐桌铺台布的不同方式，通过练习，熟练掌握西式铺台布技巧并达到规范操作，一次到位的要求。

【任务导入】

小王在中餐厅实习一个月后被调入西餐厅。一天，领班让他去布草房拿西餐的桌布，拿回来以后却发现所取的桌布不够用，原来一张餐桌要两个桌布才能铺。于是小王又跑到布草房再次去拿桌布。

任务：中式台布与西式台布有什么区别？

【任务链接】

西餐多用方台和长台。普通方台台布的铺设可以参照中餐圆台台布的铺设方法。较长的餐台，台布一般由两个人合铺，需要几块台布拼铺在一起。一般意义上的西餐宴会摆台为六人席位，长桌的尺寸为 240 厘米×120 厘米，高度为 75 厘米，常用规格为 200 厘米×165 厘米的两块台布拼铺在一起。

一、准备工作

铺台布之前，应将所需餐椅按就餐人数摆放于餐台的四周，餐椅边沿距离桌边 1 厘米，相对餐椅的椅背中心对准。然后服务人员将双手洗净，对准备好的每块台布进行检查，发现有残破、油渍的台布均需要更换。由于台布经常由两个或两个以上的台布拼铺而成，如果台布有掉色、褪色或者其他的色差，也必须更换。

根据餐厅的装饰、布局确定正副主人席位，服务人员将副主人餐椅向外拉开，站立在副主人餐椅处，距餐台 30～40 厘米，将选好的台布放于副主人处的餐台上。

二、西餐宴会台布的铺设

西餐摆台的台布铺设方法一般都使用推拉式与抖铺式的方法，特别是第二块以后的台布铺设尤其如此。其他要求参照中餐宴会台布的铺设。

(1) 如果一人铺一块台布,应站在长台中间的位置上,将台布打开,正面朝上,用大拇指和食指抓住台布靠近身体的一边,其余三指快速抓住台布其余部分,用力向对面抛出。台布正面朝上,中心线对正,下垂部分要均匀,美观整齐。如果有两块台布,一个人两端铺设,则先在餐台里端使用同上的方法铺设一块台布,再在餐台的外端铺设另一块台布,应特别注意两块台布之间的接缝。

(2) 铺设宴会台布一般由两人合作进行,因餐台较长,单人铺设容易将台布弄皱或弄脏,同时也不便操作。两人铺设的话,两人分立于餐台的两边的 1/2 处铺设(两块台布拼接则在 1/4 处)。台布正面朝上,中心线对正,下垂部分要均匀,接缝处一致、平整,美观整齐。

(3) 如果西餐就餐人数多,宴会规模大,需要较长的台布,铺设时,应从餐台里往外铺,让每张台布的接缝朝里,使步入餐厅的客人看不见接缝为原则;要求台布中线相连,成一条线;台布的横向缝与餐台长边垂直,台布下垂部分的四个边要平行相等,台布下沿正好接触到椅面为宜。一般由两人或多人共同完成。

铺好后的台布要求中凸线向上,两块台布中凸线对齐,两块台布面重叠 5 厘米,主人位方向台布交叠在副主人位方向台布上,连成一线;要做到折缝居中,平挺无皱,两端和两侧下垂部分都对边相等,美观整齐。台布铺设操作最多两次即可整理成形。

【任务演练】

任务设计:假设你是一名西餐服务人员,请按照西式铺台布的要求进行熟练的铺设台布的操作,尽量做到一次到位。

【任务考核】

学生分组练习,小组内部互评,也可在小组间互评。教师抽取三组,按照岗位要求进行考核,教师进行点评。考核参考标准表 8.2 所示。

表 8.2　考核参考标准

考核项目	操作要求	分值(满分 10 分)	得分
操作位置	依次在副主人位、主人位进行操作	2 分	
操作姿势	按照要求铺台,姿势规范,符合要求	1 分	
操作要求	一次铺设到位,最多两次整理成形	1 分	
操作结果	台布中凸线向上,两块台布中凸线对齐	1 分	
	两块台布重叠 5 厘米	1 分	
	主人位方向台布交叠在副主人位方向台布上	2 分	
	台布四边下垂均等	2 分	

项目九

摆 台

项目目标

通过本项目的学习,使学生掌握摆台这一餐饮服务工作中比较复杂的综合技能。在餐饮服务工作中正确、规范、熟练地进行中西餐摆台,可为餐饮服务工作打下良好的基础,同时可以展现餐厅布置的特有风采。

本项目包含两个任务:中餐摆台;西餐摆台。

任务一 中餐摆台

【任务目标】

通过完成本任务,了解中餐摆台的要求,掌握中餐摆台的技巧,能熟练进行摆台操作。

【任务导入】

正是开餐时间,某大型餐馆的李总突然接到一个的电话,原来是二号包厢他的一个老朋友,向他投诉在用餐期间没有提供茶水。李总马上打电话通知餐厅主管此事,并告知10分钟后他赶到现场。李总到餐厅后发现仍有客人没有茶水,于是询问当值服务人员。服务人员解释说:因为杯子不够,所以没有给所有的客人泡茶。

(资料来源:金敏,周名丁.餐厅服务人员实战手册[M].北京:旅游教育出版社,2007.)

任务:案例中服务人员的解释是否合理?应该如何避免此类事情的发生?

【任务链接】

摆台就是为就餐客人安排餐台和席位,并提供必要的就餐用具。摆台包括餐桌的布局、铺台布、安排席位、准备用具、摆放餐具、美化台面等,摆台技术是餐厅服务人员的基本功,是宴会设计的重要内容,摆台的好坏直接影响服务质量和餐厅的面貌。

一、摆台的基本要求

（1）摆台所用的台布、口布、餐具、酒具、菜单、调味品、桌椅以及其他装饰物品等，都要符合卫生要求。

（2）餐台的布局要做到台型设计合理、井然有序，方便客人就餐，同时又能确保服务工作的顺利进行。

（3）台面的设计要充分尊重客人的民族习惯和饮食习惯，符合待客的礼仪要求。

（4）根据就餐规格和形式设计台面，餐具、用具要配套、齐全。

（5）餐具摆放要有条理，各席位的餐具要相对集中，席位之间有明显空隙，既要方便客人用餐，又要便于餐间服务。

（6）桌面装饰盆花的设计要能体现宴会的主题，力求造型逼真、美观、得体、实用。

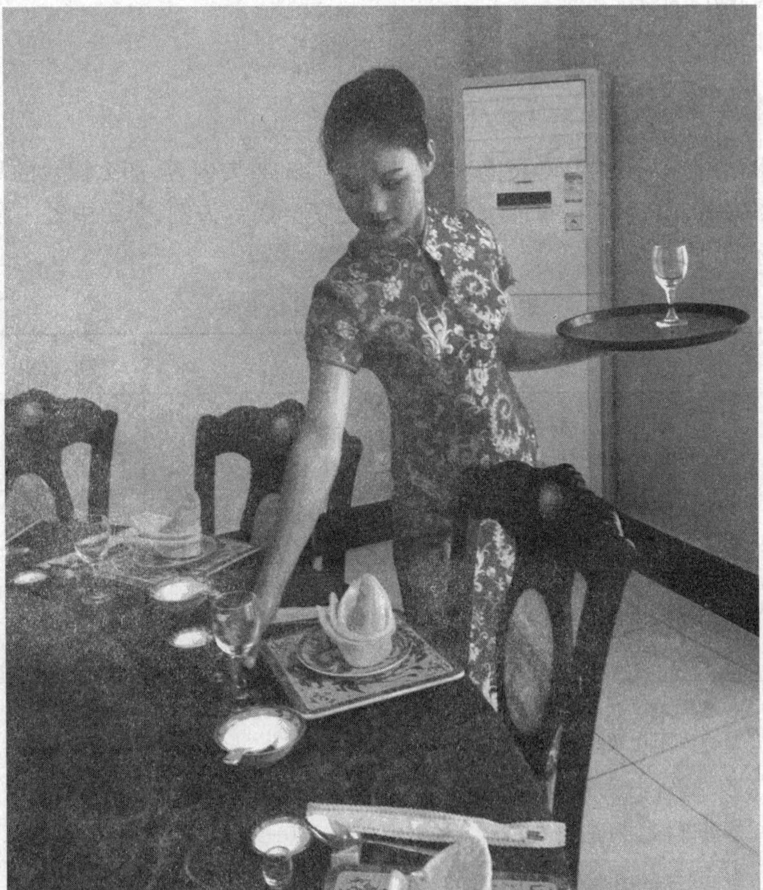

图 9.1　摆台姿态

二、摆台物品准备

我们以 10 人餐桌为例，摆台所需物品如下：

（1）餐台（高度为 75 厘米）；

（2）圆桌面（直径 180 厘米）；

(3) 餐椅(10把);
(4) 工作台(1个);
(5) 防滑托盘(2个,含装饰盘垫或防滑盘垫);
(6) 台布(220厘米×220厘米);
(7) 桌裙或装饰布;
(8) 餐巾(10块);
(9) 花瓶、花篮或其他装饰物(1个);
(10) 餐碟、味碟、汤勺、口汤碗、长柄勺、筷子、筷架(各10个);
(11) 水杯、葡萄酒杯、白酒杯(各10个);
(12) 牙签(10套);
(13) 菜单(2个或10个);
(14) 桌号牌(1个);
(15) 公用餐具(筷子、筷架、汤勺各2个)。

三、中餐宴会摆台的操作程序及标准

摆台技术是服务人员的基本技能,也是宴会设计的重要内容,那么摆台的具体要求是什么呢?我们以安徽省高职院校技能大赛中餐主题宴会摆台为例,介绍中餐主题宴会摆台的操作程序和标准(见表9.1)。

表9.1 摆台操作程序及标准表

项目	操作程序及标准	分值	扣分	得分
台布(3分)	可采用抖铺式、推拉式或撒网式铺设,要求一次完成,两次完成扣0.5分,三次及以上不得分	2		
	台布定位准确,十字居中,凸缝朝向正副主人位,下垂均等,台面平整	1		
桌裙或装饰布(2分)	桌裙长短合适,围折平整或装饰布平整,四角下垂均等(装饰布平铺在台布下面)	2		
餐椅定位(5分)	从主宾位开始拉椅定位,餐椅之间距离均等,餐椅座面边缘距台布下垂部分1.5厘米	5		
餐碟定位(8分)	一次性定位、碟间距离均等,餐碟中心与座位中心对齐,餐碟标志对正,相对餐碟与餐桌中心点三点一线	6		
	距桌沿约1.5厘米	1		
	拿碟手法正确(手拿餐碟边缘部分)、卫生	1		
味碟、汤碗、汤勺(5分)	味碟位于餐碟正上方,相距1厘米	2		
	汤碗摆放在味碟左侧1厘米处,与味碟在一条直线上,汤勺放置于汤碗中,勺把朝左,与餐碟平行	3		

续表

项　目	操作程序及标准	分值	扣分	得分
筷架、筷子、长柄勺、牙签（8分）	筷架摆在餐碟右边，与味碟在一条直线上	2		
	筷子、长柄勺摆在筷架上，长柄勺距餐碟3厘米，筷尾距餐桌沿1.5厘米	4		
	筷套正面朝上	1		
	牙签位于长柄勺和筷子之间，牙签套正面朝上，底部与长柄勺齐平	1		
葡萄酒杯、白酒杯、水杯（8分）	葡萄酒杯在味碟正上方2厘米	2		
	白酒杯摆在葡萄酒杯的右侧，水杯位于葡萄酒杯左侧，杯肚间隔1厘米，三杯成斜直线，向右与水平线呈30度角。如果折的是杯花，水杯待餐巾花折好后一起摆上桌	5		
	摆杯手法正确（手拿杯柄或中下部）、卫生	1		
餐巾折花（8分）	花型突出主位，符合主题、整体协调	3		
	折叠手法正确、卫生，一次性成形，花型逼真、美观大方	5		
公用餐具（4分）	公用餐具摆放在正副主人的正上方	2		
	按先筷后勺顺序将筷、勺搁在公用筷架上（设两套），公用筷架与正副主人位水杯间距1厘米，筷子末端及勺柄向右	2		
菜单、花瓶（花篮或其他装饰物）和桌号牌（3分）	花瓶（花篮或其他装饰物）摆在台面正中，造型美观、符合主题要求	1		
	菜单摆放在筷架右侧，位置一致（两个菜单分别摆放在正副主人的筷架右侧）	1		
	桌号牌摆放在花瓶（花篮或其他装饰物）正前方、面对副主人位	1		
托　盘（2分）	用轻托法将托盘托起，托盘位置高于腰部	2		
综合印象（14分）	台面设计主题明确，布置符合主题要求	5		
	餐具颜色、规格协调统一	2		
	整体美观、具有强烈艺术美感	4		
	操作过程中动作规范、娴熟、敏捷、声轻，姿态优美，能体现岗位气质	3		
合　计		70		

续表

项 目	操作程序及标准	分值	扣分	得分
全程操作标准时间:15 分钟。超时 15 秒(含)以内扣总分 1 分;超时 15～30 秒扣总分 2 分;超时 30 秒,每 30 秒扣总分 2 分,不足 30 秒,按 30 秒计;超时 2 分钟不予继续比赛,未操作完毕不计分,提前完成不加分。				
物品落地(桌面及地面均视为落地):每件扣 3 分;物品碰倒(桌面和托盘内碰倒均视为碰倒):每件扣 2 分;物品遗漏:每件扣 1 分。				
实 际 得 分				

【任务实例】

实例 1

小马是北京某饭店中餐厅一位热情、细心的服务人员,她不但善于察言观色,而且还经常和同事一起讨论、研究餐饮服务中的一些细节问题,以提高自己的服务水平,提高客人满意度。

最近,她发现很多客人到餐厅坐下以后,所做的第一件事是将面前的餐具往里面移,然后双手靠在餐桌上,点菜、喝茶或者聊天。一天中午,有位客人忍不住对小马建议道:“小姐,这餐具往里面摆点不是更好吗,为什么非要摆得这么靠边呢?”小马忙说:“先生,对不起,给您添麻烦了! 您提的建议很好,我一定会及时转告我们的经理。”

于是,下午餐间休息时,小马抓住机会就对餐厅陈经理说:“经理,我有一个不成熟的建议,不知您想不想听?”陈经理饶有兴致地问:“是什么建议? 快说来听听。”

小马便说:“我们酒店摆台时规定将骨碟摆放在距桌边 1.5 厘米的地方,这对客人似乎不是很方便。我最近也发现不少客人坐下后都是先将桌上的餐具往里移移,然后再开始点菜,今天中午还有一位客人直接跟我提出了这一点。您看我们是否能就此做些改进,摆台时直接把骨碟等餐具往里面摆一点,以免客人坐下来再移?”陈经理马上说:“小马,这是一个非常好的建议,我会尽快向上级汇报,看看能否采用。”

一个星期后,分管餐饮部的黄副总经理在饭店餐饮部员工大会上宣布:“为了方便客人,我们餐厅的摆台将有一些小的改动,具体的做法由餐厅陈经理为大家培训。这个改动是小马提出来的,非常好,希望所有员工都向她学习,对工作中发现的问题进行思考,向饭店提出改进的措施。”小马感到有点不好意思,但心里非常高兴,毕竟自己的想法得到了实现。

从此以后,小马在餐厅再也没有发现客人移餐具的现象了。

处理技巧 目前,中餐摆台的很多做法和标准都是从西餐摆台中学习过来的,但在实际生活中,西餐的这种摆台方式是否符合中餐的用餐要求和中国人的用餐习惯,还缺乏深入的分析和研究。确实,现在餐厅中有些用品的摆放没有考虑到客人的使用方便和中国人的用餐习惯。本案例中骨碟离桌边 1.5 厘米就是典型一例。因为中国人吃中餐通常是圆桌,大家围成一圈,菜放中间,为了够得着菜,所以很多人从小就养成了坐下吃饭时两个手臂放在桌子上的习惯。正是由于这种习惯的存在,使得饭店餐厅中骨碟离桌边 1.5 厘米的摆台标准会让客人觉得很不方便。试想,如果餐厅管理人员对客人需求研究深入一点,多点创新意识，在一开始就将骨碟摆放在距桌边 3 或 5 厘米的位置，既可免去客人的动手之劳，也可为酒店争得良好的声誉。

（资料来源：http://blog.meadin.com/869432－views－33244）

实例 2

中方翻译带领几位外国客人走进了某三星级酒店的中餐厅。入座后，服务人员开始让他们点菜，客人点了一些菜，还点了啤酒、矿泉水等饮料。酒水倒入杯中后，突然有一位外国客人发出诧异的声音，原来他的啤酒杯有一道裂痕，啤酒顺着裂缝流到了桌子上。翻译急忙让服务人员过来换杯。另一位客人用手指着眼前的小碟子让服务人员看，原来小碟子上也有一个缺口。翻译赶忙检查了一遍桌上的餐具，发现碗、碟、瓷勺、啤酒杯等餐具上均有不同程度的裂痕、缺口或其他瑕疵。翻译站起来把服务人员叫到一旁说："这里的餐具怎么都有破损？这可会影响到外宾的情绪啊！"

"这批餐具早就该换了，对不起，最近太忙，酒店还没来得及去买。不好意思啊，我们也没有办法，您看其他桌上的餐具也有毛病。"服务人员红着脸解释着。

"这可不是理由啊！难道这么大的饭店连几套像样的餐具都找不出来吗？"翻译有点火了。

"您别着急，我马上给您换新的餐具。"服务人员急忙改口。翻译和外宾交谈后对服务人员说道："请你最好给我们换个地方，客人对这里的环境很不满意。"

经与餐厅经理商洽，最后将这几位客人安排在小宴会厅用餐。餐具也使用质量好的，并根据客人的要求摆上了刀叉。望着桌上精美的餐具，这几位客人才开始满意地用餐了。

处理技巧　餐前准备工作的好坏在一定程度上体现了饭店管理水平和服务质量的高低。不管是管理者还是服务人员，都应该认真做好每一项工作，尤其是服务人员在餐前摆台时的自查和管理人员的检查工作一定要落到实处。服务人员在摆台时，就要留意餐具、酒具是否有破损，是否有污渍、水渍，注意观察客人所坐的椅子是否有质量问题等，如有问题，一定要及时更换。要强调的是，不能以任何理由来为自己工作的失误找借口，因为那样可能会让客人更生气。

从本案例可以看出这个酒店的管理和服务都存在一定的问题。作为一个三星级酒店的餐厅，所用的餐具必须达到一定的规格和要求，在餐桌上不能出现破损和有瑕疵的餐具。做餐厅工作讲究的就是细节，而餐具的完整情况正是细节的具体体现。如果餐厅管理者在检查时，注意到这个细节，就不可能出现上述现象。所以，在服务人员摆台完毕后，领班应该对餐台进行细致的检查，防止出现问题。

（资料来源：金敏．周名丁．餐厅服务人员实战手册[M]．北京：旅游教育出版社，2007.）

【任务演练】

任务设计 1：假如你是一名服务人员，进行四人台位中餐零点摆台。

任务设计 2：假如你是一名服务人员，设想一个主题，设计一个十人的中餐宴会摆台。

【任务考核】

学生分小组练习，小组内部互评，也可在小组间互评。教师抽取三组，按照岗位要求进行表演，教师进行点评，考核参考标准如表 9.2 所示。

表 9.2　考核参考标准

考核内容	得分标准(满分 10 分)	分值(满分 10 分)	得分
服务礼仪	主动、积极、热情、亲切	2 分	
操作程序	程序合理、规范	4 分	
处理技巧	方法妥当、技能熟练	4 分	

任务二　西餐摆台

【任务目标】

通过完成本任务，了解西餐摆台的要求，掌握西餐摆台的技巧，能熟练进行西餐摆台。

【任务导入】

西餐这个词是由于它特定的地理位置所决定的，顾名思义，西餐就是西方国家的饮食菜肴。与中餐使用筷子不同，西餐一般以刀叉为主要餐具，学习西餐礼仪最基本的就是学会刀叉的使用方法。西餐最基本的礼仪是正确使用刀叉，一般是左手持叉，右手持刀，由上方握住刀与叉，两手食指按在刀叉上使用。简单讲是以叉子压住食物的左端固定，顺着叉子的侧边用刀切下约一口大小的食物后，叉子直接扎起食物送入口中。

(案例来源：http://jingyan.baidu.com/article/f25ef2540fb9c3482c1b82b4.html)

任务：试分析西餐摆台与中餐摆台的不同。

【任务链接】

一、西餐宴会摆台设计

根据宴会的性质、形式，主办单位的具体要求，参加宴会的人数，宴会厅的形状、面积等来制订方案。西餐宴会多采用长台，其台形设计按宴会厅的大小和形状来布置。一般有长方一字台、T 形台、口形台、U 形台、N 形台、M 形台、山形台、马蹄形、V 形、E 形、正方形等，总的要求是左右对称，出入方便。确定台型后，要按就餐人数安排座椅。主人的座位应正对厅堂入口处，其视线应能总览全厅。

20 人以下的宴会可以采用一字形台、豪华型台和 T 形台；40 人左右的宴会可采用 U 形台、马蹄形台等；60 人左右的宴会可选用 E 形台和梳子形台；超过 60 人以上的宴会，可选用教室形台、星形台等；人多时，也可以采用多种台形进行组合。

二、西餐主要用具

1. 服务用具

服务用具是指对客人的服务过程中，服务人员使用的工具，包括某些特殊菜肴使用的特殊工具。常见的服务用具主要有：

(1) 勺类用具。长柄汤勺，为客人分汤时使用；色拉服务匙，为客人分派色拉时使用。

(2) 刀类用具。服务用鱼刀，分鱼或现场烹制鱼类食品时使用；奶酪刀，是专门用来切割奶酪的长刃刀具；蛋糕刀，与餐叉相似，主要用来切割蛋糕等糕点；切割用刀，为客人现场切割大块肉类食品时的专用工具。

(3) 叉类用具。服务用鱼叉，分鱼或现场烹制鱼类食品时使用；切割用叉，为客人现场切割大块肉类食品时的专用工具；色拉服务叉，为客人分派色拉时使用。

(4) 装盛用具。蔬菜斗，又称沙司斗；橘子模，用于加工鲜橘子汁和柠檬汁；盅，有果酱盅、蛋盅、盐盅、洗手盅、白脱盅、糖盅等；酒蓝、冰桶、花插等。

(5) 特殊菜品用具。蜗牛夹和叉，通心面夹，龙虾夹、钳和叉，坚果捏碎器等。

2. 客用餐具

客用餐具主要指摆放在餐桌上供客人就餐时使用的各种器具。

(1) 餐刀。餐刀按形状大小及用途可分为鱼刀、正餐刀(主菜刀，又称为热菜刀)、开胃品刀(冷菜刀)、黄油刀、甜品刀、面包刀等。鱼刀是食用鱼类菜肴的专用餐具；正餐刀是西餐的主要餐具，主要是在食用主菜时使用；黄油刀其外观特点是体形较小，刀片与刀把不在同一水平线上，主要用于分挑黄油或果酱；甜品刀是餐后食用甜品时的专用餐具；面包刀主要用于切割面包时使用。

(2) 匙。又称为勺，按形状、大小、用途的不同主要有：冰淇淋匙，食用冰淇淋的专用餐具；汤匙(勺)，西餐喝汤的专用餐具，其头部呈圆形；汁匙(勺)，在服务色拉或主菜时，用来浇汁的用具；咖啡匙，饮用咖啡时的专用工具；茶匙，饮用红茶时用于搅拌淡奶和糖的工具；甜品匙(勺)，用来食用布丁等各种甜品的用具；大汤勺，主要用于一些大的汤品。

(3) 餐叉。按照大小、形状和用途的不同，可以分为海鲜叉、鱼叉、正餐叉、龙虾叉、蜗牛叉、生蚝叉、甜品叉等几种。海鲜叉，又叫小号叉，主要用于吃海鲜等菜品，也可用于吃小盘菜、点心、水果等；正餐叉，是西餐的主要餐具，主要是在食用主菜时使用，也可作为分菜叉使用。

(4) 杯。西餐特别讲究饮品与杯子的对应。根据不同的饮品，西餐常用杯子主要可分为水杯、白兰地杯、香槟酒杯、红葡萄酒杯、白葡萄酒杯、甜酒杯、雪利酒杯等。

(5)盘。根据大小、形状、用途的不同，西餐餐盘可分为装饰盘、面包盘、黄油盘等。

(6) 夹。主要是夹取一些菜肴的用具，包括蜗牛夹、糖夹、坚果夹等。

3. 餐桌服务用品

常见餐桌服务用品主要有：洗手盅，客人食用带壳食物后的洗手用具；芥末盅，专门用来装调味品芥末的；胡椒磨，用来现磨胡椒或花椒的工具，使用时左右拧转即可磨出胡椒粉等佐料。

其他常见的还有：盐瓶、胡椒瓶、带盖黄油碟、酒瓶垫、油醋架、糖盅、汁酱盅、沙拉碗、茶壶、咖啡杯、汤碗和大汤碗，等等。

4. 物品准备(以六人台为标准)

六人台摆台餐具、用品：西餐长台 1 个，台布 1 个，餐盘 6 个，主菜刀叉、鱼刀叉、头盘刀叉、汤勺各6套，面包盘、黄油刀、甜点叉、匙各6套，水杯、红葡萄酒杯、白葡萄酒杯各6套，餐巾6个，椒盐瓶2个，烟缸2个，蜡烛台2个，牙签杯2个，花瓶1个。（若不是六人台，则根据用餐人数，以上用品逢6随人数变化，逢2按照六人台比例安排，逢1的物品一般不变）

西餐六个"M"

如何品味西餐文化，研究西餐的学者们经过长期的探讨和总结认为：吃西餐应讲究6个"M"。

1. Menu（菜谱）

当您走进咖啡馆或西餐馆时，服务人员会先领您入座，待您坐好后，首先送上来的便是菜谱。菜谱被视为餐馆的门面，老板也一向重视，用最好的材料做菜谱的封面，有的甚至用软羊皮打上各种美丽的花纹，使菜谱显得格外典雅精致。

如何点好菜？这里介绍一点经验之谈，那就是打开菜谱后，看哪道菜是以店名命名的，这道菜可千万不要错过。因为餐馆是不会拿自己店的名誉来开玩笑的，所以他们下工夫做出的菜，肯定会好吃，这道"招牌菜"大家一定要点。

要特别说明的一点是，不要以中餐点菜的习惯来对待西餐的点菜问题：即不要对菜谱置之不理，不要让服务人员为你点菜。在法国，就是戴高乐、德斯坦总统吃西餐也得看菜谱点菜。因为看菜谱点菜已成了吃西餐的一个必不可少的程序，是一种优雅生活方式的表现。

2. Music（音乐）

豪华高级的西餐厅，通常会有乐队，演奏一些柔和的乐曲，一般的西餐厅也播放一些美妙典雅的乐曲。但这里最讲究的是乐声的"可闻度"，即声音要达到"似听到又听不到的程度"，就是说，要集中精力想问题或和友人谈话就听不到，在休息放松时就听得到，这个火候要掌握好。

3. Mood（气氛）

吃西餐讲究环境雅致，气氛和谐。一定要有音乐相伴，桌台整洁干净，所有餐具一定要洁净。如遇晚餐，要灯光朦胧，桌上要有红色蜡烛，营造一种轻松、浪漫、高雅的气氛。

4. Meeting（会面）

和谁一起吃西餐，这是有选择的，吃西餐的伙伴最好是亲朋好友或是趣味相投的人。吃西餐主要是为了联络感情，最好不要在西餐桌上谈生意，所以在西餐厅内，氛围一般都很温馨、少有面红耳赤的场面出现。

5. Manner（礼节）

这一点指的是"吃相"和"吃态"。既然是吃西餐就应遵循西方的习俗，勿有唐突之举，特别是在手拿刀叉时，若手舞足蹈，就会"失礼"。

刀叉的拿法一定要正确：应是右手持刀，左手拿叉。用刀将食物切成小块，然后用叉送入口中。一般来讲，欧洲人使用刀叉时不换手，一直用左手持叉将食物送入口中。

美国人则是切好后，把刀放下，右手持叉将食物送入口中。但无论何时，刀是绝不能送食物入口的。西餐宴会，主人都会安排男女相邻而坐，讲究“女士优先”的西方绅士风度，男士都会表现出对女士的殷勤照顾。

6. Meal(食品)

一位美国美食家曾这样说：“日本人用眼睛吃饭，料理的形式很美；吃我们的西餐，是用鼻子的，所以我们鼻子很大；只有你们伟大的中国人才懂得用舌头吃饭。”中餐是以“味”为核心，西餐则以营养为核心，至于味道那是无法同中餐相提并论的。

(资料来源：http://baike.baidu.com/view/80716.htm)

三、一般西餐宴会摆台标准

西餐宴会服务具有悠久的历史，在国际上也形成一定的规范，它作为一种重要的饮食服务，要求餐饮服务人员做到标准化和规范化，具体标准见表 9.3 所示。

表 9.3 一般西餐宴会摆台标准

项目	标准
台布	台布中凸线向上，两块台布中凸线对齐
	两块台布面重叠 5 厘米
	主人位方向台布交叠在副主人位方向台布上
	台布四边下垂均等
	铺设操作最多四次整理成形
席椅定位	摆设操作从席椅正后方进行
	从主人位开始按顺时针方向摆设
	席椅之间距离基本相等
	相对席椅的椅背中心对准
	席椅边沿与下垂台布相距 1 厘米
装饰盘	从主人位开始顺时针方向摆设
	盘边距离桌边 1 厘米
	装饰盘中心与餐位中心对准
	盘与盘之间距离均等
	手持盘沿右侧操作
刀、叉、勺	刀勺叉由内向外摆放，距桌边距离符合标准(标准见最后“备注”)
	刀勺叉之间及与其他餐具间距离符合标准(标准见最后“备注”)
	摆设逐位完成

续表

项目	标准
面包盘、黄油刀、黄油碟	摆放顺序：面包盘、黄油刀、黄油盘
	面包盘盘边距开胃品叉1厘米
	面包盘盘边与桌边的距离1厘米
	黄油刀置于面包盘右侧边沿1/3处
	黄油碟摆放在黄油刀尖正上方，相距3厘米
	黄油碟左侧边沿与面包盘中心成直线
杯具	摆放顺序：水杯、白葡萄酒杯、红酒杯（从高至低，水杯摆在开胃品刀的正上方，杯底中心在开胃品刀的中心线上，杯底距开胃品刀尖1.5厘米）
	三杯成斜直线，与水平线呈45度角
	各杯身之间相距约1厘米
	操作时手持杯中下部或颈部
花瓶或花坛	花瓶或花坛置于餐桌中央和台布中线上
	花瓶或花坛的高度不超过30厘米
烛台	烛台与花坛或花瓶相距20厘米
	烛台底座中心压台布中凸线
	两个烛台方向一致，并与杯具呈直线平行
牙签盅	牙签盅与烛台相距10厘米
	牙签盅中心压在台布中凸线上
椒盐瓶	椒盐瓶与牙签盅相距2厘米
	椒盐瓶两瓶间距1厘米，左椒右盐
	椒盐瓶间距中心对准台布中凸线
盘花	造型美观、大小一致，突出正副主人位
	餐花在盘中摆放一致，左右成一条线
托盘使用	餐件和餐具分类按序摆放，符合科学操作
	杯具在托盘中杯口朝上
综合印象	台席中心美观新颖、主题灵活
	布件颜色协调、美观
	整体设计显高雅、华贵
	操作过程中动作规范、娴熟、敏捷、声轻，姿态优美，能体现岗位气质

备注:1. 装饰盘;2. 主菜刀(肉排刀);3. 鱼刀;4. 汤勺;5. 开胃品刀;6. 主菜叉(肉叉);7. 鱼叉;8. 开胃品叉;9. 黄油刀;10. 面包盘;11. 黄油碟;12. 甜品叉;13. 甜品勺;14. 白葡萄酒杯;15. 红葡萄酒杯;16. 水杯。

各餐具之间的距离标准:① 1、2、4、5、6、8 与桌边沿距离为 1 厘米;② 1 与 2,1 与 6,8 与 10,1 与 12 之间的距离为 1 厘米;③ 9 与 11 之间的距离为 3 厘米;④ 3、7 与桌边的距离为 5 厘米;⑤ 6、7、8 之间,2、3、4、5 之间,12 与 13 之间的距离为 0.5 厘米;⑥ 14、15、16 杯肚之间的距离为 1 厘米。

【任务演练】

任务设计 1:假如你是一名服务人员,进行四人台西餐零点摆台。

任务设计 2:假如你是一名服务人员,设想一个主题,为十人台西餐宴会摆台。

【任务考核】

学生分小组练习,小组内部互评,也可在小组间互评。教师抽取三组,按照岗位要求进行表演,教师进行点评,考核参考标准如表 9.4 所示。

表 9.4　考核参考标准

考核内容	得分标准	分值(满分 10 分)	得分
服务礼仪	主动、积极、热情、亲切	2 分	
操作程序	程序合理、规范	4 分	
处理技巧	方法妥当、技能熟练	4 分	

项目十

点菜、上菜与分菜

项目目标

通过本项目的训练，了解点菜、上菜和分菜的基本要求，熟悉点菜、上菜和分菜的程序，掌握点菜、上菜和分菜的技巧。

本项目包含两个子任务：点菜；上菜与分菜。

任务一　点　　菜

【任务目标】

通过完成本任务，使学生了解餐厅服务人员须具备的点菜基本技巧，熟悉点菜的方式和规程，掌握点菜的服务标准及技巧。

【任务导入】

许先生带着客户到北京某星级饭店去吃烤鸭，这里的北京烤鸭很有名气，客人坐满了餐厅。由于没有预订，许先生一行被服务人员引到休息室等了一会儿，然后被领到一张客人预订却未到的餐桌。入座后，许先生马上点菜，他一下就为八个人点了三只烤鸭、十几个菜，其中有一道"清蒸鱿鱼"。由于忙碌，服务人员忘记问客人要多大的鱼，就通知厨师去加工了。

不一会儿，一道道菜就陆续上桌了。客人们喝着酒水，品尝着鲜美的菜肴，颇为惬意。吃到最后，桌上仍有不少菜，但大家却已酒足饭饱。突然，同桌的小康想起还有一道"清蒸鱿鱼"没有上桌，就忙催服务人员快上。

鱼端上来了，大家都吃了一惊。好大的一条鱼啊！足有三斤重，这怎么吃得下。

"小姐，谁让你做这么大一条鱼啊？我们根本吃不下。"许先生边用手推了推眼镜，边说道。

"可您也没说要多大的呀？"服务人员反问。

"你们在点菜时应该问清客人要多大的鱼，加工前还应让我们看一看。这条鱼太大，我们不要了，请退掉。”许先生毫不退让。

“先生，实在对不起。如果这鱼您不要的话，餐厅要扣我的钱，请您务必包涵。”服务人员的口气软了下来。

“这个菜的钱我们不能付，不行就去找你们经理来。”另一位客人插话道。最后，服务人员只好无奈地将鱼撤掉，并汇报领班，将鱼款划掉。

（资料来源：http://wenku.baidu.com/view/ce65683710661ed9ad51f348.html）

任务：试分析案例中服务人员点菜环节存在哪些问题。

【任务链接】

一、点菜简介

点菜是客人购买酒店餐饮产品的初始阶段，它关系到整个服务过程的成败。如果点菜的服务不周到，客人很可能会拂袖而去，甚至可能对餐厅的整体服务不满。因此需要掌握点菜的基本程序、基本要求和服务方法。

二、点菜的基本程序

点菜的基本程序从形式看比较简单，包括包厢（递送茶水、香巾——→递送菜单——→点菜——→记录菜名——→复述确认——→入单）和明档（问候——→询问桌号人数——→引领客人先点冷菜——→海鲜〈大、小〉——→高档菜——→热菜〈荤、素〉——→汤——→点心〈甜品〉——→水果——→复述确认——→入单）两类，然而，要将这些程序有机地结合起来，达到令客人满意的效果，却不是一件简单的事情。客人对各类菜肴的喜好程度不同，饮食习惯、方法不同，对餐厅供应产品的熟悉程度不同，对产品风味和产品价格的要求不同，这些都需要在点菜的过程中予以注意，并妥善处理。

三、点菜的基本要求

从客人的要求和酒店餐饮服务的特点来看，点菜服务需要注意如下几点：

1. 时机与节奏

在客人就座后要及时入房点菜。

2. 客人的表情与心理

客人开始点菜时，细心观察。要掌握“一看二听三问”的技巧。

(1) 看，看客人的年龄、举止、情绪，是吃便饭还是洽谈生意，是宴请朋友聚餐还是调剂口味，是炫耀型还是茫然型等。还要观察到谁是主人，谁是客人。

(2) 听，听口音判断身份，是外地还是本地，从客人的交谈中了解同行人员之间的关系。

(3) 问，征询客人饮食需要，做出适当的菜点介绍。

3. 认真与耐心

详细介绍、推介，耐心倾听客人的意见。

4. 语言与表情(礼仪、谈吐、笑容)

具有良好的语言表达能力，即灵活、巧妙地运用能使客人满意的语言，达到沟通与对客优质服务的效果。

5. 知识与技能

(1) 对菜品、酒水等产品知识要有充分的认识；

(2) 根据观察来判断客人的要求；

(3) 掌握菜品推销和搭配的知识与技能。

四、点菜服务的方法

一般来讲，我们可以把点菜服务的方法归纳为：

1. 程序点菜法

熟记菜名，快速、准确、熟练地报出各种菜的名称。

2. 推荐点菜法

酒店特色菜、急推菜。

3. 推销点菜法

按客人的消费动机来推销。

(1) 便饭。来餐厅吃便饭的客人有各种情况，有的是外地客人，出差、旅游、学习，居住在本酒店，就近解决吃饭问题，有的居住在附近，因某种情况而来餐厅用餐等。这些消费者的特点是经济实惠快吃早走，品种不要太多，但要求快，应主动介绍价廉物美的菜品，搭配上有汤有菜，制作时间短。

(2) 调剂口味。来餐厅调剂口味的客人，大部分是慕名而来，在服务过程中要注意多介绍一些反映特色的菜肴，数量上要少而精。

(3) 宴请。除结婚、庆寿等宴请以外，还有各种原因的宴请，如商务宴请等。这类客人讲究排场，菜肴品种要求丰盛，有的还注意菜肴的精美、充足且在一定的价格范围之内。

(4) 聚餐。这类客人和同事、朋友、家人等聚在一起，他们要求热闹，边吃边谈，希望菜肴要求一般，对品种丰富而数量不多，加工精细而不贵，有时每人点一个自己喜欢吃的菜，有人甚至喜欢配菜等，要注意上菜速度不宜太快，大菜放凉了应主动帮助加热。

4. 心理点菜法

按客人的特性来推销。

(1) 炫耀型。这类客人的情感丰富，一般易感情用事，重友情、好面子，喜欢炫耀自己的富有和慷慨，邀请朋友有时一餐就用掉三个月工资，即便一个人也要点两三道菜，这类客人，不求快，只求好。

(2) 茫然型。这类客人多数是初次出门，还不习惯在外就餐，不知去哪个餐厅好，不知吃什么好，就随便找个地方吃一顿，就餐知识和经验比较缺乏。

(3) 习惯型。这类客人惯吃食物并不一定有独特的风味，但由于长期食用，在决定就餐时就形成一种心理惯性。习惯型的客人行为表现为偏好一种小吃，喜好某一饭菜的风味，或信奉某一餐厅、某一厨师的声誉。在为这类客人服务时，应注意与客人打招呼(最好是加姓)，并可试问，“××先生还是和上次一样吗？还是另外点？我们今天推出了×××，是您以前没有吃过的”等。

五、点菜注意事项

(1) 中餐菜肴参考标准 10 人席：8～10 道冷菜，4 道海鲜，1 道羹，5 道热炒，2 道蔬菜，1

道汤，2 道点心，1 份水果。

(2) 根据客人的心理需求尽量向客人介绍时令菜、特色菜、招牌菜、畅销菜等。

(3) 客人点菜过多或在原料、口味上重复时，记得及时提醒客人。

(4) 客人已点菜肴估清时，及时告诉客人换菜，并推荐与估清菜肴相似的菜肴。

(5) 客人未到齐时，菜单上应注明（叫菜），赶时间的客人应注明（加快），有特殊要求的客人，也应注明。如：不吃大蒜、不吃糖、不吃辣、不吃花生油、不吃猪肉等。

(6) 海鲜写明做法、斤两，并且问询宰杀加工之前是否需要确认。

(7) 台号、桌数写清楚，点菜员名字也一并写上。

(8) 点完菜以后应向客人复述一遍。

(9) 用餐过程中征询客人意见。

(10) 菜肴的搭配方法：荤素搭配，口味搭配，造型搭配，营养搭配，颜色搭配，制作搭配等。

(11) 熟悉各种海鲜（鱼、虾、蟹、贝、其他）的做法：茄汁、白灼、雪汁、盐水、酱汁、梅干菜、剁椒、刺身、葱油、蒜茸、蚝油、黄油焗、过江、开边、香辣、姜葱、咸蛋黄、豆瓣酱、蒸、上汤、奶汤、松鼠、天香、酱爆、白汤、红汤、芙蓉、煲、蒸、汽锅等。

(12) 在点完菜后，不要忘记询问客人是否需要酒水，并根据情况适当介绍。

(13) 禁止恶意推销。

【任务实例】

· 实例 1

崔经理请几位教授到北京某酒店的中餐厅用餐。服务人员很有礼貌地把他们请到餐桌前入座，便开始请他们点菜。老朋友见面聊个没完，崔经理接过菜单看了一眼，便把它递给旁边的孙教授请他来点。孙教授对一些菜名不太熟，便边请服务人员讲解，边点菜。

点了几个中高档的菜后，孙教授对服务人员说："我们年纪都大了，很想要一些清爽的汤菜，像粟米羹之类的东西。""我们今天没有粟米羹，但有'燕窝鱼翅羹'，这是我们的特色羹汤。"服务人员不失时机地推荐道。

此时崔经理正在和其他人谈话，孙教授见菜单上没有这道羹汤，以为价钱不贵，就点了点头："请给我们 10 个人每人来一碗吧。"

过了一会儿，酒水和菜就上桌了。大家边聊边吃，非常高兴。席间服务人员给每人端上一小罐羹汤，并告诉大家这是"燕窝鱼翅羹"，当时大家并没有注意，就用小汤匙喝了起来。孙教授几口就把羹汤喝光了，嘴里还嚷嚷着："好喝，味道很鲜，只是有点像粉丝汤。"结账时服务人员告诉崔经理，餐费共六千多元人民币。大家一听都傻了眼，以为自己听错了。"我们并没有要很多菜呀。"崔经理忙让服务人员把账单拿过来，只见"燕窝鱼翅羹"一项记录了近五千元。"小姐，这羹多少钱一碗？"孙教授忙问。"498 元。"服务人员回答说。"你在介绍时怎么不告诉我们价钱呢？"孙教授有些张口结舌了。服务人员却微笑不语。

崔经理安慰大家说，他既然请客就要让大家高兴。他告诉收款员身上只带了三千多元现金，还有几百港币，其他的欠款第二天一定送来。由于餐厅不同意赊账，于是大家都翻兜找包，帮他凑钱，可是没人带很多钱出来，钱仍凑不足。最后，餐厅终于同意崔经理留下身份证，第二天再来交钱。

临出餐厅时，孙教授叹着气说："今天我可犯了个大错误。"大家也都笑着和他开玩笑：

"你刚一见老崔，就让他欠账，真有本事啊。"那么，这次"欠账"真是孙教授的错误吗？

处理技巧 本案例中，服务人员利用孙教授的"不懂行"为餐厅推销出昂贵的高档菜，在经济上取得了效益，但在道义上却有"欺骗"的嫌疑。如果从为客人提供满意服务的角度上看，让崔经理"欠账"的责任当然要由那位服务人员来负。首先，她应明白这批客人用餐的目的主要是为了聚会畅谈，并不是来摆排场；其次，应搞清楚这批知识分子来餐厅想要的是经济实惠的菜肴；最后，她在推销高级羹汤时，没有把价格告诉客人，误使孙教授为每人都点了"燕窝鱼翅羹"。如果给客人介绍清楚，为他们点上一两份羹汤，让大家都品尝一下，可能会达到更好的服务效果。点菜和推销的关系是密切的，但出发点一定要正确。为客人点菜时，首先要为他们介绍菜单上的菜肴，并根据他们的需求和条件推荐厨师或特色菜。要向客人报出实价，绝不能利用客人的"无知"欺骗他们，耍一些"小聪明"。否则的话，只是一时得逞，最终将败坏自身乃至饭店的声誉。

（资料来源：http://wenku.baidu.com/view/ce65683710661ed9ad51f348.html）

实例 2

梁先生请一位英国客户到上海某高级宾馆的中餐厅吃饭。一行人围着餐桌坐好后，服务人员走过来请他们点菜。

"先生，请问您喝什么饮料？"服务人员用英语首先问坐在主宾位置上的英国人。

"我要德国黑啤酒。"外宾答道。接着，服务人员又依次问了其他人需要的酒水，最后用英语问坐在主位的衣装简朴的梁先生。梁先生看了她一眼，没有理会。服务人员忙用英语问坐在梁先生旁边的外宾，点什么菜。外宾却示意请梁先生点菜。

"先生，请您点菜。"这次服务人员改用中文讲话，并递过菜单。

"你好像不懂规矩，请把你们的经理叫来。"梁先生并不接菜单。

服务人员感到苗头不对，忙向梁先生道歉，但无济于事，最终还是把餐厅经理请来了。

梁先生对经理讲："第一，服务人员没有征求主人的意见就让其他人点酒、点菜；第二，她看不起中国人；第三，她影响了我请客的情绪。因此，我要换地方。"说着给了餐厅经理名片。

经理一看名片才知道他是北京一家大型合资公司的总经理，该公司的上海分公司经常在本宾馆宴请外商。

"原来是梁总，实在抱歉。我们对您提出的意见完全接受，一定会加强对服务人员的培训。请您还是留下来让我们尽一次地主之谊吧。"经理微笑着连连道歉。

"你们要让那位服务小姐向梁老板道歉。他是我认识的中国人中，自尊心和原则性很强的一位，值得尊重。"英国人用流利的中文向经理说道。原来他是一个中国通。

在餐厅经理和服务人员的再三道歉下，梁先生等人终于坐了下来。餐厅经理亲自拿来好酒以尽"地主之谊"，气氛终于缓和了下来。

处理技巧 点菜服务应按规格和程序进行。服务人员要先问主位上的主人是否可以开始点菜，是否先点酒水，主人需要什么酒水，或由主人代问其他人需要的酒水，不要在未征得主人同意前就私自请他人点酒。

星级饭店餐厅的服务人员在为客人点菜时，对客人一定要一视同仁。本案例中，服务人员没有重视坐在主位上衣装简朴的梁先生，却先问客座上西装革履的英国人，这大大刺伤了梁先生的自尊心，无怪乎他认为服务人员"看不起中国人"。

点菜服务应该根据不同的服务对象采取不同的服务方式。主位上明明坐的是中国人，却要用英语询问，这是很不礼貌的。尽管高星级饭店接待的外宾很多，但服务人员一定要学会怎样更好地为本国客人服务。

（资料来源：http://www.doc88.com/p－584672168907.html）

【任务演练】

任务设计1：假设你是餐厅的一名服务人员，某日有几位女士来餐厅，她们之前没有来过来本店用餐，对菜品也不了解，你将如何为客人提供点菜服务？

任务设计2：假设你是餐厅的一名服务人员，某天晚上有一位本市闻名的企业家来到餐厅，目的是宴请他的客户，你将如何为客人提供点菜服务？

【任务考核】

学生分小组练习，小组内部互评，也可在小组间互评。教师抽取三组，按照岗位要求进行表演，教师进行点评，考核参考标准如表10.1所示。

表10.1　考核参考标准

考核内容	得分标准	分值（满分10分）	得分
服务礼仪	主动、积极、热情、亲切	2分	
表达能力	普通话标准、表达清晰、流利	2分	
操作程序	程序合理、规范	3分	
处理技巧	方法妥当、技能熟练	3分	

任务二　上菜与分菜

【任务目标】

通过完成本任务，使学生了解餐厅服务人员需具备的上菜和分菜的基本技巧，熟悉上菜和分菜的方式和规程。

【任务导入】

某三星级宾馆餐厅大包房里，围坐着一家十几口人，从桌上的大红寿字蛋糕和老老小小的客人可知，这是一次庆祝寿辰的家庭宴会。服务人员规范地为客人进行了服务，每道菜送上时，服务人员照例旋转转盘上的菜品，报菜名，然后便是分菜、换餐盘、斟酒水。只看见餐桌上的菜盘一个一个都被服务人员撤了下来，台面十分整洁，服务真可谓是周到细致。宴会结束后，餐饮部经理征询客人意见，客人说菜烧得不错，口味很好，但仍有不满意的地方。为什么呢？原来此宴会属于一般宴会，这就需要热闹的宴会气氛，因此，不需要每道菜都进行分菜，撤换菜盘，否则会影响客人的就餐氛围。此案例说明服务人员运用分菜操作技能服务时应注意灵活运用，并不是所有的菜都要进行分让。

任务：试分析服务人员什么时候需要分菜？

【任务链接】

中国地方菜系很多,宴会的种类也很多,如燕翅席、海参席、全鸭席、全羊席、全素席、满汉全席等。宴会席面不同、地方菜系不同,其菜肴设计安排上也就不同,在上菜程序上也不可能完全相同。例如,全鸭席的主菜是北京烤鸭,但上菜时不能当做头菜上,而是先上一些用鸭内脏和其他部位烹制出的特色菜肴,最后才上烤鸭,人们称其为"千呼万唤始出来"。又如上点心的时间,各地方习惯不同,有的是在宴会中穿插上,有的是在宴会即将结束时上,有的是咸甜点心一起上,也有的是分别上,这要根据宴席的类型、特点和需要,因人、因时、因事而定,不能都一样,但是又要按照中餐宴会相对固定的上菜程序来进行。

一、上菜

1. 上菜的程序和规则

(1) 上菜程序。一般中餐宴会上菜的程序是:第一道是凉菜或冷盘(约8分钟后),第二道是开胃汤(分汤后,换盘与碗等),第三道是头菜(一般为宴会的代表性菜点),第四道菜为主菜(较贵的名菜),第五道是一般热菜(数量较多,又可以细分为先熘、爆、炒菜,后烧、烤菜,再素菜,最后鱼。一般台面上的菜不要超过六个,除非客人要求把菜留在桌上,但是菜不能堆放。一个菜放台面的中间——分菜和转盘除外,两个菜相对而放,三个菜呈三角形,四个菜呈正方形,五个菜呈五角星形等),第六道是汤菜,第七道是甜菜(随上点心),最后在主食之后上水果。

(2) 上菜规则。中餐宴会上菜的基本规则是:先冷后热、先菜后点、先咸后甜、先炒后烧、先荤后素、先干后汤、先清淡后肥厚、先优质后一般以及遵循一般的风俗习惯。如客人对上菜有特殊要求,应灵活掌握。一般情况是边上菜边报菜名,或后退一步远离餐桌后报菜名,回答客人提出的问题。上不同大类的菜肴之间,要更换骨碟、汤碗等餐具、配料碟,递送小毛巾和洗手盅、牙签等物品。

(3) 上菜的方式。上菜的方式主要有三种:一种是将大盘的菜上到桌上,由客人自取或互相敬让;另一种是服务人员逐一往客人的食盘中分让(大盘分菜);再一种是主宾席的上菜,用碗或小盖碗盛装,在每位客人的桌面前上一份(称为单吃)。一个宴会采取何种方式上菜,可根据宴会的规格,出席的人数,主办单位的要求来确定。不同的菜式和菜品有不同的要求,视具体要求而定。

2. 上菜的时机和速度

(1) 上菜的时机。为了保证菜点的质量(火候、色泽、温度等),使客人吃得可口满意,服务人员要能够恰到好处地掌握上菜的时机和速度。菜上得慢了,会造成菜点冷得快,如果菜上得过快,会使客人吃不好。要做到恰到好处,必须了解宴会是否有讲话或祝酒,如果讲话,在什么时候讲(我国的习惯一般是入座后讲话),有几位讲话,有无讲话稿,大致需要多长时间等,这方面的情况可在宴会开始前向主办单位的工作人员了解清楚。如果宴会前尚不能确定,可在宴会开始后请主办单位的工作人员直接向主宾和主人征询后予以转告。有的宴会由于种种原因不能确定讲话的情况,就需要服务人员注意观察,灵活掌握。有时宴前告之席间不做正式讲话,而在宴会进行中间临时发表讲话,在这时如果厨房的菜点正在制作,应立即通知师傅暂缓制作。如果菜点已经烹调出来,要采取临时措施加以保温。

在宴席进行中，要及时与厨房互通情况，将宴会讲话的情况和席间用餐的速度通知厨房，以便掌握做菜进度。服务人员要熟悉各种菜点的火候要求和烹调大致所需要的时间，做到心中有数，适时上菜。如果上去的菜客人还未食用或食用较慢，要通知厨房暂缓做下一道菜；如果客人食用较快，就要通知厨房快出菜。凡两桌以上的宴会，上菜都要统一，不可各行其是，小型宴会上菜视主宾席的情况而行动，大型宴会可在厅内装上指示灯，以黄灯信号为更换食盘准备上菜，以绿灯信号为开始上菜，以红灯信号为停止上菜。

（2）上菜的速度。如无特殊情况，多半视客人进餐情况决定上菜速度，上菜速度不宜过快或过慢，太快了服务人员来不及分派，客人也来不及品味，太慢了显得台面菜点不丰盛，或出现客人空等的现象。因此，应掌握好上菜的速度，一般来说，宴会上菜应控制在10～15分钟之间上一道菜或点心。

3. 上菜位置

服务人员在为客人上菜时，应选择正确位置。中餐宴会上菜一般选在陪同和次要客人之间，或者副主人的右侧（有利于副主人向客人介绍菜肴），并始终保持在一个位置上。中餐零点上菜，一般选择在比较宽敞的位置进行。切忌在老人和儿童、女士旁边上菜。

4. 上菜动作

（1）上菜前的准备工作。要先看一下点菜单，记下菜点的名称和用餐特点，以便回答客人可能提出的疑问；撤下前一道菜的餐盘，并根据将要上的菜点品种，换上适当餐具（上一般的菜换上餐盘，上汤汁或不便用筷子夹起的菜则应上小碟并配小勺）。如果上需要用手直接拿取的菜点，如烤鸭、手抓羊肉、烤全羊等，要先上毛巾供客人擦手。

服务人员将菜肴放在托盘内端至桌前，左手托托盘，右腿在前，插站在两位客人的座椅间，左腿在后，侧身用右手上菜，把菜品送到转台上，报菜品名称，然后按顺时针方向旋转一圈，等客人观赏完菜品后，转至主宾面前，让其品尝。上下一道菜品时，将前一道菜移到其他位置，将新菜放在主宾面前，残菜应随时撤下，但不要撤得太多，菜盘应及时调整，注意盘与盘之间的距离，保持桌面整洁、美观。

（2）上大盘菜的操作方法。上菜前，先将上一道菜移至副主人的一边，席间桌上有三道菜（热菜为宜）在桌面略偏主人一侧，留出足以放下菜盘的位置。当菜点送到工作台后，先用右手拿上两套大菜叉勺，然后用左手端起菜盘（手指不要触到菜点），从陪同人员之间的位置，将右腿伸入两把椅子之间的空当，上身略向前倾，端出菜盘，稳妥地放到桌面。然后把两套叉、勺（勺在上、叉在下）分别反扣搭在位于正副主人右手一侧的大菜盘的边上。在上大盘菜时，应注意的事项：① 要把菜盘端平端稳，汤汁多的菜，不要让汤汁荡出滴洒到客人身上、桌面或地面上，如果不慎将汤汁洒在客人的身上要表示歉意，并用干净毛巾为其擦拭干净（如是异性客人，服务人员不应动手去助擦）。② 把菜点端至准备上菜的方位后，一定不要匆忙上菜，要使坐席上的客人意识到服务人员要从这个位置上菜后再端上，不然这时客人做动作或与邻座说话，就有可能将菜盘碰翻。③ 在往桌上上菜时，胳膊伸出或收回要小心，不要使胳膊肘碰着客人或使袖口擦到菜点上或挂倒桌面的东西。

（3）上火候菜时，服务人员一定要动作迅速，免得耽误时间，使菜肴失去火候菜的特色，还应及时向客人介绍，请客人及时品尝，以不失菜肴的焦、酥、脆、嫩的特色。

（4）上汤菜时，端汤菜不要用抹布垫托，要用垫盘；端汤菜时，手指不能浸入汤内；汤中若有油末或葱花时，应用羹匙撇出，切勿用嘴吹除。

(5) 带骨、带壳菜肴服务程序：上刀叉⟶上菜肴⟶上洗手盅⟶上小毛巾、茶水⟶撤餐具。

(6) 主宾席上菜的操作方法。规格较高的宴会，主宾席上一般都采用单吃的方法上菜。上菜的基本方法是：从客人右手一侧撤下前一道菜的餐盘，然后用托盘端上相应数量的菜点，在客人的右手一侧，将右腿伸入两把椅子之间的空当，用右手端起菜盘，轻稳地放在客人面前。上菜的过程中，端托盘的左手要向外伸出，并注意保持身体平衡。中餐散座上菜与宴会上菜基本相同。

5. 上菜服务规范及安全要求

(1) 总体要求：桌上的菜品应按格局摆放好。要讲究造型艺术，尊重主宾，注意礼貌，方便食用。

(2) 上菜规范摆放的具体要求：主菜肴的看面应正对主位，其他菜肴的看面要朝向四周。菜肴的看面，就是适宜观赏的一面，如整形有头的菜，像冷拼中的孔雀开屏、喜鹊登梅等，其头部为看面；而头部被隐藏的菜肴，如烤鸭、八宝鸡等，其饱满的身子为看面；盅类菜其容器花纹最精致的部分为看面；一般菜肴，其刀工精细、色泽好看的部分为看面。

各种菜肴摆放时要讲究造型艺术，应根据菜品原材料的颜色、形状、口味、荤素、盛器、造型对称摆放。原则是讲究造型、颜色搭配。

如一桌有几批客人，各自的菜肴摆放要相对集中，相互之间要有一定的距离，上菜时应核实菜单，以免发生差错。如果有的热菜使用的是长盘，其盘子要横向朝着客人。

上热菜中的整鸡、整鸭、整鱼时，中国传统的习惯是“鸡不献头，鸭不献掌，鱼不献脊”；上鸡、鸭、鱼菜时，头不可朝向主人，而应该朝向主宾；鱼腹可向主人，鱼眼朝向主宾，鱼尾应朝向第二主人与第三或第四客人(如果是转台，服务人员应该把鱼的部位转到位)。新上的菜摆在转台边缘，然后把转台按顺时针方向旋转一圈，让每位客人观赏菜的造型，最后在主宾面前停下，再后退一步(清洁卫生的需要)报菜名，让主宾先尝。若没有转台，则应把菜肴放在餐桌中心稍靠主人位的一侧，把菜肴的观赏面正对主人席位。如是高档菜，则应先摆在主宾位置上，以示尊重，也便于主人为客人分让。每上一道新菜时，都需将前一道菜移至旁边，将新菜放在主宾面前。

(3) 安全要求。服务人员在席间服务中，要保证操作安全。在上各种菜肴时，应做到端平走稳，轻拿，轻放。上菜忌讳“推”和“堆”，并应注意盘底、盘边要干净。上带汤汁的菜肴应双手送至餐桌上，以免洒在客人身上。

二、分菜

无论在中餐厅还是西餐厅，服务人员的工作之一就是分菜服务。分菜服务既体现着餐厅服务人员的工作态度，又反映出餐厅的服务水平。分菜分为中餐分菜和西餐分菜，我们主要掌握中餐分菜。

中餐分菜历史悠久，早在古代帝王饮宴时就已出现了。当时，每位进餐者席地而坐，一人一桌，食品一人一份。中餐分菜由此产生，并随着人们饮宴形式的变化而发展。

1. 分菜前的准备工作

菜品端上餐台之前，值台的服务人员要准备好分菜所用的各种餐具及用具。

分菜餐具的准备。分炒菜前，应准备分菜所需相应数量的骨碟；分汤菜前，应准备分汤菜所需相应数量的汤碗与长把汤匙;分蟹类菜肴时,应按相应的人数准备好味碟与蟹钳等。

分菜工具的准备。分菜服务前,应将分菜所需的工具、用具准备齐全,如分菜所需的餐刀、餐叉、餐勺、筷子、汤匙及垫盘、布巾等。

当传菜员将菜由厨房送至前台后,看台服务人员在分菜服务前,应将菜肴端至客人面前(或放在餐台上或端托在手上)向客人展示。展示的同时,要向客人介绍菜肴的特点、烹调方法等有关内容。客人观赏后,方可进行分菜服务。展示菜肴时,服务人员应将菜肴的主看面朝向客人,利用转台的旋转,按顺时针方向徐徐转动餐台一周后,再将菜肴分让给客人。如端托展示时,应用左手端托,右手扶托,将菜托至与餐台平行的高度;服务人员站立的位置应是第一主宾或第一主人视线的最佳位置,同时又要照顾到其他客人的观赏,如可选在第一主人或第一客人斜对面进行菜肴展示。分菜前用礼貌用语"请稍等,我来分一下这道菜"招呼客人,然后再进行分派。

2. 分菜用具的使用

分菜用具一般的配用原则:分鱼、禽类菜肴时,用餐刀、餐叉、餐勺相互配合;分炒菜时应使用餐叉、餐勺,也可使用筷子与长把汤匙配合;分汤菜时,应使用长把汤匙。

餐叉、餐勺的用法:在分菜肴时,服务人员用右手握住餐勺、餐叉的柄部,勺心向上,餐叉的底部向勺心,主要依靠右手五个手指的配合来控制,餐勺的勺柄应置于右手的中指与小拇指之上、无名指之下,餐叉柄应置于食指与无名指之上、大拇指之下。当五个手指分别将餐叉、餐勺固定住后,就能在分菜服务时操作自如,既能将菜分好,同时又可将菜汁用勺盛取一同分送。利用长把汤匙分汤菜时,如汤中有菜,则需用筷子一同配合操作。

图 10.1　各种刀叉

3. 分菜的顺序

分菜的顺序应是:先分送给主宾、副主宾、主人,然后按顺时针方向依次分送。

4. 分菜的方式

分菜有三种方法,即餐台分菜、分菜台分菜和厨房分菜。前两种分菜是在客人面前,服务人员现场操作分菜服务，其分菜技术要较高。

（1）餐台分菜。分让式餐台分菜：分菜服务时，服务人员左手垫上餐巾布，将菜盘托起，右手拿分菜用的餐叉、餐勺进行分让。分让式餐台分菜注意事项如下：

① 分菜服务时，服务人员站在客人左侧，站立要稳，身体不可斜靠于客人身上，服务人员脸部略斜与菜盘成一直线，腰部稍向前弯。

② 分菜服务时，呼吸要均匀，可以边分边向客人介绍菜点的名称、特色、风味、营养、典故等方面的内容，但要注意，讲话时头部不要距离客人太近，鼻口部位要避开菜点。

③ 分菜服务时，要掌握好分量，做到分让均等，特别是主菜，必须分得和相邻客人基本一样，最先分得的和最后分得的基本一样。并注意，菜肴的优质部位应分配给主宾和主人，但不要有太明显的差异。

④ 分菜服务时要做到一勺准或一叉准，决不可将一勺或叉菜同时分给两位客人，更不可当着客人的面从分得多的盘碗中匀给分得少的，这样是很不礼貌的，同时要注意菜的色彩要搭配均匀。

⑤ 分每道菜时，第一次分完后，盘中宜余下(1/10)～(1/5)的菜肴，可换放于一小盘中，以示菜肴的宽裕及方便想再添用的客人，并为第二次分让做好准备。

两人合作餐台分菜：指分菜服务时由两名服务人员配合操作，即一名服务人员负责分菜，另一名服务人员负责为客人递送分好的菜肴食品。这种分菜服务时，一名服务人员站在陪同人员的右后侧，右手持餐叉、餐勺盛取菜肴，左手持长把勺接挡下方，以防菜汁滴落在台面上；另一名服务人员站在客人的左侧，把餐碟递给分菜的服务人员，待菜肴分好后，将餐碟放回客人面前。

（2）分菜台分菜。首先在分菜台上准备好干净的餐盘，备好叉、勺等分菜工具。当菜肴从厨房递送到前台后，服务人员应先将菜放在餐台上进行展示，介绍菜名、特色，然后再将菜取下放到分菜台上进行分菜操作。分菜时要求快速、均匀。待菜分好后，将装菜碟放在托盘内，平托至客人的左侧递送到客人面前。其分送顺序与餐台分菜顺序相同。

分菜服务时应注意：不可拖带菜汁，或将菜汁滴落在桌面上或溅洒在客人的衣物上。分让菜在宴会服务中是一项带有技术性的重要工作，要想熟练地掌握它，就必须对各种菜肴的烹制方法，菜肴成熟后的质地、特点（是整形的还是块状的，是多汁的还是无汁的）等有充分的了解，才能在客人面前操作动作娴熟自如。

（3）分菜的一般注意事项。服务人员分菜时要注意手法卫生、动作利索、分量均匀；服务人员在保证分菜质量的前提下，以最快的速度完成分菜工作；一叉一勺要干净利索，切不可在分完最后一位时，菜已冰凉；带佐料的菜，分菜时要跟着上佐料，并略加说明。

三、分鱼

分鱼服务，是服务人员应掌握的服务技巧之一。服务人员要想做好分鱼服务，首先应掌握所分鱼的品种及其烹调方法，根据其不同的食用方法进行不同的分割装碟。

1. 分鱼用具

常用的分鱼用具有鱼刀、鱼叉、鱼勺（如图 10.2 所示）。分鱼配用的餐具应根据鱼的烹调方法而定，如分糖醋整鱼时，因其焦酥，可带鱼骨分用，故而应配用鱼叉、鱼勺；分干烧整鱼、红烧整鱼、清蒸整鱼时，要将鱼骨、鱼肉分离，故而应配用鱼刀剔出鱼骨刺及切割鱼肉，配以鱼叉、鱼勺用于分鱼装碟。

2. 分鱼要求

分鱼操作前，应先备好餐碟、刀、叉、勺，并将要拆分的整形鱼向客人进行展示。展示的方法有两种，一种为端托式展示，即服务人员用托盘将放有鱼的盘子托至客人面前，向客人介绍菜肴，在介绍的过程中向客人进行菜肴的展示；另一种为桌展，即将烹制好的鱼放在餐台上，然后服务人员向客人介绍菜肴，在介绍的过程中，让客人观察到鱼的形状。待服务人员向客人将鱼展示完毕后，方可进行分鱼服务。

3. 分鱼的方法

分整形鱼大体有两种方法，一种是在转台上分，即服务人员向客人展示完后，将鱼转至服务人员处，使鱼头朝右、尾朝左，鱼腹朝向桌边，当着客人的面，将鱼进行拆分。另一种是服务人员向客人展示完鱼后，将鱼拿到工作台或配餐室进行分鱼。

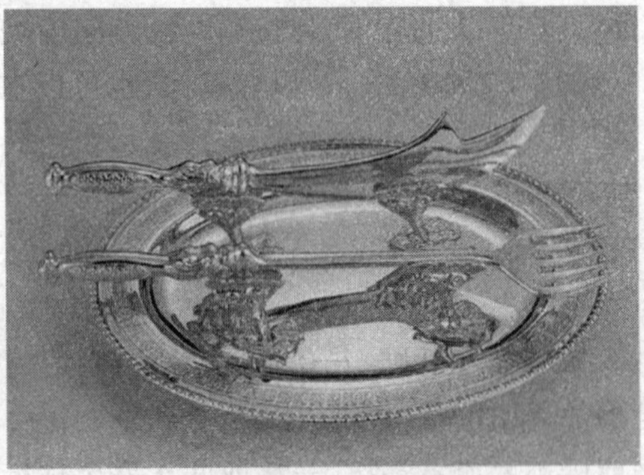

图 10.2　分鱼工具

4. 分鱼注意事项

分鱼服务时，要求鱼刀、叉、勺使用手法得当，不得在操作中发出声响；做到汤汁不滴不洒，保持盛器四周清洁卫生；动作要干净利落；鱼骨剔出后头尾相连、完整不断，鱼肉去骨后完整美观；分鱼装碟时要均匀、准确。

四、其他菜肴的分菜法

(1) 鸡、鸭等整形类菜肴。要先用刀叉剔去骨头；分让时，要按鸡、鸭类菜肴的自身结构来分割及分派，要保持其形状完整和均匀。先用公筷压住身子，用公用餐具将腿肉和脯肉切扒成若干均匀的块状，再按宾主次序分派。头、翅、尾、颈、爪不分，留在盘上，随客人自行取用。

(2) 肘子。用公筷压住肘子，用公用餐具将肘子切成若干块，再按宾主次序分派；每位客人碗或餐盘中的菜不宜过多，特别是女性；给不同的客人尽量分的分量一样，以示一视同仁；盘中应该留下一部分菜，以备客人添加，也显示菜品分量充足。

(3) 蛋饼制品。用公筷压住蛋饼，用餐刀或公勺将蛋饼分成若干份，再按宾主次序分派。

(4) 冬瓜盅。冬瓜盅是夏令名菜，带皮的炖品。由于瓜身高，一般要做两次分派。第一次用公勺将上段冬瓜肉和盅内配料汤汁均匀分派给客人；第二次先用餐叉叉住瓜皮，后用餐刀从上向下切，再横削去皮(由于分让后的瓜皮很薄，容易破裂，所以必须横切去上部瓜皮后再进行第二次分让)，一般分四刀切削完。

(5) 拔丝甜菜。分派时用公筷将甜菜夹起，放在凉开水里浸一下。再夹到客人盘碗里。

分的动作要快，即上即拔，即浸即食，可以保证菜品的质量。

（6）卷食菜肴。一般情况是由客人自己取拿卷食。如老人或儿童多，则需要分菜服务。方法是服务人员将吃碟摆放于菜肴的周围；放好铺卷的外层，然后逐一将被卷物放于铺卷的外层上；最后逐一卷上送到每位客人面前。

五、分汤

分汤的工具有大汤勺、筷子、餐刀、餐叉等。分汤的方法：

（1）当汤与原料有明显区分时，先将盛器内的汤分进碗内，然后再将汤中的原料均匀地分入碗中；或者反过来先将盛器里原料均匀地分到汤碗中，再将汤分到汤碗中。两种方法各有所长，视不同的汤类而定。

（2）汤与原料没有明显区分时，一次性将汤分到汤碗即可。

（3）从主宾位开始分汤，站在客人的左侧，再按顺时针方向依次为客人分让。

（4）如果原料为整体的，如整鸡、整鸭等，可以在餐桌，也可以在服务台，先将其分割好，再进行分汤。

（5）一般分盛至汤碗的八分处。

六、分菜、分汤的注意事项

（1）分菜时掌握好分量，做到均匀准确，并在餐盘中留有稍许的菜肴。

（2）注意敬重主宾，把菜品优质的部分分给主宾。

（3）一般的汤碗、菜碗或碟不要添置多次，一次或两次盛至标准的量，一般为七八分满；不能将一勺汤分给两位客人。

（4）分菜、分汤时，不要碰撞出响声，不洒、不溢、不溅、不淋、不刮、不磕、不倒，不粘手、不探头、不近身、不压迫靠近客人、不打喷嚏、不说话、不深呼吸，不烦、不急、不慢、不抖、不中断、不走神。

【任务实例】

实例1

某个冬天的傍晚，常客孙先生在所住饭店的餐厅宴请他的几位大学同学。因多年不见，他们忙着说话，没留意到上桌的基围虾并非他们所点，是由于传菜员的失误，将别的客人点的菜错上到孙先生的餐桌上。直到就餐完毕结账时，孙先生才发现账单上多了基围虾的钱。孙先生十分气愤，认为是饭店有意将因自身失误造成的损失转嫁到他的头上，于是，他来到大堂，找到大堂副理投诉，要求饭店给他一个说法，否则他将考虑退房去其他饭店。

请问，在这种情况下，大堂副理应该如何处理？

处理技巧 餐厅里经常会发生类似本案例中所描述的事件，这说明餐厅服务人员对传菜服务的工作标准执行不力。在餐厅的传菜过程中，传菜服务人员应仔细检查厨房制作的菜肴是否与客人的点菜单相符，并应认真核对桌号，以防传菜出错。另一方面，餐厅值台服务人员在菜肴上桌之前也应该仔细检查，以免有菜肴上错桌的情况发生。

作为大堂副理此时首先应该向客人道歉，并明确表示会给孙先生一个说法；其次，应立即与餐厅经理联系，并一起到孙先生的房间再次道歉，退回多收的钱，并可以酌情给予他下次餐饮消费的优惠。

本案例的教训是:各个饭店应严格按照标准为客人提供服务,不管多么繁忙,都应该把握服务标准,提高服务质量,以使饭店在所有客人面前树立高标准服务的良好形象。

实例 2

一次庆祝寿辰的家庭宴会中,白发苍苍的八旬老翁朝南而坐,众人不断站起对老寿星说些祝贺之类的吉利话。

一道又一道精心烹制的菜肴送上桌面,客人们对今天的菜显然感到非常满意。寿星的阵阵笑声为宴席增添了欢乐,融洽和睦的气氛又感染了整个餐厅。

又是一道别具一格的点心送到了大桌子的正中央,客人们异口同声喊出"好"来。整个大盆连同点心拼装成象征长寿的仙桃,引起邻桌客人伸颈远眺。不一会儿,盆子见底。客人还是团团坐着,笑声、祝酒声,汇在一起。可是不知怎地,上了这道点心之后,再也不见端菜上来。闹声过后便是一阵沉寂,客人开始面面相觑,热火朝天的生日宴会慢慢冷却了。众人怕老人不悦,便开始东拉西扯,分开他的注意力。

一刻钟过去,仍不见服务人员上菜。一位看上去是老翁儿子的人终于按捺不住,站起来朝服务台走去。接待他的是餐厅的领班。他听完客人的询问之后很惊讶:"你们的菜不是已经上完了吗?"

中年人把这一消息告诉大家,众人都感到扫兴。在一片沉闷中,客人怏怏离席而去了。

处理技巧　客人逢有寿辰、结婚之类的喜宴,酒店应尽量在环境布置、气氛烘托上大做文章。本案例中八旬老翁的生日宴请开始很成功,但是由于酒店最后一步棋没下好而功亏一篑,这顿宴席给客人留下的印象无疑是不妙的。

本案例的症结在于上最后一道菜时服务人员少说了一句话,致使整个宴席归于失败。

服务人员通常在上菜时要报菜名,如是最后一道菜,还应向客人说明,最好再加上一句:"你们点的菜都上了,还需要添些什么吗?"这样做,既可以避免发生客人等菜的尴尬局面,又是一次促销行为,争取机会为酒店多做生意。

酒店的服务工作中,有许多细枝末节的琐碎事情,然而正是这些事影响了酒店的服务质量。在整个服务中需要服务人员做到细致和周到,容不得哪个环节上出现闪失。为确保酒店的优质服务,酒店各部门、各岗位都必须竭尽全力演好本人的"角色",哪怕只有一句很简短的"台词",或仅有一个很不起眼的动作,都容不得丝毫马虎。

客人离开酒店时的总印象是由在酒店逗留期间各个细小印象构成的。与体育运动中的接力赛不一样,一个人稍差些,其他的人可以设法弥补。在酒店里任何岗位都不允许发生疏漏,一旦出现差错,别人是很难弥补的。因此,酒店里的每个人必须牢牢把好自身的质量关。本案例中,由于一名服务人员缺了一句不应少讲的话,终使酒店众多员工的服务归于无效,这又一次证明了酒店业的"100－1＝0"这一公式。

(资料来源:http://www.doc88.com/p－331430117829.html)

【任务演练】

任务设计 1:假设你是餐厅的一名服务人员,某日有一个高档宴会在你所在的餐厅举行,请演练中餐上菜服务。

任务设计 2:假设你是餐厅的一名服务人员,某日有一个高档宴会在你所在的餐厅举行,请演练中餐分菜服务。

【任务考核】

学生分小组练习,小组内部互评,也可在小组间互评。教师抽取三组,要求按照岗位要求进行表演，教师进行点评，考核参考标准如表 10.2 所示。

表 10.2 考核参考标准

考核内容	得分标准	分值(满分 10 分)	得分
服务礼仪	主动、积极、热情、亲切	2 分	
表达能力	普通话标准、表达清晰、流利	2 分	
操作程序	程序合理、规范	3 分	
处理技巧	方法妥当、技能熟练	3 分	

项目十一

酒 水 服 务

项目目标

了解开瓶前的准备工作、开瓶时的注意事项；掌握斟酒的主要步骤及注意事项。

本项目包含两个任务：开瓶；斟酒。

任务一　开　　瓶

【任务目标】

通过完成本任务，使学生掌握开瓶时的注意事项和各种酒水的开启方法。

【任务导入】

王先生大学毕业两年后参加了同宿舍同学的聚会。同学相见心情都很激动，在用餐时一下要了两箱啤酒。服务人员小吴把酒水搬来后没有征求客人的意见，直接开了一箱中所有酒水，看客人用完后仍意犹未尽，又想到自己多开瓶还可以得到酒店的开瓶费奖励，于是把第二箱的酒水也全打开了。王先生看后尽管觉得服务人员做得不当但也没有说什么，因为觉得第二箱酒也是能够喝完的，等大家酒足饭饱之时，王先生不经意间地拿起酒瓶一看，竟然发现该酒水的保质期就在当天……

（案例来源：http://www.docin.com/p—402508647.html）

任务：服务人员小吴在酒水服务中哪些地方做得不当？

【任务链接】

一、开瓶前的准备工作

1. 清除浮尘、检查酒质

凡是从酒窖、酒柜中取出的酒瓶，必须认真清除外面的积尘，直至将酒瓶外部擦拭干净，再检查瓶内是否有杂物，酒水是否过期等。

2. 向客人示酒

开瓶前，应向客人示酒，告知客人所点酒水的品牌、度数、斤两。根据不同的酒水服务标准用不同工具和方式为客人示酒(托盘或酒篮)。

当用托盘示酒时，用左手托盘，标签朝向左前方，走到主人的右侧，右脚在前离客人半步远，欠身30度，礼貌地说："对不起打扰一下，这是您点的××酒，可以为您打开吗?"普通宴席也可站到上菜位置为客人示酒。

当用酒篮示酒时，用左手托篮底，右手扶着瓶颈和酒篮上部，使其倾斜6度角，走到主人的右侧，右脚在前，离客半步，欠身30度，礼貌地说："您好！这是××酒，可以为您打开吗?"

示酒的作用：

(1) 表示对客人的尊重；

(2) 可核实一下有无差错；

(3) 证明商品可靠性。

二、开瓶后冷/热处理

经客人认可后，根据瓶盖或瓶塞选用酒钻或酒启等相应的工具开启瓶盖，然后根据不同酒水的不同服务标准，调节酒温。

1. 升温处理(45～60 ℃)

如中国黄酒、日本Sake(清酒)等需要加温，这样喝起来口感更好。

常用升温方法有：

(1) 水烫，将酒倒入容器，放进热水中加热；

(2) 冲泡，指将热的酒或饮料倒入冷的酒液或饮料中；

(3) 火烤，先将酒液倒入耐热器皿中，再将器皿连同酒液一起在火上烤热的方法；

(4) 燃烧，先将酒液(烈性酒)倒入酒杯中再用火柴或打火机点燃的方法。

2. 降温处理

许多酒水的最佳饮用温度低于室温。如啤酒最佳饮用温度：4～8 ℃；白葡萄酒的最佳饮用温度：8～12 ℃；香槟酒和有气葡萄酒最佳饮用温度：4～8 ℃。

可用擦瓶、冰箱冷藏、溜杯等方法对酒进行降温。

三、开瓶的注意事项

1. 罐装酒水

打开罐装酒水，首先应将酒罐的表面冲洗干净，擦干，左手固定酒水罐，用右手拉酒水罐上面的易拉环，从而打开封口。

注意：开启带气酒水或易拉罐时，不要对着客人，避免液体喷溅到客人身上。

2. 瓶装啤酒和饮料

首先将酒水瓶擦干净，将啤酒瓶或饮料瓶放在桌子的平面上，左手固定酒水瓶，右手持开瓶起子，轻轻地将瓶盖打开。开瓶后封皮、塞子、盖子等杂物，可放在小盘子里，操作完毕一起带走。

3. 葡萄酒

当客人点整瓶葡萄酒后，先将葡萄酒瓶擦干净。用干净的餐巾包住酒瓶，商标朝外，拿到客人的面前。让客人鉴定酒的标签，经过客人认定酒的名称、出产地、葡萄品种及级别等符合自己所点的品种与质量后，再在客人面前打开葡萄酒。用小刀将酒瓶口的封口上部割掉，然后用干净的餐巾把瓶口擦干净。用酒钻从木塞的中间钻入，转动酒钻上面的把手，随着酒钻深入木塞，酒钻两边的杠杆会往上扬起，待酒钻刚刚钻透木塞时，两手各持一个杠杆同时往下压，木塞便会慢慢地从瓶中升起（常用红酒开瓶器如 11.1 所示）。将葡萄酒的木塞递给主人，请主人通过嗅觉鉴定该酒（该程序用于较高级别的葡萄酒），再用餐巾把刚开启的瓶口擦干净。斟倒少许酒给主人品尝，注意手握酒瓶时，不要覆盖标签。待客人品尝后，从女士开始斟酒。

4. 香槟酒和葡萄汽酒

当客人点了香槟酒和葡萄汽酒时，首先将瓶子擦干净，然后放入冰桶中，连冰桶一起运送到主人右边合适的地方。将香槟酒从桶内取出，用餐巾将瓶子擦干，用餐巾包住瓶子，商标朝外，请主人鉴定。

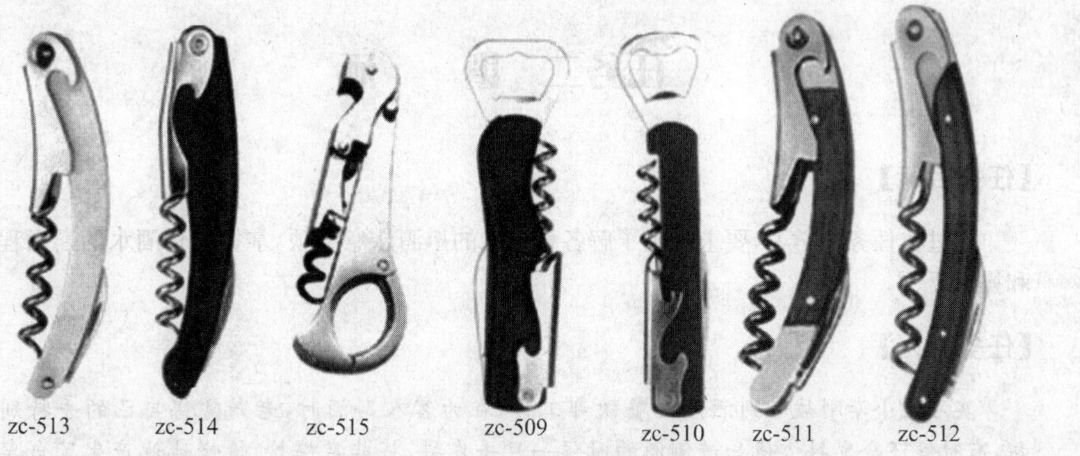

图 11.1　常用红酒开瓶器

打开一瓶香槟酒或是汽酒最主要的是不要让酒液喷洒得到处都是。下面介绍开香槟的详细步骤。

(1) 每瓶香槟或是汽酒都有锡箔包住瓶口。据说这些锡箔包装以前是为了防止老鼠嚼吃橡木塞,饮用时需要把它去掉。

(2) 注意不要让木塞到处乱飞,以免伤到人。开瓶时大拇指先按好木塞,将瓶口朝向无人的方向后再开瓶。找出铁圈呈圆形的部分,此处为开口。拨开瓶口锡箔包装,松开铁圈圆形口。这个铁圈的作用是避免木塞弹出。

(3) 用一只手的食指和大拇指按住木塞,另一只手握住酒瓶并旋转,酒瓶内气压会将木塞慢慢往上推。为防止木塞到处乱飞,需要包一条餐巾。

(4) 转动瓶子,不是转动木塞,慢慢地让木塞前段稍稍倾斜,将二氧化碳放出,之后就可以没有巨响地打开瓶塞。

【任务演练】

任务设计1:葡萄酒的开瓶程序及技巧。

任务设计2:白酒的开瓶程序及技巧。

任务设计3:啤酒的开瓶程序及技巧。

【任务考核】

学生分小组练习,小组内部互评,也可以在小组间互评。教师抽取三组,按照操作标准进行表演,教师进行点评,考核参考标准如表11.1所示。

表11.1 考核参考标准

考核内容	得分标准	分值(满分10分)	得分
开瓶姿势	正确、迅速、优美、规范	4分	
开瓶顺序	合理、规范	3分	
开瓶标准	掌握娴熟	3分	

任务二 斟 酒

【任务目标】

通过本任务的学习,要求学生了解各种酒水的斟酒注意事项,掌握各种酒水的斟酒程序和操作要领。

【任务导入】

实习生小李刚被分到酒店的餐饮部工作,在为客人斟酒时,老是觉得自己的手特别别扭,有时候还会发抖。他知道倒酒的时候一旦手发抖,将非常尴尬,慢慢地他产生了自卑心理,认为自己有点神经质。

任务:如何帮助小李解决困难?

【任务链接】

一、斟酒的服务程序和操作要领

1. 斟酒前的准备

斟酒前，用干净的餐巾将瓶口擦净。从冰桶里取出酒瓶，先用餐布擦拭干净，然后进行包垫。某些要保持较低温度的酒，也须用餐巾裹着酒瓶倒酒，以免手温使酒升温。

具体方法是：用一块 50 厘米×50 厘米的餐巾折叠六折成条状，将冰过的酒瓶底部放在条状餐巾的中间，将对等的两侧餐巾折上，手应握住酒瓶的包布，注意将酒瓶上的商标全部暴露在外，以便让客人确认。

斟一般酒水时，左手持一块折成小方形的餐巾，右手握瓶，即可进行斟酒服务。斟酒时用垫布及餐巾，都是为了防止冰镇后酒瓶外产生的水滴及斟酒后瓶口的酒液洒在客人身上。使用酒篮时，酒瓶的颈背下应衬垫一块大小适宜的餐巾，以防止斟酒时酒液滴漏。

2. 斟酒时机

宴会前的斟酒。如果客人点用白酒、红葡萄酒、啤酒时，在宴会开始前五分钟之内将红葡萄酒和白酒斟入每位客人杯中，斟好以上两种酒后就可请客人入座，待客人入座后再依次斟啤酒。如用冰镇的酒或加温的酒，则应在宴会开始后上第一道热菜前依次为客人斟至杯中。

宴会进行中的斟酒。宴会进行中的斟酒，应在客人干杯前后及时为客人添斟，每上一道新菜后要添斟，客人杯中酒液不足 1/3 时也要添斟。客人互相敬酒时要跟随敬酒客人及时添斟。

3. 斟酒顺序

倒酒时应先斟一些给主人品尝，主人表示满意后，再从主人的右方起依次给客人斟酒（女士、老人优先），倒酒时应让每位客人都能看到酒的标签。但是，由于宴会的规格、对象、风俗习惯不同，因此斟酒顺序也应灵活多样。服务亚洲地区客人时，如主宾是男士，则应先斟男主宾位，再斟女宾位，最后为主人斟酒，以表示主人对来宾的尊敬。如为欧美客人斟酒服务时，则应先斟女主宾位，再斟男主宾位，女主宾⟶女宾⟶女主人⟶男主宾⟶男宾⟶男主人。

中餐斟酒顺序：

（1）主宾开始，按顺时针方向进行；

（2）两名服务人员同时为一桌客人斟酒，则一个从主宾开始，另一个从副主宾开始，按席位绕台斟酒；

（3）当客人杯中酒液不足 1/3 时，应及时添斟。

4. 斟酒姿势

斟酒是餐厅、酒吧服务工作的重要内容之一。斟酒操作动作的正确、迅速、优美、规范，往往会给客人留下美好印象。

（1）服务人员斟酒时，应侧身站在客人右后侧，面向客人，左手托盘，右手握酒瓶的下半部。

（2）尽量使商标朝向客人，若徒手斟酒，左手应持一块干净的餐巾随时擦拭瓶口。

（3）斟酒时应先向客人打招呼，将托盘中的酒水饮料展示在客人眼前，并有礼貌地询问客人所用酒水饮料种类。

(4) 斟酒时,身体不要贴靠客人,注意距离适中,身体稍稍前倾,右脚伸入两椅之间,将右臂伸出进行斟酒;

(5) 斟酒时,瓶口不可搭在酒杯口上,一般酒瓶口应离杯口 2 厘米左右;斟汽酒或冰镇酒时,二者则应相距 5 厘米左右为宜,以免有碍卫生。

(6) 服务人员在斟完一杯酒,抬起瓶口时,应顺势转动酒瓶,使最后一滴酒随着瓶身的转动,均匀地分布在瓶口边缘处。这样可避免酒水滴在台布或客人身上。注意:提起和旋动同步进行。

(7) 严格按照斟酒标准来操作,切忌不可过满。

服务人员给客人斟酒时,一定要掌握动作的分寸,不可粗鲁失礼,姿势要优雅端庄,注意礼貌、卫生。服务人员娴熟的斟酒技术及热忱周到的服务,会使参加宴会的客人得到精神上的享受与满足,还可强化热烈友好的饮宴气氛。

5. 斟酒方式

斟酒的基本方式有两种:一种叫桌斟,一种叫捧斟。

桌斟指服务人员斟酒时,左手将托盘托稳,右手从托盘中取下客人所需要的酒水,将手放在酒瓶中下段的位置,食指略指向瓶口,与拇指约成 60 度,中指、无名指、小指基本上排在一起,斟酒时站在客人右后侧,既不可紧贴客人,也不可离客人太远。斟酒时不能将酒瓶正对着客人,或将手臂横越客人。客人的酒杯放在餐桌上,服务人员持瓶向杯中斟酒。如果没有用托盘,则左手持一块干净餐巾以便随时擦拭瓶口。服务人员面向客人,将右臂伸出进行斟倒,右手手掌根部贴住瓶子底部,将商标朝向客人,斟倒完毕手臂顺势向里旋转45 度,以便酒液不外洒。

捧斟指服务人员左手拿酒杯下半部,右手握瓶,站在客人右后侧向杯内斟酒,斟完后将酒杯放于客人右手处。斟酒的动作应在台面以外的地方进行。

6. 斟酒的标准

斟酒的标准应视酒品的种类而定,同时各种酒品饮用时使用的杯具不同,斟酒标准也不尽相同。酒席宴会上客人选用酒品多种多样,不同酒品其色泽、饮用量及使用的饮具均有不同。服务人员应按照酒品的特点,准确地将酒水斟入杯中。特殊酒水服务中,应针对不同特点的酒水及客人的不同需要,提供相应的服务,以满足客人的特殊需求。

(1) 中餐常用的酒水杯斟酒标准为:白酒斟入杯中应为八分满(中国有的地方以“酒满情深”为标准,斟酒以满为敬。因此,酒桌上的白酒一般斟满)。红葡萄酒一般为(1/3)~(1/2),也有斟倒八分满的。给每位客人斟倒第一杯啤酒时,应使酒液顺杯壁滑入杯中,八成酒液,二成泡沫。八分满时,客人饮用方便,酒液不易溢出,又不至于太少,也比较吉利和美观,同时表示对客人的尊重。

(2) 西餐常用的酒水斟酒标准为:红葡萄酒为五分满;白葡萄酒为六分满;白兰地酒斟入杯中为一个斟倒量(即将酒杯斟入酒后横放,杯中酒液与杯口齐平);西餐烈性酒斟倒量通常与白兰地相同;斟倒香槟时,分两次进行,先斟至杯的 1/3,待泡沫平息后,再斟至杯的 2/3。

(3) 斟倒各种饮料时,无论中餐还是西餐,其斟倒标准均以八分满为宜。

图 11.2　不同酒水的斟倒标准

葡萄酒开瓶礼仪规范

1. 商务场合就餐开瓶

按照通常的惯例，到餐厅吃饭，开瓶的事可由服务人员代劳。开瓶前，侍酒师会先让客人阅读酒标，确认该酒在种类、年份等方面与所点的酒是否一致，再看瓶盖封口处有无漏酒痕迹，酒标是否干净，然后开瓶。

开瓶取出软木塞，让客人看看软木塞是否潮湿，若潮湿则证明该瓶酒采用了较为合理的保存方式，否则，酒水很可能因保存不当而变质。客人还可以闻闻软木塞有无异味，或进行试喝，以进一步确认酒的品质。在确定无误后，才可以正式倒酒。

2. 开瓶前的准备

要享受葡萄美酒，必须先把瓶塞拔出来，但开瓶之前要注意酒的温度是否合宜，红酒适宜饮用温度为 14～18 ℃。若是在欧美地区，室内温度适宜，红酒可以不冰，但夏季气候炎热的地方，红酒应略冰一下再开瓶饮用。开瓶之前不要把瓶子摇来晃去的，以免沉淀物浑浊了影响酒质。

3. 去除铅封的注意事项

去除铅封时，要用干净的湿布略微擦拭木塞顶部，以除去可能附着的霉和灰尘。不合适的开瓶器或笨拙的开瓶技巧会破坏瓶塞，使得塞屑掉入酒中，坏了兴致。正确的开瓶方式应该是使用标准开瓶器附带的特殊小刀将铅封去除，割开铅封的地方应在瓶颈上方外凸部分，这样在倒酒时就可避免酒接触到铅封。

4. 开酒后不要着急喝

开瓶之后不要马上饮用，而是要晾一会儿，酒的香味会更醇。成熟期的红酒只需提前半个小时就足够了，陈年老酒通常结构比较脆弱，换瓶去渣后应尽快饮用。

5. 木塞拔出后注意清洁瓶口

用力把木塞拔出，还要再用干净的湿布擦拭，除了可以除霉灰木屑外，由于金属封签会含铅，这次擦拭也会把铅除去，以免在倒酒时铅溶在酒中。

6. 木塞掉入酒中

有时因为酒贮存不当使木塞过干，或是陈年老酒的瓶塞已失去弹性，开瓶时木塞会有碎屑甚至断裂掉到酒瓶内，此时需要用细孔小筛网将酒过滤。如果是大块掉落，则用特质的三角小勾夹把断木塞取出。没有小夹的话，就让断木塞留在瓶中，它在短时间内不会影响酒质。

（资料来源：http://www.9998.tv/news/75547.html）

二、斟酒的注意事项

(1) 斟酒时，不能站在一个位置，左右开弓为两个客人斟酒。

(2) 用冰夹加入冰块时，不要将夹子深入杯内，应使冰块靠杯壁滑下。

(3) 当主人向各席敬酒时，服务人员要端(托)着酒水跟随，随时准备为客人斟倒酒水。

(4) 当客人祝酒讲话时，服务人员要停止一切服务(特殊情况或客人特别要求时除外)。端正站在适当的位置上，不可交头接耳，要注意保证每位客人杯中都有酒水，讲话即将结束时，要向讲话者送上一杯酒，供祝酒用。

(5) 当瓶中的酒剩下 1/5 时(或仅可再斟倒一圈时)，应及时征求主人意见，是否需要再开一瓶。

(6) 待酒全部饮完后，撤掉空瓶，放在一边(注意宴会空酒瓶的保管)。

(7) 当发现客人杯中饮品剩 1/3 时应立刻询问客人是否添加："打扰一下，请问您需要再来一杯吗？"

(8) 服务人员要记清一席客人每位喝什么酒，避免续酒时斟倒错。

三、不同酒水的服务标准

1. 白酒的服务标准

(1) 准备工作。客人定完酒后，立即去酒吧取酒，不得超过 3 分钟。准备一块叠成 12 厘米宽的长条状干净口布、两个分酒器(壶)、若干个白酒杯(或席面已摆)和一个托盘。

(2) 展示。将干净餐布横搭至左手掌心，将白酒瓶底放于口布上，右手扶在酒瓶上端，并呈 45 度角倾斜，商标朝向主人，用敬语："请您验酒，这是××酒，现在可以打开吗？"适时报酒度，必要时报价格。征得客人同意后，在客人视线范围内开瓶。

(3) 斟酒。服务人员在工作台上将酒倒入分酒器(壶)内，左手托托盘，按照先宾后主，女士优先的原则，从主人的右侧依次斟酒。白酒倒杯中八分满为宜。

(4) 添加。及时为客人添加白酒。当一瓶酒剩下 1/5 时要征询主人是否再加一瓶："请问酒还需要加一瓶吗？"如主人同意，按以上标准服务，如主人不再加酒，及时把空瓶撤掉。

2. 红葡萄酒的服务标准

(1) 接受点单。提供酒单并根据客人的口味喜好、点酒预算等为给客人提供参考(如图

11.3 所示。)

图 11.3　点单

(2) 示酒。取一块干净的口布平铺在酒篮里;将酒瓶呈 30 度角轻轻卧放于酒篮中,注意酒标正面朝客人;提起酒篮向客人展示,供客人识别酒标、瓶口的完整,酒名、产区、年份的正确(如图 11.4 所示)。

图 11.4　示酒

(3) 开酒。用酒刀划开酒瓶口凸出部分以上的封纸,使用餐巾擦拭瓶口;用酒钻对准瓶塞的中心处用力钻入,至瓶塞 2/3 处时停止;以酒刀的支架顶架于瓶口,左手扶稳支架,右手向上提钻把手,利用杠杆原理将瓶塞拔起(如图 11.5 所示)。

(4) 验瓶塞。将瓶塞放在垫有花纸的小盘中，送给客人检验（如图 11.6 所示）。

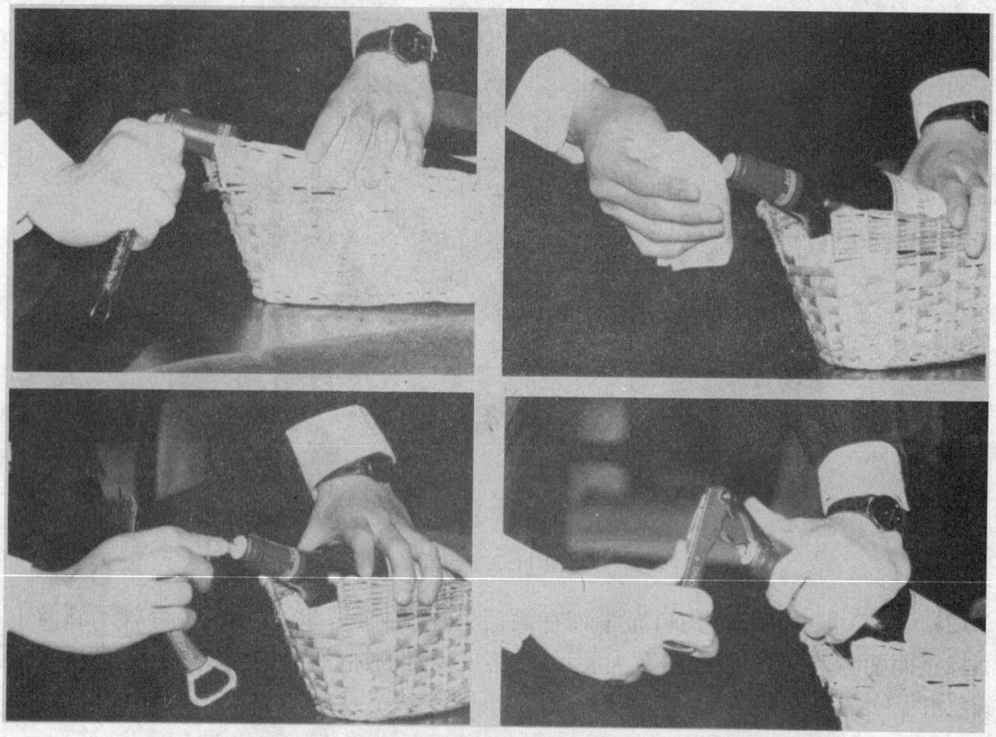

图 11.5　开酒

图 11.6　验瓶塞

(5) 品酒。向主人酒杯中斟 1/5 杯的酒液供其品尝，征询主人意见，是否立即为其他客人斟酒（如图 11.7 所示）。

(6) 斟酒。斟完一杯酒后将酒瓶按顺时针方向轻轻旋转一下，使酒液挂于瓶口边沿，注意动作轻缓，避免沉淀物泛起而影响口感(如图 11.8 所示)。

图 11.7　品酒

图 11.8　斟酒

3. 白葡萄酒的服务标准

(1) 取酒、备工具。当客人点白葡萄酒后，服务人员在取酒水时，把冰桶内放 3/5 满的冰水，备好酒钻、口布。

(2) 示酒。开启酒瓶前需要向客人展示酒，以便客人确认白葡萄酒品牌。服务人员按示酒标准向客人展示，并用敬语："您好，这是××酒，请问现在可以打开吗?"客人确认后方可将白葡萄酒放入冰桶中冰镇，桶口用口布盖上。

(3) 开瓶塞。开启白葡萄酒时，服务人员站在冰桶的后方，右手持酒刀，转划开瓶口封纸，将酒钻对准瓶塞中心垂直钻入，待钻至瓶塞 2/3 处时，将酒钻的支架卡住白葡萄酒酒瓶口部，左手扶稳酒瓶，右手缓缓提起酒钻把手，使瓶塞渐渐脱离瓶口，拔塞时应避免发出声响。

(4) 擦净瓶口。从酒钻上退出酒塞，并用干净口布清理瓶口和瓶塞。

(5) 验酒和斟酒。用折叠成长条状的口布将白葡萄酒瓶下部包好，把酒塞用小碟子盛好，并斟倒一杯(约 1/5 量)酒，一并用托盘端到客人右侧供其品尝，并用敬语“请您品尝验酒”，经确认后服务人员方可斟酒。

(6) 冰镇。服务人员斟酒结束后，应将酒放回冰桶中，用口布盖冰桶上口。把冰桶架移至点酒水客人右侧 30 厘米处，把冰桶放上即可。

4. 啤酒的服务标准

(1) 开瓶。征得客人同意后，在客人的视线范围内开瓶。

(2) 斟酒。右手握啤酒瓶的下半部，酒标向外以供客人辨认，手臂伸直，斟倒果断，瓶口距杯口保持 2 厘米距离，使酒液沿酒杯内壁缓缓流入杯中。当杯中啤酒接近七成满时，放慢斟倒速度。当啤酒泡沫齐杯口时停止斟倒，顺时针旋转瓶口，防止酒液滴落。

(3) 啤酒倒至八分满，泡沫满口，但不溢出杯外。

(4) 啤酒的添加。及时地为客人添加啤酒，根据客人喝酒的速度，一般喝酒快的客人杯内剩 1/2 时，应添加。如主人不再加酒，及时把空杯撤掉。

5. 香槟服务标准

(1) 准备工作。当客人点了香槟时，服务人员要准备冰桶和香槟杯，并将香槟酒放于冰桶内冰镇，冰桶上盖一块折成长条形的餐巾。

(2) 香槟酒的展示与开瓶。将香槟酒从冰桶内抽出向客人展示，主人确认后放回冰桶内，用酒刀将瓶口处的锡纸去除，左手握住瓶颈，拇指压住瓶塞，右手将扎瓶塞的铁丝拧开、取下。

(3) 品酒。向主人杯中注入 1/5 的酒，交由主人品尝，主人认可后，服务人员须征求意见，是否可以斟酒。

(4) 斟酒。斟酒时，服务人员从客人右侧按顺时针方向，按先宾后主，女士优先的原则，斟倒酒杯的 2/3 量，每杯可分两次斟倒，以免杯中泡沫溢出。为所有的客人斟完酒后，将酒瓶放回冰桶，连同冰桶架一起放到客人桌旁。服务过程中动作要轻，避免酒中的沉淀物浮起，影响酒的品质。

(5) 添加。当酒瓶中的酒只剩下一杯的酒量时，须及时征求主人的意见是否需要另开一瓶。

【任务演练】

任务设计 1:为十人台宴会斟倒葡萄酒，注意葡萄酒的斟倒程序、斟倒量及斟倒技巧。

任务设计 2:为十人台宴会斟倒白酒，注意白酒的斟倒程序、斟倒量及斟倒技巧。

任务设计 3:为十人台宴会斟倒啤酒，注意啤酒的斟倒程序、斟倒量及斟倒技巧。

【任务考核】

学生分小组练习，小组内部互评，也可以在小组间互评。教师抽取三组，按照操作标准进行表演，教师进行点评，考核参考标准如表 11.2 所示。

表 11.2 考核参考标准

考核内容	得分标准	分值(满分 10 分)	得分
斟酒姿势	正确、迅速、优美、规范动作	4 分	
斟酒顺序	合理、规范	3 分	
斟酒标准	商标朝外，斟倒量标准，无酒液滴洒	3 分	

项目十二

结账与送客

项目目标

通过本项目的学习，使学生了解结账与送客的基本知识，学会运用语言技巧与客人进行沟通，熟练地为客人办理结账手续。

本项目包含两个任务：结账与收银；送客与收尾。

任务一　结账与收银

【任务目标】

通过完成本任务，使学生了解结账与收银的业务特点，掌握结账与收银的技能，掌握为客人结账时灵活的应变技巧。

【任务导入】

一位香港客人正在结账，因与饭店有一定的关系，他的消费按七折付款。可能是因为总账金额超出了预算，这位港客拿着账单自言自语道："哎，怎么这么贵啊！"收银员对客人冒出了一句："给您打七折已经很优惠了。"被她这么一说，客人立刻发怒道："你这是什么话，我又不是付不起。消费七折是你们老总给我的待遇。去，把你们总经理叫来，我不稀罕这个七折优惠。"

（资料来源：金敏，周名丁．餐厅服务人员实战手册[M]．北京：旅游教育出版社，2007.）

任务：请问这位客人为什么会发怒？如果你是收银员，你会怎么处理？

【任务链接】

一、结账的细节要求

结账服务是餐饮服务过程中靠近尾声的一个工作，也是给客人留下“最后印象”的时刻，对整个餐饮服务过程来说十分重要，如果操作失误，就会导致“前功尽弃”，致使整个服务过程不完美。结账中出现的细节问题会影响到客人对饭店的整体评价，影响整体服务质量，因此，要保证让客人满意，结账这个环节也应给予足够的重视。在工作中，服务人员要注意结账的细节要求。

(1) 首先，要注意观察客人结账的时机。服务人员不可催促客人结账买单，需要等客人自己主动提出要求，以免造成赶客人走的印象。同时，账单递送要及时，不可让客人等候时间过长。当你发现客人在停止用餐之后，开始东张西望的时候或老是手持点菜单东张西望的时候，服务人员就可以前往并站在客人右侧，侧身站立，面带微笑，正视客人，语气温柔、轻声地询问客人：“×××先生/小姐，请问还有需要为您服务的吗？”“请问您现在要结账吗？”“请问您今天的用餐还满意吗？”“请问您还有其他的需要吗？”不可正面询问，如“×××先生/小姐，您可以付钱了”，以免客人误会你是要催他走。

(2) 服务人员要注意准确判断负责结账的对象。尤其是散客结账时，服务人员要事先搞清楚由谁来买单，如果搞错了，容易引起客人的尴尬，甚至造成客人对饭店的不满或投诉。

(3) 要注意结账后的服务态度。餐饮服务中的服务态度要始终如一，结账阶段也要体现热情礼貌的服务规范，不能认为在客人付钱后，一切服务就终止了，而是要继续为其端茶送水，询问客人的要求，直到客人离开酒店。

二、结账的特点

结账工作与客人的切身利益相关，是餐饮服务过程的最后一个阶段，也是餐饮服务全过程的重要组成部分，带有一贯性、技巧性和综合性等特点。

1. 结账服务的一贯性

结账服务是客人在餐饮活动结束前，要求服务人员为其结算餐费和酒水费用等各项费用的服务。此时的服务，决不能因为客人即将离去而放松，要有优质服务的整体性和一贯性。结账过程中的每一个微小失误，都可能致使以往服务中的成绩打上折扣。有部分不负责任的服务人员认为，结账只不过是简单地收钱、找钱、刷卡、签字等，不影响服务的整体性。其实不然，这种不正确的认识往往会造成餐饮服务程序的中断，引起客人的不满甚至投诉。实际上，结账的过程并不简单，它受客人的心理变化以及各项技术因素和客观因素的影响，需要服务人员能够随机应变，灵活处理结账中出现的种种问题。在结账过程中，需要注意如何处理矛盾，如何为客人继续服务，如何使客人的满意度增加，如何做到让客人开心而来，满意而归。这些是结账服务中应该重视的问题。因此，服务人员要具有整体性和一贯性的意识，做到有始有终。

2. 结账服务的技术性

上面提到结账工作并非简单地收钱、找钱等工作，星级酒店的餐饮服务对技术的要求很高，结账服务也不例外。收银服务人员要了解相关电脑软件知识、财务知识、银行货币知识、信用卡知识、签单程序、客人心理，记住客人所消费的产品和价格，具有较强的语言表达能力和灵活处理问题的能力。在结账中，如果出现收假钞、算错账、不懂外语而无法结账，或不能处理结账中的突发问题等现象，客人的满意度便会下降，服务质量就无法保证，饭店餐饮部的客源和效益就会受影响。因此，服务人员在熟悉和掌握结账程序的基础上，还应不断地完善与提高自身的计算能力、金融知识、心理分析能力、记忆能力、外语能力和处理突发问题的综合能力，不断提高自己的文化素质与职业技能。

3. 结账服务的综合性

结账服务是餐饮服务的组成部分，带有餐饮服务的综合性特征，受多种因素的影响。其中，时间、地点、场合、客人心理、服务人员素质等各种因素都会对结账服务的过程产生影响。因此，要求服务人员在结账中能审时度势，根据客人的需求合理地处理结账中的各个细节，使服务程序更加规范化；对于超出规范或权限的问题，要协助收银员、领班、主管、餐厅经理妥善解决。

结账服务也需要满足客人的个性需求，因此，服务人员需要能够了解客人的个性心理。学习、采用和创造个性化服务、无差错服务、周到服务等策略和方法，是结账服务培训中不可缺少的内容。

结账的过程是餐饮服务产品价值的货币实现过程，客人在此阶段的态度是反映餐饮产品价值的真实程序。如果服务的价值包含超值的部分和感情投入，那么，客人便会以宽容和信任的态度来配合你的工作；如果服务中金钱的色彩过于浓重，就容易引发不良后果。因此，综合性的特征，也体现在超值服务和感情服务之中。

三、结账的种类及结账技巧

1. 现金结账

适用范围：这种结账方式一般适用于零散客人和团队客人。

服务程序：

第一，客人付现金时，服务人员要礼貌地在客人身旁当面点清钱款，并轻声说道："×××先生/小姐，共收您×××元现金。"

第二，请客人稍候，迅速将现金及账单送收银处。

第三，仔细核对收银员找回的零钱及账单上联是否正确。

第四，服务人员站在客人的右后侧，将账单上联及所找零钱夹在账夹内，送给客人，并轻声地说道："×××先生/小姐，这是您的账单和找零，请您点一下！"

注意：虽然现金结账要唱收唱付，但动作不宜过大，声音要轻，最好不要让餐桌上其他客人听到。

第五：要真诚地感谢客人；在客人确定所找钱数和账单数额正确无误后，服务人员迅速向客人致意离开客人餐桌。

2. 支票结账

适用范围：适用于大企业、大公司、单位的长期包餐或大型宴会、旅游团队用餐等。

服务程序：

第一，先请客人出示自己的有效身份证、工作证、驾驶证或其他有效证件及其联系电话；

第二，请客人稍候，然后将账单及支票、证件等同时交给收银员；

第三，收银员结账完毕后，记录证件号码及联系电话，并提醒收银员核对信息；

第四，服务人员将账单第一联及支票存根核对后送还给客人，并轻声说道："×××先生/小姐，这是您的账单和支票存根。"

注意：如客人使用密码支票，应请客人说出密码，并记录在一张纸上，结账后将账单第一联、支票存根、密码纸条交与客人，并轻声说道："先生/小姐，这是您的密码，请保存好。"切勿把密码丢掉。

第五，要真诚地感谢客人。

3. 信用卡结账

适用范围：适用于零散客人。

服务程序：

第一，如客人示意要使用信用卡结账，服务人员要请客人稍候，要确认客人的信用卡是本酒店可接纳的。

第二，检查持卡人姓名、信用卡有效期、持卡人本人身份证，并向客人致谢。将信用卡和账单送回收银处。

第三，收银员做好信用卡收据，服务人员检查无误后，将收据、账单及信用卡夹在结账夹内，拿回餐厅。

第四，将账单、收据送给客人，请客人在账单和信用卡收据上签字，并留意客人签字与信用卡上是否一致，尤其要注意区分一些同音的字或者相似的字。

第五，将账单第一页、信用卡收据中客人联及信用卡还给客人，并轻声说道："×××先生/小姐，这是您的账单和信用卡。"

第六，要真诚地感谢客人。

第七，将账单第二联及信用卡收据另外三页送回收银员处。

4. 签单

适用范围：适用于住店客人、与酒店签订有效合同的单位、酒店高层管理人员或酒店的VIP客人等。为了方便住店客人，酒店一般允许其在餐厅以签单方式结账。客人在办理入住手续后，酒店会给客人提供欢迎卡和钥匙，客人每次到餐厅用餐完毕后，出示欢迎卡就可以签单，等到客人离店时一并结算。另外，与酒店有长期业务往来的当地一些单位、公司，若信誉良好，可以与酒店签订签单结账协议，根据协议定期与协议单位结账。

注意：对于住店客人的消费记录要保存好，必要时可以每次消费后为客人提醒，告知客人共消费了多少。

服务程序：

第一，如果是住店客人，服务人员在为客人送上账单的同时，为客人递上笔，并轻声说道："×××先生/小姐，这是您的账单。"

第二，礼貌地要求客人出示房卡，并轻声说道："×××先生/小姐，请您出示一下房卡，谢谢！"

第三，礼貌地示意需写清房间号、用楷书签名，并轻声说道："×××先生/小姐，请您登记一下房间号码和姓名，谢谢。"注意仔细核对客人的信息是否准确。

第四，客人签好账单后，服务人员将账单重新夹在结账夹内，并拿起账夹。

第五，真诚地感谢客人。

第六，迅速将账单送交收银员处，以查询客人的名字与房间号码是否相符。

中餐收银员岗位职责

1. 上岗时，自我检查仪容仪表，保证良好的工作状态。

2. 负责本岗位的环境卫生，检查设施设备（验钞机，刷卡机等）是否能正常使用。

3. 到财务处领备用金及有关的票据。现金数目当面点清，放入收银台并加锁，保证钥匙的安全性。

4. 在收银中，对收银的菜单金额、数量进行审核，发现取消的菜肴应提醒相关人员签字，对有关表单不可擅自涂改，如有加菜和酒水应另开单，不可直接添加，在核对中，应确保品名、数量与收银单一致。

5. 对客结账时，应使用敬语微笑应对，不怠慢客人，认真协助客人买单；当客人有异议时，应耐心解释，凡打折应由领班级以上人员签字同意；收讫现金时要核对数量、真伪，不得多给或少给客人物品，正确使用现金找零的方法；结账单数字要用大写，数字不可有涂改，加盖收银章；可签单的客人要引导填写相关表单；刷卡的客人要严格按程序操作。

6. 收银过程中应避免中途点算当前收银台现金总额，如需换零钱，须向上级汇报。不可携带私人现金进入收银台。

7. 保管好有关收银的物品，如印章、钥匙、发票、收据等。

8. 做好有关营业数据的保密工作。

9. 工作期间不可离开岗位，有情况须向上级请示。

10. 每日营业结束后须填写营业日报表，包括台号、人数、菜金金额、酒水金额、单桌消费总额、共计营业总额、折扣签单备注等与现金票据一并交由财务人员核对。

（资料来源：http://wenku.baidu.com/view/4dae35e8aeaad1f346933f86.html）

【任务实例】

实例 1

某天中午，张先生和几位朋友用餐完毕后需要结账，当他看到账单上的总金额时火冒三丈，他说："你们这是敲诈啊，我们就吃那几个菜，怎么需要那么多钱啊？"此时，服务人员小张面带微笑对客人柔声说道："不好意思，先生，让我跟您一起来核对一下账单，好吗？"他说："有什么好核对的！"小张仍然面带微笑，说道："先生，对不起，也许是我们搞错了，为了防止让您出错，我跟您一起核对一下，可以吗？"张先生见此情景，就跟小张一起仔细核对账单，小张把每道菜的价格都如实向客人复述，等账单核对完毕后，小张又柔声说道："先生，您看还有什么不清楚的地方吗？"张先生此时明白了真相，也就一边拿钱包一边说："小姐，买单吧。"

处理技巧　收银工作与客人的切身利益密切相关，是一个非常"敏感"的环节，稍有不慎，便容易引起客人不满意，甚至投诉。一般情况下，客人在点菜和酒水的时候，只是注意到菜肴和酒水名称，容易忽视其价格。所以，等看到账单的时候，会突然发现消费金额那么高，于是就开始怀疑酒店是不是搞错了。此时，作为一名餐饮服务人员，当客人有异议时，一定要耐心地解释，帮助客人解决疑问，同时，态度要诚恳，要记住"客人永远是对的"，所以，千万不能说类似于"不会的"，"这怎么可能呢"，"您搞错了吧"，"您自己看看啊"，"账单肯定不会错”等推卸责任的话。所以，不管账单有没有错误，都要首先向客人表示歉意，然后请求客人与自己一起仔细核对账单，并对账单中的价格进行解释，做到让客人对自己的消费心中有数。

实例 2

一个深秋的晚上，三位客人在南方某城市一家酒店的中餐厅用餐。他们用餐结束后在此已坐了两个多小时，仍没有去意。服务人员心里很着急，到他们身边站了好几次，想催他们赶快结账，但一直没有说出口。最后，她终于忍不住对客人说：“先生，能不能赶快结账，如想继续聊天请到酒吧或咖啡厅。”

“什么！你想赶我们走，我们现在还不想结账呢。”一位客人听了她的话非常生气，表示不愿离开。另一位客人看了看表，连忙劝同伴马上结账。那位生气的客人没好气地让服务人员把账单拿过来。看过账单，他指出有一道菜没点过，但却算进了账单，请服务人员去更正。这位服务人员忙回答客人，账单肯定没错，菜已经上过了。几位客人却辩解说，没有要这道菜。服务人员又仔细回忆了一下，觉得可能是自己错了，忙到收银员那里去改账。

当她把改过的账单交给客人时，客人对她讲：“餐费我可以付，但你服务的态度却让我们不能接受。请你马上把餐厅经理叫过来。”这位服务人员听了客人的话感到非常委屈，她觉得自己在客人点菜和进餐的服务过程中并没有什么过错，只是想催客人早一些结账，怎么就被投诉了？

“先生，我在服务中有什么过错的话，我向你们道歉了，还是不要找我们经理了。”服务人员用恳求的口气说道。

“不行，我们就是要找你们经理。”客人并不妥协。

服务人员见事情无可挽回，只好将餐厅经理找来。客人告诉经理，他们对服务人员催促他们结账的做法很生气，另外，服务人员多算了用餐费用，这些都说明服务人员的工作态度有问题。

“这些确实是我们工作上的失误，我向大家表示歉意。几位先生愿意什么时候结账都行，结完账也欢迎你们继续在这里休息。”经理边说边让那位服务人员赶快给客人倒茶。在经理和服务人员的一再道歉下，客人们终于不再说什么了，付了钱，面含余怒地离去了。

处理技巧 首先，客人不想离开时绝不能做出催促客人离开的错误举动。餐饮服务最忌讳的就是催促客人。客人是来用餐的，是来享受服务的，享受热情，接待的，对待客人一定要真心，催促客人会让他们觉得自己是不被欢迎的，是被冷落嫌弃的。即使是客人用餐时间超出餐厅的营业时间也应该委婉地说明原因。

其次，只要客人在餐厅内，任何时候都要一样的态度。在送客过程中，服务人员应做到礼貌、耐心、细致、周全，使客人满意。

最后，服务人员要记住“客人永远是对的”，因此，当客人反映账单出现问题时，不要辩解，应先向客人表示歉意，然后与客人一起核对，以保证账单无误。

（资料来源：http://www.canyin168.com/Print.aspx? id=9077）

【任务演练】

任务设计 1：假如你是一名收银员，客人没有结账就想离开餐厅，你应该怎么办？

任务设计 2：假如你是一名收银员，遇到喝多了酒不愿结账的客人，应该怎么解决？

任务设计 3：假如你是一名收银员，客人结账时，怎样和客人说，不能给客人优惠且不让客人感觉自己很没有面子。

【任务考核】

学生分小组练习，小组内部互评，也可在小组间互评。教师抽取三组，按照岗位要求进行表演，教师进行点评，考核参考标准如表 12.1 所示。

表 12.1 考核参考标准

考核内容	得分标准	分值(满分 10 分)	得分
服务礼仪	主动、积极、热情、亲切	2 分	
表达能力	普通话标准、表达清晰、流利	2 分	
操作程序	程序合理、规范	3 分	
处理技巧	方法妥当、技能熟练	3 分	

任务二 送客与收尾

【任务目标】

通过完成本任务，使学生了解送客与收尾服务要求，掌握送客与收尾服务程序与标准，具备熟练而准确地提供送客与收尾服务的能力。

【任务导入】

一个雨天的晚上，庄小姐和男友到北京某饭店的西餐厅用餐。进餐前，她没有将雨伞挂在休息室，而是在进入餐厅后随手将伞靠在了座椅旁，又将手提包挂在了椅子的后面。餐间，两人聊得很热烈，没有注意旁边的人已经盯上了她的手提包。

这天，餐厅用餐的人很多，服务人员也非常忙碌。庄小姐他们用完餐后，由男友付过账，就匆匆离去了，完全忘记了带走雨伞和手提包。出了饭店门口，雨已经停了，他们开着车离开了饭店。十几分钟后，庄小姐突然发现雨伞和手提包不见了，手提包内有 2 万多元现金，还有手机、身份证等物件，这下可急坏了她。想了一会儿，她记起是忘在了饭店，便急忙与男友开车返回寻找。

赶到餐厅时，他们发现刚才的座位有人在用餐，雨伞和手提包已经不见了。庄小姐焦急地询问为他们服务的人员，有没有看到她的手提包和雨伞。服务人员说，在翻台的时候没有看到。当服务人员得知庄小姐丢失了重要物品后，急忙将餐厅经理找来解决此事。为了不影响其他的客人，经理将他们请到了休息室，又联系保安部、当班的服务人员等，共同回忆和调查。初步认定，庄小姐用餐时，服务人员确定看到了她背后挂的手提包，但在翻台时没有看到，以为他们已经带走了，在他们离开的同时，有两个东北口音的男人也提着包离开了。认定这些基本情况后，饭店马上协助庄小姐报了案。庄小姐离开饭店时，苦笑着对男友说："看来以后要找一处不会丢钱的地方吃饭了。"

（资料来源：http://wenku.baidu.com/view/c3598c8583d049649b66584d.html）

任务：客人在餐厅丢失和遗忘物品的事情时有发生，服务人员在工作中应该注意什么？

【任务链接】

热情送客是礼貌服务的具体表现，送客时服务人员的态度和表现，直接反映出饭店接待工作的等级、标准和规范程度，因此，在送客服务中应做到礼貌、耐心、周全，使客人满意。同时，收尾工作作为餐饮服务整个服务工作的最后一个环节，也尤为重要。

一、送客的礼貌礼节

送客时的礼貌服务，体现出餐饮部门对客人的尊重、关心、欢迎和爱护，在星级酒店的餐饮服务中，起着举足轻重的作用。其具体的工作要点有：

(1) 在送客过程中，服务人员应做到礼貌、热情、耐心、细致、周到，使客人满意，但切记不可过分热情，在客人不想离开时绝不能催促，也不要做出让客人误以为催促其离开的行为，更不可说出催促客人离开的语言。

(2) 客人离开前，如愿意将剩余食品打包带走，应积极主动地为之服务，绝不要轻视他们，不要给客人留下遗憾。

(3) 当客人要起身离开时，服务人员应主动为其拉开座椅，帮助客人穿戴外衣，并提醒他们不要遗忘物品。

(4) 礼貌地向客人道谢，欢迎他们再来。要面带微笑地注视客人离开，或亲自陪送客人到餐厅门口。门口迎宾员应礼貌地欢送客人，并欢迎他们再来。

(5) 当遇到特殊天气的时候，服务人员可以亲自将客人送到饭店门口，下雨时为没带雨具的客人打伞，扶老携幼，帮助客人叫出租车等，直至客人安全离开。重大餐饮活动的欢送要隆重、热烈，服务人员应列队欢送，使客人真正感受到“客人就是上帝”的待遇。

周总理送客

1957年国庆节后，周总理去机场送一位外国元首离京。当那位元首的专机起飞后，外国使节、武官的队列依然整齐，并对元首座机行注目礼。而我国政府的几位部长和军队的一位将军却疾步离开了队列。他们有的想往车里钻，有的想去吸烟。周总理目睹这一情况后，当即派人把他们叫回来，一起昂首向在机场上空盘旋的飞机行告别礼。待送走外国的使节和武官，总理特地把中国的送行官员全体留下来，严肃地给大家上了一课：“外国元首的座机起飞后绕机场上空盘旋，是表示对东道国的感谢，东道国的主人必须等飞机从视线里消失后才能离开，否则，就是礼貌不周。我们是政府的工作人员和军队的干部，我们代表着人民和军队，虽然这只是几分钟的事，如果我们不加以注意，就很可能因小失大，让国家的形象受损。”

（资料来源：http://www.doc88.com/p—997239152963.html）

二、收尾的注意事项

收尾工作一般都发生在所服务的客人全部离开餐厅后，服务人员可以在不影响其他就餐客人的前提下收拾餐具、整理餐桌，并重新摆台。如果在收尾时，还有其他客人仍在用餐或已有客人在等待餐桌的情况下，服务人员要注意操作动作的规范，要注意操作文明和速度，在工作中应注意以下要点：

(1) 收尾工作要迅速，尽量在 4 分钟之内清桌完毕并及时摆台；

(2) 在清理餐桌时，如发现客人遗忘的物品，应及时交给客人或上交有关部门；

(3) 清理餐桌时应注意文明作业，保持动作沉稳，动作要轻，不要损坏餐具物品，也不应惊扰正在用餐的客人；

(4) 清理餐桌时要注意周围的卫生环境，不要将餐纸、杂物、残汤剩菜等乱洒乱扔；

(5) 清理餐桌完毕后，应立即开始按照摆台规范程序进行摆台，尽量减少客人的等待时间。

三、送客与收尾工作服务程序与标准

1. 送客服务程序与标准(如表 12.2 所示)

表 12.2　送客服务程序与标准

服务程序	服务标准
主动拉椅	当客人起身时，服务人员要主动上前为客人拉椅；客人起身后，向客人致谢并提醒客人勿遗漏物品
向客人致谢	礼貌与客人道别，向客人表示感谢，诚恳欢迎客人再次光临
送客人离开餐厅	走在客人右前方一米处，引领客人至餐厅门口；当客人走出餐厅门口时，服务人员或餐厅经理再次向客人致谢、道别；服务人员应帮助客人按电梯，并在电梯来后，送客人进入电梯，目送客人离开；正门直接有车道的餐厅，门口迎宾员要帮助客人叫出租车，雨天要为客人打伞，为客人开车门，目送客人坐车离开
餐厅检查	送走客人后服务人员立即回到服务区域再次检查是否有客人遗留物品；如有遗留物品尽快交还客人，如客人已经离开，要向餐厅经理汇报，将物品交给大堂副理

2. 收尾服务程序与标准(如表 12.3 所示)

表 12.3　收尾服务程序与标准

服务程序	服务标准
减少灯光	当营业结束，客人离开后，服务人员开始着手餐厅的清理工作；关掉大部分的照明灯，只留适当的灯光供清场用
撤器具收布草	先清理桌面，再撤走服务桌上所有的器皿，送至洗碗房清洗；把布草分类送往备餐间(干净的与脏的要分开)
清洁	清洁四周护墙及地面，如有污迹，通知绿化部清洗
落实安全措施	关闭水、电开关；除员工出入口以外，锁好所有门窗；由当值负责人做完最后的安全隐患复查后，填写管理日志；落实餐厅各项安全防患工作，最后锁好员工出入口门，方可离岗

【任务实例】

实例 1

冯先生邀请几位朋友来到上海某酒店的中餐厅，在一个包间内用餐，包间内共有两桌客人。进餐中，服务相当周到，冯先生等人感到非常满意。一会儿，旁边那桌客人开始退席了，只见服务人员热情地帮他们拉开座椅，穿戴衣帽，并按他们的要求将客人送至休息室休息。看到这种情景，冯先生与同桌的朋友小声交谈了几句后，便继续用餐。趁服务人员为他们斟倒酒水的时候，冯先生向她打听为什么另一桌客人可以到休息室休息。服务人员微笑着告诉他，那是客人预订好的，如果冯先生等人需要，也可以进行安排。

用餐结束后，服务人员为他们结清了餐费，但没有为他们拉开座椅，穿戴衣帽，只是站在包间门口礼貌地向大家点头示意，口中说道："请您走好，欢迎再次光临。"众人穿戴完毕后，匆匆离去了。

走到酒店门口时，站在这里的一位服务人员微笑着对大家说，欢迎他们再次光顾。

"我有一样东西忘在包间里，请你让负责那个包间的服务人员帮我找一下送来。"冯先生眨着眼睛对她说。

门口的服务人员连忙去问。不一会儿，包间的服务人员和门口的服务人员一同赶来，告诉冯先生没有看到任何东西。

冯先生笑着对包间的服务人员说："其实，我只是想和你开个善意的玩笑。对于你们的服务，我们很满意，只是觉得你们对待客人态度上有点差别。我在餐桌台布下面留下了具体的意见，请参考。"说完这些，冯先生等人说说笑笑地离开了餐厅。

回到包间，服务人员掀开台布，果然发现有一张纸条，上面写着："服务人员小姐：您的服务总体是好的。但您告诉我休息室需要预订后，在餐后并没有主动询问我们是否需要。拉开座椅、帮助客人穿戴则不需要预订，对客人应一视同仁。"

处理技巧　此案例中，服务人员在客人用餐服务和送客服务中，都存在一定的不足之处。

首先，当客人表现出对酒店的某一现象有疑问时，服务人员要热情、耐心、细致地帮客人解答，不能随便应付。如果案例中的服务人员在客人问她餐后到休息室休息的预订问题时，能够引起重视，主动询问客人在餐后有没有这种需要，就不会使客人产生待遇不同的感觉。

其次，有些客人在用餐完毕后，并不需要你为其拉开座椅或穿戴衣帽，但作为送客中的服务程序来说，拉椅是不可缺少的项目。服务人员在送客服务中，应处处小心，时时谨慎，善于发现客人的需要。

最后，在客人离开餐桌前，应仔细检查有无遗忘物品，客人离开后，在撤台和整理的过程中，也要尽快检查客人有无遗忘物品，如有发现，立即送回。

（资料来源：http://www.baidu.com/link?）

实例 2

某天中午，南京某酒店中餐厅的王经理照例又到中餐厅考察营业及服务情况。餐间，他特别注意了服务人员的翻台，发现服务人员在操作过程中有不规范的地方。回到办公室，他在笔记本中录了几条：

翻台时顺序有误，应依序收掉餐碟、汤碗、汤勺等，筷子、刀等，餐巾、玻璃器具、烟灰缸、花瓶、调味品等，最后换台布；翻台时分类不够，餐具、盘碟、碗筷有混放的现象（甚至将烟灰缸中的杂物倒在剩菜盘中)，正确做法应将残汤剩菜倒入一个碗中，再按餐具的大小形状分类摆好，放到托盘上，餐巾、台布放在布巾车中；翻台中有扰客现象，如客人还没离开就开始翻台，翻台中发出较大声响，将烟缸中的烟灰落到台布上，损坏餐具等；有不换台布的现象，正确做法是只要客人用过的台布就应该及时更换，不能让客人在台布上发现任何油污和食品的残迹；换台布时，有将残物抖落到地毯上的现象，正确做法应按操作程序将台布包卷好，再更换新台布，更换时，注意撤换动作的连贯、仔细；翻台中有超时现象，有的客人等翻台等了将近30分钟。

王经理将这些记录下来后，准备在第二天开会时向他的员工分析这些情况，以便提高餐厅翻台的服务质量。

处理技巧　在星级酒店，餐厅的翻台程序是收尾工作的一个重要环节，需要严格要求，需要注意其中的每一个细小环节，否则将直接影响到该程序的服务质量。

首先，在翻台过程中，应该注意时间，翻台时应尽量提高效率，减少客人的等候时间，一般应控制在20分钟之内。

其次，翻台应实行质量控制，包括收放餐具、用品的程序方式，清理餐桌的程序方法和摆放新餐具、物品的程序方法等，操作时应注意步骤与物品分类。

最后，翻台时的文明操作是保证环境卫生和客人安全的关键，操作中切忌出现打破碗碟，惊吓干扰客人和将杂物掉落在地毯上等破坏餐厅环境的现象。

(资料来源：http://www.doc88.com/p－079412696671.html)

【任务演练】

任务设计1：李小姐和朋友在餐厅用餐，随手将手提包挂在了椅子的后面。用完餐后，一行人急匆匆离去，忘记了手提包。半小时后，李小姐才发现手提包不见了，急忙回餐厅寻找，但此时，包已经不见了。作为一名值台服务人员，你如何处理？

任务设计2：已经到了凌晨1点，花园酒店荷花厅的客人丝毫没有离去的意思，作为一名值台服务人员，你如何处理？

【任务考核】

学生分小组练习，小组内部互评，也可在小组间互评。教师抽取三组，要求按照岗位要求进行表演，教师进行点评，考核参考标准如表12.4所示。

表12.4　考核参考标准

考核内容	得分标准	分值(满分10分)	得分
服务礼仪	主动、积极、热情、亲切	2分	
表达能力	普通话标准、表达清晰、流利	2分	
操作程序	程序合理、规范	3分	
处理技巧	方法妥当、技能熟练	3分	

提高篇

项目十三

菜单设计

项目目标

本项目主要讲述菜单的基础知识以及在餐厅中的作用，并在此基础上要求学生掌握一定的菜单制作技巧。

本项目包含两个任务：菜单的作用与种类；菜单的设计与制作。

任务一　菜单的作用与种类

【任务目标】

本任务作为下一任务的理论基础，要求学生了解菜单在餐饮服务中占据的地位，了解菜单的相关分类。

【任务导入】

广州红楼宴菜单：此席于1990年12月，应中国红楼梦艺术展所邀，由扬州厨师制作于广州松林酒家。

(1) 贾府冷盘：糟香舌掌、红袍大虾、金钗银丝、翡翠羽衣、水晶肴蹄、上素烧鸟。

宁荣大菜：老蚌怀珠、宫灯瓜斋、雪底芹芽、宝钗借扇、姥姥鸽蛋、南酒套鸭、腐乳扣肉、凤衣串珠。

怡红细点：晴雯包、长寿桃、如意卷、太君酥、天香藕、补元粥。

茗酒：琼花露、贡春茶。

四果盘、四味碟。

(2) 贾府冷盘：胭脂鹅脯、上素脆鳝、翡翠羽衣、醉虾、水晶肴蹄、姜米鹅掌。

宁荣大菜：老蚌怀珠、黛玉观花、雪底芹芽、宝钗借扇、姥姥鸽蛋、葵花蒸鸭。

怡红细点：太君酥、如意卷、蟹肉饺、天香藕、翡翠烧卖、扬州炒饭。

茗酒：贡春茶、加饭酒。

四果盘、四味碟。

（资料来源：www. 6eat. com）

任务：分析这两套菜肴在红楼宴会中的作用。

【任务链接】

一、菜单的概念

1954年，法国布伦斯维克侯爵在私人宅第举办晚宴，每送上一道菜，侯爵都要先看看桌上的单子，当客人们知道他看的是今天的菜肴清单时，都十分欣赏他的这种创举。之后大家争相效仿，凡在举行宴会时，都要预先制作菜单，于是，餐桌上的菜单由此产生。

菜单，在餐厅中又被称为“菜谱”，英语称之“menu”，来源于法语，原意是食品的清单或者项目单，现指饭店等餐饮企业向市场提供的有关餐饮产品的主题风格、种类项目、烹调技术、品质特点、服务方式、价格水平等经营行为和状况的总称。餐厅及餐饮企业将自己能够提供的具有各种不同口味的菜肴品种，经过科学巧妙地排列组合，设计于一张精致华丽的纸片上，供前来的“上帝们”从中选择。应该说菜单既具有传递信息的作用，同时美丽的外形本身也是一件艺术品，客人不仅在菜单中获得餐厅的相关信息，同时也能够在阅读的过程中得到精神上的愉悦和享受。

二、菜单的作用

我们经常有这样的体会，来到一家餐厅，点菜之前先翻看一下菜单，通过菜单了解餐厅的经营风味、特色菜肴、档次水平等，恰似面对琳琅满目的商品，最终被我们确定下的菜肴往往不是我们最初计划的菜品。这就是菜单的奇妙作用，它像一根无形的指挥棒，指挥着餐厅经营者的经营管理和餐厅消费者的消费行为。有人甚至说：菜单的设计关乎餐厅的经营成败。可见，菜单设计在餐厅经营管理中的重要作用。

菜单对内是餐饮部整个业务活动的基础和指南，对外是餐厅的宣传窗口，本身又是一件艺术品。菜单无论是对餐饮企业还是对餐饮消费者来说，都至关重要，菜单在两者间架起了一座沟通的桥梁。要想让菜单达到理想效果，必须了解菜单的功能和作用。

1. 菜单最大程度上提供了餐厅的信息

菜单提供给客人的是餐厅的具体信息，使人一眼便知餐厅的可餐之食。一个完整的菜单应该具备告之性信息，包括餐厅名称、特色菜品、营业时间、加收费用、支付方式、电话号码、地理位置等；信任性信息，即菜单要让客人产生信任感，菜单上注明菜品的份额、餐盘尺寸、计价标准等能给人以货真价实的感觉。如果再加上企业经营理念和服务标准，则更能让客人对企业产生认可，提高其对餐饮产品乃至对餐饮企业的忠诚度。例如麦当劳快餐店，在其菜单上注明的“质量可靠、服务快捷、清洁卫生、价格合理”四项承诺就是一种信任信息，在国内这些信息往往被经营者忽视。

别外，有些餐厅菜单，还设置了荣誉性和其他介绍性信息。如餐厅背景、特色、知名人士对餐厅的赞语，宣传媒介对餐厅的正面评价等。这类信息简单扼要地列在菜单的首页，有助于树立餐厅的良好形象。

2. 菜单架构了产销双方的良好沟通渠道

菜单是沟通经营者与消费者的渠道和工具。客人到餐厅就餐，经常第一步就是点菜，图文并茂的菜单向客人直观展示了餐厅的菜肴特色及全部的餐饮产品。消费者凭菜单选购自己喜欢的菜肴和饮品，经营者则通过菜单向客人推荐，经营者和消费者通过菜单开始交流。设计精美的，客人喜欢的菜单就像一只兴奋剂，能激发客人的食欲，既可以引发客人的消费欲望，又可以扩大销售额，增加餐厅的收入。

有些菜单还增加了除菜品以外的额外信息，如与客人交流的文字，这样客人在点菜时就会产生一些情感共鸣。

3. 菜单一定程度上扩大着餐厅的影响力

天津某餐厅菜单设计独特，招牌菜的照片也很精美，引起众多客人的关注。许多客人都想将菜单留做纪念，有些人甚至为了研究它的菜品，索要菜单，但都被商家拒绝了。由于菜单不断丢失，这家餐厅只好明码标价出售菜单，从开始的 180 元每本到后来的 380 元每本，尽管价格不菲，但还是有很多人购买。由此可见，一份精心设计的菜单，装帧精美、雅致动人、色调得体、洁净大方，不仅看起来赏心悦目，而且能增进客人的舒畅心情，这样的一份菜单映入眼帘，客人立刻就会对餐厅的经营管理和菜品产生好感。单凭这份菜单，就能使客人欣然解囊，慷慨消费。菜单的装帧艺术以及文化气息，可以扩大餐厅的影响力，带来很好的市场宣传效果。

4. 餐厅菜肴特色和水准的标志

虽然说每一家餐厅的特色菜肴和消费水准差异能从餐厅的装修风格和水准感知，但是远不如菜单上标明的菜品名称、菜品介绍及菜肴价格表现的清晰和直接。客人只要翻看一下菜单，就能准确知道这家餐厅的特色和水平。所以，在餐厅的经营管理中，菜单最能体现餐厅的服务管理和经营风格，并能反映出餐厅的整体风貌。客人经常也是通过菜单认识餐厅、了解餐厅、认可餐厅的。

5. 菜单是信息反馈渠道

菜单不仅能发出信息，而且还能反馈信息，是信息反馈的渠道。客人进店选择的菜品种类及数目多寡，包括某道菜被点选的频率，都反映了客人的偏好。作为餐厅的老板，可以根据客人点菜的统计信息，分类了解客人的口味、爱好，以及客人对菜品的评价，从信息反馈中了解如何改进菜肴和服务质量，以便更好地服务客人，提高餐厅、饭店的盈利能力。

6. 菜单是餐厅业务活动的总纲

从餐饮经营的角度来说，菜单是餐厅业务活动实施的基础，是餐厅服务工作的依据。它在很多方面影响和支配着餐厅的服务体系。

首先，餐厅选择购置设备、炊具、工具和餐具，无论是他们的种类、规格还是质量、数量都取决于菜单记录的菜式品种、水平和特色。炒勺难以烹制特色的牛排；烤板不适宜炒青菜；制作北京烤鸭需要使用挂炉；烤乳猪和烤羊肉串需要使用明炉。显而易见，每一种菜式都有相应的加工烹制设备和餐具，菜式品种越丰富，所需要的设备种类越多；菜式水平越高越珍奇，制作工艺越复杂，所需要的设备餐具越特殊。总之，在一定程度上，菜单反映了餐厅的设备成本。

其次，菜单标志着餐厅服务的水准和特色。要达到这一水准和特色，就必须有相应的厨师和餐厅服务。菜单类型在一定程度上决定着采购和贮藏活动的规模、方法和要求。例如：有固定菜单的餐厅，由于菜品在一定的时期内不会改变，它所需要的原料品种、规格等也会相对固定，这就使得餐厅的原料采购方法，采购规格、标准、货源，原料储存方法，仓储条件等方面保持相对稳定；如果餐厅使用循环菜单或者变换菜单，则会产生不同的情况，食品原料和采购、储藏等情况都相应变得复杂。

图 13.1 菜单

再次，菜单也反映了餐厅成本的高低。菜单在体现餐饮服务、规格、水平、风格、特色的同时，也反映了餐厅成本的高低。用料珍稀、昂贵的菜式过多，必然会增加原料成本；而精雕细刻、煞费匠心的菜式过多，则会增加劳动成本。所以说菜单定制是否合理，各种不同成本的菜式在比例上是否恰当，直接影响着餐厅的盈利能力。

最后，菜单的设计应与餐厅的装饰相统一，同时餐厅的装饰也应该与菜单的设计相一致。装饰的目的是创造适宜的进餐环境，因此餐厅的主题、风格、情调以及饰物陈设、灯光色彩等，都应该与菜单内容相协调，以达到环境体现餐饮风格，气氛烘托餐饮特色的效果。

由此可见，菜单不仅是贯穿餐厅服务各个环节的链条，而且还是餐厅经营活动的总纲。成功的餐饮企业，无一例外地在菜单上大做文章，通过菜单加深客人对餐厅的印象和了解，招揽更多的客人。

三、菜单的种类

菜单主要是菜肴、酒水等餐饮产品的排列组合。因此，一个餐厅的菜单不是墨守成规、始终如一的，它会根据餐厅的经营模式、经营特色、时令时节及客人要求等不断地发生着变化和更新。

1. 根据餐饮形式和内容分类

根据餐饮形式和内容，酒店所使用的菜单通常有以下几种：早餐菜单、午餐菜单、晚餐菜单、宴会菜单、团体菜单、冷餐酒会菜单、自助餐菜单、特殊菜单（如儿童菜单、家庭菜单等）、国际菜单（指异国风味餐饮菜单）、餐后甜品单、客房餐饮菜单、泳池茶座菜单、宵夜点心单，等等。在这些菜单中，用途专一，各具功能，相互间不能代替使用。如早餐菜单一般内容较为简单，午、晚餐菜单必须品种齐全，富有特色；宴会菜单讲究餐饮规格、传统、名菜和特色；团体菜单内容必须经济实惠，搭配有致；冷餐酒会和自助餐菜单讲究食物丰盛，搭配适宜和造型别致；特殊菜单必须有特定的市场和针对性的餐饮内容；国际菜单应具备其异国餐饮的风格特点；餐后甜点必须有强烈的诱人魅力；客房餐饮菜单或可包罗万象，也可简单明了。所有这些都是上述菜单各自的特点。

罗列上述各种菜单并不意味着所有酒店都必须备有这些菜单。很明显，一家酒店是否使用多种菜单主要取决于该酒店是否有多种餐饮服务设施和餐饮服务项目，以及各餐厅的每天用餐次数、服务时间等。酒店使用的菜单越多，则说明该酒店的餐饮服务设施越齐全，服务项目越丰富。

2. 根据市场特点分类

如果以酒店、餐馆的市场特点也就是用餐客人的特点为标准对菜单分类，那么上述各菜单就可分为固定菜单、循环菜单、当日菜单和限定菜单等几种形式，观光饭店餐厅一般都采用前两种菜单形式。

(1) 固定菜单。也称标准菜单。它是一种菜式内容标准化而且很少调整的菜单。

固定菜单适用于用餐客人人数较多且流动性大的餐饮企业。观光饭店、社会餐馆大都采用固定菜单，但学校、机关、工厂的餐厅，就不宜使用这类菜单。因为酒店、餐馆的客人几乎每天都在变换，他们不会因餐厅每天供应同样的菜肴而感到单调；学校、机关、工厂自办餐厅的用餐者相对来说比较固定，如果每天使用同样的菜单，难免会令人感到乏味。固定菜单的计划、设计和装帧一般都需要特别仔细、审慎的准备工作，因为这种菜单相对稳定，至少在数月之内甚至整年保持固定不变。固定菜单一经制定，便能长期使用，因此可以节约管理者不少精力和时间。

(2) 循环菜单。循环菜单是依照一定天数的周期而循环使用的菜单。这类菜单适宜酒店的团体餐厅、长住型酒店的餐厅，以及企事业单位的餐厅使用。

使用循环菜单，酒店必须按照预订的周期天数制定出一套菜单，也就是周期有多少天，这套菜单便有多少份各不相同的菜式，每天使用一份。当这套菜单用了一个周期，然后再从头至尾使用这套菜单。

循环菜单周期的长短应按照市场特点而定。如果用餐客人固定不变或更换不频繁，如某些度假疗养型、长住型饭店的客人以及学校、机关、工厂的餐厅用膳者，循环菜单的周期可适当放长，一般认为以三十天至四十天为一周期比较合适，以免相同的菜式过于频繁地出现。观光饭店餐厅如使用循环菜单，其周期就可减短，一般以一星期左右为宜。因为大多数旅游者很少逗留一周以上，假如菜单的循环周期为七天，那么当相同的菜式再次出现时，那批旅游者已经离开，而不至于给他们留下餐饮单调的印象。

3. 根据菜单价格形式分类

根据不同的菜单价格形式，菜单可分成单点菜单、套菜菜单及混合式菜单三种类型。

（1）单点菜单。单点菜单是最常见的，且使用最广泛的一种菜单形式。单点菜单的价格形式特点是菜单的每一道菜式都注明价格。西餐单点菜单如此，中餐单点菜单也是如此，其他餐饮内容的单点菜单也同样如此。单点菜单可以是早餐菜单，可以是午餐、晚餐菜单，也可以是特殊菜单或客房餐饮菜单等。单点菜单的价格层级一般较多，能迎合不同层次客人的不同要求。而且由于所有菜式都分别作出标价，客人只需选择自己喜欢的菜肴组合搭配，而不一定按套菜菜单那样非得一次购买几道菜肴，即使其中有不需要或不喜欢吃的菜肴也必须接受。

因此，单点菜单不但普遍适用于一般餐馆，而且也适用于观光饭店等各类餐厅、咖啡厅等。但由于餐饮形式的限制，单点菜单并不适合饭店的团体餐厅、自助餐厅，当然也不适合于宴会和酒会服务等。

（2）套菜菜单。套菜俗称公司菜，也称和菜。套菜是指固定价格的套餐餐饮。换句话来说，套菜菜单所列的是整套餐饮，如果是西餐，可包括开胃品、汤、沙拉、主菜、蔬菜、甜点、饮料在内的一组菜肴；如果是中餐，可包括冷盘、热荤、素菜、汤、面饭、点心、饮料等在内的一组菜肴。同时，它们的价格也都是以整套餐饮为单位，而不是以单个菜式为单位。这是套菜菜单区别于单点菜单的显著特点。

值得注意的是，西餐套菜菜单与中餐套菜菜单在价格形式上也存在着细小的差别。西餐套菜菜单中每组菜肴的价格通常是由主菜决定的，也就是说主菜的价格就是该组菜肴的价格。这是西餐中主菜的重要位置所导致的结果。因此，西餐套菜菜单的价格一般都列在各种主菜后边。

客人在选定主菜、辅菜后，按主菜的价格付款。换句话说，菜单上除列有标价的主菜外，还有许多不标价的各类辅菜，客人在点了主菜后，可以在各类辅菜中选取一种自己喜爱的进行搭配。由于各类辅菜中各菜式的成本相差不大，因此不同的餐饮价格便完全取决于不同的主菜成本。通常情况下，一餐以牛排为主菜的晚餐或许比以猪排为主菜的晚餐要贵一倍，而两者所用的辅菜却可能是完全相同的。

中餐套菜菜单的价格形式则比较简单，往往多按餐饮规格及用餐人数而定。与西餐套菜菜单相比，使用中餐套菜菜单的餐厅中客人对菜式选择的余地较小，因为每组餐饮的内容几乎完全由餐厅组合，其中很有可能有客人不喜欢的菜式，因此菜单设计者在设计这类菜单时，更应注重菜式的合理搭配。

(3) 混合式菜单。混合式菜单综合了单点菜单与套菜菜单的特点和长处，因而是两者的最佳结合。最初的混合式菜单是一份单点菜单与一份套菜菜单印制在一起，也就是一部分菜式以套菜形式进行组合，而另一部分菜则以单点形式出现。混合式菜单的主要缺点是菜单过大，使用不便。现在，各地餐厅、酒店所使用的混合式菜单富有变化。就西餐来说，有些餐厅的混合式菜单以套菜形式为主，但同时也欢迎客人再随意点用其中任何主菜并以单点形式单独付款。有的酒店所使用的混合式菜单则以单点形式为主，但凡主菜都有两种价格，一为单点价格，一为套菜价格，吃套菜的客人在选定主菜后可以在其他各类菜中选取部分价格控制在一定限额内的菜式充当辅菜。

【任务实例】

去餐厅就餐，经常能见到一些印刷精致、色彩鲜艳、图文并茂的菜单，这些菜单向客人传递着餐厅各种饮食信息，本身也是一种食欲的诱惑。作为消费者，经常有这样的体验，看着美丽的图片，不知不觉就点下了许多美食。但是餐厅中有一类容易被忽视的群体，这个群体就是老人和小孩，他们由于年龄、身体的制约，欣赏菜单、点菜似乎和他们无缘。餐厅除了提供独具特色的成年人菜单外，还应该准备精美的儿童菜单(Kids Menu)和贴心的老人菜单。例如儿童菜单，菜单上的字体活泼，字号要大，配以图片，便于儿童阅读。菜单的封面可以是请曾在餐厅用过餐的小客人设计的，富有童趣。有儿童客人在父母的带领下来餐厅用餐时，服务人员为小客人送上干净整洁的儿童菜单，会令小朋友们喜出望外，家长更是感觉到餐厅高超的服务艺术。——一位女性消费者的心里话。

处理技巧　菜单的功能总的来说有两个方面，一个是实用性，一个是艺术性。实用和艺术也都是相对而言的。动漫卡通图片和鲜艳的色彩对于儿童就是实用和艺术，方便和简约对于老年人就是实用和艺术，因此菜单设计也应因人而异。针对不同的客人群体，及这些客人群体的特征和需要，配备相应的菜单，在餐饮服务中应该能够取得不错的效果，在餐饮推销工作中也是一个积极的尝试。

【任务演练】

任务设计 1：观察一下身边饭店的菜单特色，根据所学知识对其进行评析。

任务设计 2：根据菜单的作用谈一谈餐厅员工如何在工作中更好地使用菜单？

【任务考核】

学生分小组练习，小组内部互评，也可在小组间互评。教师抽取三组，按照岗位要求进行表演，教师进行点评，考核参考标准如表 13.1 所示。

表 13.1 考核参考标准

考核内容	得分标准	分值(满分 10 分)	得分
服务礼仪	在方、积极、热情、亲切	2 分	
表达能力	普通话标准、表达清晰、流利	2 分	
表达内容	观点明确、言之有理	3 分	
综合能力	联系实际、合理可行	3 分	

任务二　菜单的设计与制作

【任务目标】

了解菜单的作用后，需要对菜单进行设计与制作，真正发挥菜单在餐饮经营中的重要作用。通过完成本任务，掌握菜单设计的原则及制作的注意事项。

【任务导入】

去年 9 月 28 日，建德大慈岩的一家酒店菜单上出现了一道菜，叫"冻五爪"，名字新鲜，价格也挺扎眼——1 200 元一盘。客人好奇地问店员，这到底是什么东东？店员神秘地说："五爪金龙!"这道菜是酒店厨师长老杨亲自下厨烧的，龙爪子当菜价格当然贵了。

这道菜由于原料不多，只短暂地出现在菜单上几个月。不过也正因为这道菜，老杨以非法收购珍贵、濒危野生动物罪，被建德市人民检察院批准逮捕。这个"五爪金龙"的动物学名是"巨蜥"，已被列入国家一级重点保护动物名录。

(资料来源：http://it. sohu. com/20110301/n279592842. shtml)

任务：试分析菜单制作中的注意事项。

【任务链接】

餐厅经营以菜单为导向，一个优秀的餐厅必然拥有着一份优秀的菜单，菜单的设计与制作要讲究科学根据，要结合餐厅的经营定位、餐厅主题及厨房软硬件条件综合考虑。

一、菜单制作的依据

菜单制作的依据总的来说有以下几点。

1. 目标客源市场

任何一家酒店、餐饮企业都无法完全满足每一位客人的餐饮需求，也不可能保证每一位客人都会喜欢其产品和服务。餐厅经营需要锁定目标客源，设计菜单时必须在餐饮市场需求细分的基础上有针对性地迎合目标客源市场。

2. 餐厅经营特色

当今的社会注重个性与特色，餐厅及餐饮企业也不例外，特色就是生命，是区别于同类事物最明显的标志，也是餐厅和餐饮企业相互错位发展的表现。餐厅的主题广泛，涉及不同时期、国家、地域的历史人物、文化艺术、风土人情、宗教信仰、生活方式等。餐厅主题为餐饮产品的开发设计、菜单设计、服务方式、就餐气氛等提供了客观依据。

3. 厨房软硬件条件

菜单只是向客人展示餐饮信息的最主要的渠道，但是菜品具体的实现还得依靠厨房，厨房是美丽的菜单到可口的佳肴这一华丽转身的唯一渠道。客人最终对菜肴、餐厅的评价不是取决于菜单，而是取决于实实在在的餐饮产品。菜单展示的色、香、味、形要依赖于厨房的软硬件条件，包括厨房的厨具设施、餐盘器皿的形状、厨师的烹饪水平、菜肴的刀工装盘等诸多方面。

4. 菜肴营养与搭配

菜单的制定应注意营养均衡、强调荤素搭配，特别是人体所需的蛋白质、脂肪、糖、纤维素和无机盐五大营养成分的平衡。随着生活水平的提高，人们越来越重视健康饮食，在设计菜单的过程中，必须充分体现这一需求。

5. 市场营销与盈利目标

菜单中有一项影响着饭店、餐饮企业的营销及盈利目标，这就是菜肴定价。如果菜肴定价过高，客人心理落差较大，选择的几率就会降低，导致菜肴滞销；相反，菜肴价格定价过低，势必会造成单位菜肴成本的提高，降低了菜品的毛利润率，甚至可能导致亏损。因此，菜单设计时要充分计算投入与产出的比率，考虑成本与盈利。

6. 菜单的整体艺术性

菜单是映射餐厅文化的重要渠道，是餐厅档次的重要体现，一份美丽的菜单势必会让前来就餐的客人赏心悦目、心情愉快，会营造一种良好的餐前气氛。设计菜单的时候，要讲究艺术美感，契合餐厅的经营主题，用艺术化的手法设计菜单，烘托出菜单的整体艺术效果。

二、菜单的构成

菜单是餐厅等餐饮企业的接待水平、消费档次、风味特色等各种信息的集中体现，在设计菜单的时候要注意对餐厅信息的遴选排序，突出重点。一般来说，菜单包含的内容有菜品的名称、规格、价格、烹调方法、实物图片等。

(1) 菜品名称。菜名是餐饮产品的品牌标记，菜名让客人对菜品产生概括性认识或者特色识别，诱惑客人发生购买行为。菜名需真实反映菜点的主要原料、特点，要求形象生动、通俗易懂，真实不夸张，充满个性，但是不深奥离奇。

(2) 规格和价格。规格和价格是反映菜肴消费水平的真实指标，关系到餐厅的营销和利润，对于客人来说也是最为敏感的，因此菜品的价格和规格需在市场物价的基础上合理制订。

(3) 菜肴描述。菜肴描述的目的是为了发挥菜单的推销功能。菜点常见的描述内容有：主料、辅料、配料，味型及主要佐料，营养功效，烹调及服务方式，实物图片，与菜点有关的饮食文化典故等。

三、菜单设计和制作的技巧

1. 菜单的制作材料

材料的优劣不仅能反映菜单的外观质量，也关系到餐厅留给客人的第一印象。因此，在菜单选材时，既要顾及制作成本，也要考虑餐厅的类型与档次，根据酒店的实际需要合理选择制作材料。一般来说，长期重复使用的菜单，要选择经久耐磨又不易沾染油污的重磅涂膜纸张；分页菜单，往往是由一个厚实耐磨的封面加上纸质稍逊的活页内芯组成；一次性使用的菜单，一般不考虑其耐磨、耐污性能，但并不意味着可以粗制滥造；许多高规格的宴会菜单，虽然只使用一次，但仍然要求选材精良，设计优美，以此来充分体现宴会服务规格和餐厅档次。

2. 菜单封面与封底设计

菜单的封面与封底是菜单的“门面”，其设计在整体上影响菜单的效果，所以在设计封底与封面时要注意下述几项要求：菜单的封面代表着餐厅的形象，因此，菜单封面必须反映出餐厅的经营特色、餐厅的风格和餐厅的等级等特点。菜单封面的颜色应当与餐厅内部的颜色相协调，使餐厅内部环境的色调更加和谐。餐厅的名称一定要设计在菜单的封面上最醒目的位置，并且字体字号要有特色，这一方面可以增加餐厅的知名度，另一方面又可以树立餐厅的形象。菜单的封底应当印有餐厅的地址、电话号码、营业时间及其他的营业信息等。

3. 菜单的文字设计

菜单作为餐厅与客人沟通交流的桥梁，其信息主要是通过文字向客人传递的，所以文字的设计相当重要。一般情况下，好的菜单文字介绍应该做到描述详尽，能起到促销的作用，而不能只是列出菜肴的名称和价格。如果把菜单与杂志广告相比，其文字撰写的耗时费神程度并不亚于设计一份精彩的广告。菜单文字部分的设计主要包括食品名称、描述性介绍、餐厅声誉的宣传(包括优质服务、烹调技术等)等三方面的内容。

此外，菜单文字字体的选择也很重要，菜单上的菜名一般用容易辨认的楷体书写，以阿拉伯数字排列、编号和标注价格。字体要端正，使客人在餐厅的光线下很容易看清楚。

除非特殊要求，菜单要避免用外文来表示菜品。即使用外文也要根据标准词典的统一规范拼写，要符合文法要求、防止差错。

4. 菜单的插图与色彩运用

为了增强菜单的艺术性和吸引力，往往会在封面和内页使用一些插图。使用图案时，一定要注意其色彩必须与餐厅的整体环境相协调。菜单中常见的插图主要有：菜点的图案、中国名胜古迹、餐厅外貌、本店名菜、重要人物在餐厅就餐的图片等。除此之外，几何图案、抽象图案等也经常作为插图使用，但这些图案要与经营特色相一致。

此外，色彩的运用也很重要。赏心悦目的色彩能使菜单显得有吸引力，能更好地介绍重点菜肴，同时也能反映出餐厅的风格和情调。色彩能够对人的心理产生不同的影响，能体现出不同的暗示特征，因此选择色彩一定要注意餐厅的性质和客人的类型。

5. 菜单的规格和篇幅

菜单的规格应与餐饮内容、餐厅的类型与面积、餐桌的大小和座位空间等因素相协调，使客人拿起来舒适，阅读时方便，因此菜单的开本和篇幅选择要慎重。调查资料表明，最理想的开本为 23 厘米×30 厘米，在篇幅上应保持一定的空白，通常文字占总篇幅的面积不能超过 50%。

6. 菜单的照片和图形

为了增加菜单的营销功能，许多餐厅都会把特色菜肴的实物照片印在菜单上，能为菜单增加美观度，从而加快客人了解菜肴、订制菜肴的速度。但是在使用照片或图片时一定要注意照片或图片的拍摄和印刷质量。

【任务实例】

Blue Chair 是专业的法式薄饼店，欧式的露天位让人对这家店充满了好奇，走进店里，明亮时尚的现代装潢搭配充满异国风情的用餐场景富有情调。晚上又可成为朋友小聚的小酒吧，是一家很有风格的店。七夕节期间，该店推出了两套情人节套餐：

1. 七夕情人节套餐(A)　　288 元/2 人

套餐供应期间：2010 年 8 月 14 日～8 月 16 日

套餐内容：

烤面包与洋蓟奶油芝士酱(Barbecued bread with artichoke and cheese spread).

烤肉生菜沙律(Roasted meatgarden salad)

红海海鲜汤(Red sea seafood soup)

安卡拉烤羊腿(Lamb Ankara kebab)

或(or)

香料烤春鸡(Tandoori chicken)

巧克力榛果蛋糕与巧克力冰淇淋(Chocolate and hazelnut cake with chocolate ice-cream)

咖啡或茶(Coffee or tea)

2. 七夕情人节套餐(B)　　388 元/2 人

套餐供应期间：2010 年 8 月 14 日～8 月 16 日

套餐内容：

香料黄油焗蜗牛(Snailsgratin herb butter)

牛油果烟熏鲷鱼沙律(Avocado and smoked fish salad)

奶油鸡肉玉米浓汤(Cream of corn and chicken soup)

美国 X. O. 骨髓肋眼牛排(Flamed U. S. prime rib-eye steak 8oz)

香草布丁与香草冰淇淋(Vanilla pudding with vanilla ice-cream)

咖啡或茶(Coffee or tea)

进口红酒一瓶(A bottle of imported red wine)

处理技巧　时令菜单的设计要注意“应景”、“应时”、“应人”，不仅要在菜单的装帧上做文章，更要在菜单的内容选择上下工夫。案例中的情人节套餐，市场定位非常明确，菜单的内容也是精挑细选，充分展示了小资、浪漫、温馨独特的格调，是时令菜单中的成功范例。菜单反映出该餐厅在观察客人所需时体贴入微，为客人服务时真诚主动，由此在餐饮市场中树立了自己的口碑，赢得了稳定忠诚的客源。

(资料来源：http://www.canyin168.com/glyy/chu/yxsj/201008/23485)

【任务演练】

任务设计 1：请尝试为一家中式餐厅设计一份“金婚”宴席的菜单。

任务设计 2：你觉得在菜单设计中应该注意哪些方面的细节？请举例说明。

【任务考核】

学生分小组练习，小组内部互评，也可在小组间互评。教师抽取三组，按照岗位要求进行表演，教师进行点评，考核参考标准如表 13.2 所示。

表 13.2 考核参考标准

考核内容	得分标准	分值(满分 10 分)	得分
服务礼仪	主动、积极、热情、亲切	2 分	
表达能力	普通话标准、表达清晰、流利	2 分	
表达内容	观点明确、设计独特、突出主题	3 分	
综合能力	联系实际，合理可行	3 分	

项目十四

宴会设计

项目目标

通过本项目的学习，了解宴会菜单设计、台面设计、场景设计、服务设计、发展趋势等相关知识；掌握不同宴会设计的重点、方法等知识和技能。

本项目包含两个任务：主题宴会设计；宴会组织与实施。

任务一　主题宴会设计

【任务目标】

通过完成本任务，了解宴会的特征，熟悉宴会的场景、餐台、台面、菜单、酒水等设计的要求。

【任务导入】

某四星级酒店里，富有浓郁民族特色的贵妃厅今天热闹非凡，30 余张圆桌座无虚席，主桌上方是一条临时张挂的横幅，上书“庆祝××集团公司隆重成立”。赴宴的都是商界名流。由于人多、品位高，餐厅上至经理下至服务人员从早上开始就换地毯、装电器、布置环境，宴会前 30 分钟所有服务人员均已到位。

宴会开始，一切正常进行。值台员按照通知、报菜名、递毛巾、倒饮料、撤盘碟，秩序井然。按预先的安排，上完“红烧海龟裙”后，主人要祝酒讲话。只见主人和主宾离开座位，款款走到话筒前。值台员早已接到通知，在客人杯中斟满酒水和饮料。主人、主宾身后站着一位漂亮的服务小姐，手中托着装有两杯酒的托盘。主人和主宾简短而热情的讲话很快便结束，服务人员及时递上酒杯。正当宴会厅内所有来宾站起来准备举杯祝酒时，厨房里走出一列身着白衣的厨师，手中端着刚出炉的烤鸭向不同方向走出。客人不约而同地将视线转向这支移动的队伍，热烈欢快的场面就此给破坏了。主人不得不再一次提议全体干杯，但气氛已大打折扣。客人的注意力已给被转移到厨师现场分割烤鸭上去了。

（资料来源：姜文宏，王焕宇.餐厅服务技能综合实训[M].北京：高等教育出版社，2002.）

任务：试分析本次宴会服务中存在的问题。

【任务链接】

现代餐饮服务业已经进入买方市场，因此酒店常以设计特色化主题宴会作为与同行竞争的武器。主题宴会是通过一个或多个特定的有意义的主题为吸引标志，向客人提供宴会所需的菜肴、场景和服务的宴请方式。它的最大特点是赋予某种特定的主题和意义，并围绕这个主题来营造环境气氛。宴会的菜单、工作人员的服务、宴会厅的台型布置、灯光、装饰品以及宴会中的活动都为这个主题服务，形成一类主题文化的中心，让客人非常容易就能认识到这个宴会的主题，并刺激其产生消费行为。主题宴会正以其独特的魅力焕发出奕奕光彩，已成为宴会市场的"亮点"。它通过独特的主题策划、空间艺术设计，为客人营造浓郁的宴会氛围。宴会主题的本质是文化，一个好的主题宴会，不仅是本身所具有的文化主题的高度凝结，同时也是传统文化与现代文化的凝结。参加宴会者在追求美味佳肴的同时，更希望获得良好的文化熏陶及感官享受，因此对宴会中的主题设计也提出了更高的要求。

宴会的起源

宴会是如何形成的呢？目前烹饪界对此是见仁见智，众说纷纭。现从诸多起源说中，择取几种有代表性的分述如下。

研究中国烹饪史的陶文台先生认为：黄帝时代有完整的古乐，在"举行典礼或隆重的喜庆活动时，人们聚会时才演奏的，有可能也是'侑食'的乐章，如是则可以设想，黄帝时就有萌芽状态的筵宴了"。研究中国筵宴的陈光新先生认为："筵席萌芽于虞舜时代，……探寻其始因，则与古代的祭祀、礼俗和宫室、起居密切相关。"接着又说："从直接渊源上讲，筵席是在夏商周三代祭祀和礼俗影响下发展演变而来的。"以研究川菜筵席史独树一帜的侯汉初先生认为："中国筵席是在商代烹饪发展成熟之后才产生的，它起源于祭祀之礼，完善于宫廷宴会。"《中国烹饪百科全书》中，熊四智先生写的"宴会"词条释义："宴会起源于社会及宗教的朦胧时代。"王子辉先生认为："陶烹时期(从黄帝到尧、舜时代)，由于食物有了进一步的盈余，烹调方法的增多和酿酒的出现，以及氏族社会和私有制初步形成，人们集会聚餐活动也逐渐开始。到了新石器时代后期，出现了原始的宴席和为氏族首领服务的职业厨师。"邱庞同先生认为："古代宴席的起源有多种说法，然而'以源于养老说更具说服力'。"持同样说法的还有高成鸢先生，他认为："古代祭祀之后的饮食活动，绝不是家族的聚餐，而首先是'养老'礼仪。养老与祭祀并行，也是'礼'的最早组成部分。""最早的独立宴席仍是正规的礼仪，即早期的'养老'之礼。"虞舜时代养老的燕礼是最早有文献记载的宴席。研究殷商文化的学者史昌友先生认为，宴会源于殷商时期的聚餐,他说:"从聚餐又延伸出筵席,这是一种融合了许多'礼'的内容而形成的就餐方式。"专家们关于宴会起源的说法,可谓是各执一词。有说源于祭祀的,有说源于氏族聚会或聚餐的,有说源于养老的,也有说多成因的,等等。再结合其他文献资料,其中以宴会起源于祭祀说为主流,而且又以持宴会产生于夏代说的人比较多。

(资料来源:丁应林.论宴会起源[N].扬州大学烹饪学报,2011(3).)

一、宴会的场景设计

宴会的场景是指宴会的环境给予赴宴者的感受和氛围,它是利用灯光、色彩、装饰物、声音、温湿度、绿色植物等为客人创造出的一种宴会氛围。宴会场景的设计直接关系到客人的心态和情绪,关系到宴会的成败。一般来说,宴会场景分为外在气氛与内在气氛,也可以分有形气氛和无形气氛。

1. 宴会场景设计的原则

(1) 以客人需求为出发点。客人需求是指导酒店工作的最高指南。所以,工作人员在设计宴会场景时,必须首先树立客人导向意识,与宴会的主办者充分沟通,正确地了解对方的需求和意愿,然后再根据宴会的性质、规模、主题等有针对性地进行设计。

(2) 与宴会主题协调一致。宴会的主题种类繁多,宴会场景布置风格也多种多样,有中国传统风格、地方风格、少数民族风格、欧式风格、中世纪风格、现代风格等。因此,只有将宴会的主题与宴会的装饰风格协调一致,才能创造出特色的装饰环境,营造特定意境,适应消费者的需求。如在举办婚宴时,要突出吉庆祥和、热烈隆重、甜蜜浪漫的气氛,这时候如果有一对龙凤呈祥雕刻、一幅鸳鸯戏水图等,都会起到画龙点睛、渲染气氛、强化主题意境的作用。

(3) 突出特色的原则。宴会的特色不但体现在菜肴、服务方式等方面,宴会场景布置也往往给客人留下难忘的印象。当然这个特色不是凭空臆想的,需要策划者做充分的市场调研,了解消费者的心理需求,然后才能不断地创新,形成特色产品。

2. 宴会场景设计的内容

宴会场景设计一般包括一些固定的设施,如客人需要的桌椅板凳,需要的宴会摆设品等,除此之外,还应包括与宴会主题相适应的色彩、饰物、灯光、音乐等设计。

(1) 色彩。色彩是宴会场景设计的一个重要因素和表现手法,也是最能吸引客人眼球的一个亮点。不同主题的宴会对色彩的要求也有很大的不同。比如圣诞主题宴会,应以金色、白色、红色为主色调,突出圣诞文化和欢乐气氛。中式婚宴设计中,红色作为中国人心中的吉祥喜庆色彩,给新人和来宾以幸福美满的喜悦感。

(2) 天花、墙面、地面装饰。天花与地面是形成餐厅空间的两个水平面,天花在人的上方,对空间的影响非常大,因此天花处理是否得当,对整个空间起决定性作用。设计天花装饰时应全盘考虑各方面的因素,如宴会的主题、宴会的场地情况、宴会的墙面等。墙面与天花板、地面相互衬托,与宴会家具、台面相互配合,形成宴会厅空间构图的主体和气氛。宴会墙面装饰布置的基本要求是:主题鲜明、美观大方、清新明快。宴会墙面设计分为主墙面和侧墙面两类设计。主墙面决定宴会装饰的主题和风格,要切合宴会的主题,起到画龙点睛的作用,侧墙面以简单装饰为主,宜少不宜多,宜简不宜繁。地面是宴会厅里最直接与客人相接触的空间维护体。地面装饰可以从遮蔽和强调两个方面着手。原来的地面与宴会气氛不协调，可以借用物品进行遮蔽；对需要强调或者着重塑造的地方，可以借用物品加以强调或者修饰。比如可以在走道上铺设红地毯，直达主席台，显得隆重热烈、气势宏大；比如，可以在柱子上布置一些彩纸，以减弱因柱子造成的空间障碍的影响。

(3) 人工布景。人工布景就是借用人工的方法，设计某种特定的微型景观，突出宴会的主题风格和特定意境。

① 大型隆重的宴会，一般要在宴会厅周围摆放盆景花草，以增加宴会隆重、热烈的气氛。

② 国宴，要在宴会厅正面并列悬挂两国国旗，国旗的悬挂按国际惯例以右为上，左为下。我国政府宴请外宾时，中国国旗挂在左边；来访答谢宴会，应相互调换国旗位置。

③ 正式宴会，致辞台一般放在主席台的右侧，装有麦克风，台前用鲜花围住。

④ 一般婚宴，在靠近主席台的墙壁上挂双喜字，贴对联；寿宴，挂寿桃图案，贴对联等烘托喜庆气氛。

⑤ 节日宴会，要布置烘托节日气氛的装饰物。比如圣诞节可以摆设一棵圣诞树，春节可以放置一些对联等。

(4) 灯光照明。灯光照明是室内的重点装饰，起着控制整个室内空间气氛的作用。良好的灯光照明可以艺术地创造和强化宴会环境气氛、情调，突出装饰美化功能和食品展示效果。宴会的光照艺术可根据宴会主题的不同，选择适宜的强度、层次、色彩、角度等。如今，虽然很多的宴会场所，如酒店、餐厅都会有一些基础的灯光设施，但效果毕竟还是有限。而有效的灯光设计就可以让整个场所变得美妙绚烂，让现场的每个人都光彩照人，让客人们身处其中身心愉悦。

(5) 温度。温度是宴会场景的重要组成部分，它直接影响着客人的舒适度。客人因职业、性别、年龄的不同而对宴会厅的温度有不同的要求。通常，女士喜欢的温度高于男士，活跃人士喜欢较低的温度。此外季节不同，客人对温度的感受也不一样。宴会厅的温度要注意保持稳定，且与室外气温相适应，室内外温差不高于 10 ℃为宜。一般来说，宴会厅的温度保持在 23～26 ℃。所以，大型宴会厅提前 30 分钟开启空调，小型宴会厅提前 15 分钟开启空调。

(6) 宴会背景音乐。宴会背景音乐设计是通过声音的传播影响客人的心理，可以产生对宴会预期的遐想意境。背景音乐所表现出来的民俗风情、自然景色、精神内涵、历史文化是其他表现形式无法替代的，宴会厅的音乐属于典型的背景音乐，其音量的大小控制在以不影响两人对面轻声交谈为宜。宴会的背景音乐一般有两种形式：① 如果是十分高级而且高层次的宴会，一般会聘请乐团来进行现场的表演；② 如果仅仅只是一般家庭、家族的聚会，一般会选择使用一些较为轻柔的纯音乐，像是莫扎特的弦乐小夜曲、贝多芬的一些钢琴奏鸣曲等。当然，也要因主题而异。例如，国宴上乐队演奏的两国国歌、婚宴上的《婚礼进行曲》、生日宴会上的《祝你生日快乐》、春节宴会上选用的《步步高》《喜洋洋》等。另外，背景音乐要与宴会的进程相一致，如迎宾时的《迎宾曲》、祝酒时的《祝酒歌》和送客时的《欢送进行曲》等。

二、宴会台面设计

宴会台面设计又称餐桌布置艺术，它是针对宴会主题，运用一定的心理学和美学知识，采用多种手段，将各种宴会台面用品进行合理摆设和装饰点缀，使整个宴会台面形成一个完美的餐桌组合艺术形式的实用艺术创造。台面设计是宴会设计的重要环节。要想成功地设计和摆放一张完美的宴会台面，必须预先做好充分的准备工作。既要进行周密、细致、精心、合理的构想，又要大胆借鉴和创新，但无论怎样构想与创新，都必须遵循宴会台面设计的一般规律和要求。

(1) 根据客人的用餐需要进行设计。既要方便客人用餐，又要便于席间服务，因此，要求对每位客人餐具的摆放要紧凑、整齐和规范。

(2) 根据宴会主题进行设计。台面的造型要根据宴会的性质恰当安排，使台面图案所表达的意思和宴会的主题相称。

(3) 根据美观实用的要求进行设计。使用各种小件餐具进行造型设计时，既要设法使图案逼真美观，又要不使餐具过于散乱，客人经常使用的餐具原则上要摆在客人的席位上以便于席间取用。

(4) 根据民族风格和饮食习惯进行设计。选用小件餐具要符合各民族的用餐习惯。如中餐台面要放筷子，西餐台面则摆餐刀、餐叉。

(5) 根据宴会菜单和酒水特点进行设计。宴会台面设计要根据宴会菜单中的菜肴特点来确定小件餐具的品种、件数，即吃什么菜配什么餐具，喝什么酒配什么酒杯；不同档次的酒席还要配上不同品种、不同质量、不同件数的餐具。按宴会的档次、台面的品种摆放相应的餐具，如较高级的宴席在摆放基本的筷子、汤匙、骨碟、看碟、吃碟和汤碗外，还需摆卫生盘和各种酒杯。

(6) 根据清洁卫生的要求进行设计。摆台所用的台布、口布、小件餐具、调味瓶、牙签筒和其他各种装饰物品都要保持清洁。

(7) 根据吉祥物的喜庆喻义设计。席面物品可造型为图案或表现为动植物形态，通过这些图案隐喻喜庆作用，反映宴会主题。台面设计常见的吉祥物有：龙、凤、鸳鸯、仙鹤、孔雀、燕子、蝴蝶、金鱼、青松、桃子等。

三、宴会菜单设计

一套完美的宴会菜单应由厨师长、采购员、宴会厅主管和宴会预订员（代表客人）共同设计完成。主题宴会菜单对宴会台面不仅有点缀、推销作用，而且还是主题宴会的重要标志之一，可反映出不同宴会的情调与特色。因此，菜单也是主题宴会设计中的重要环节，需从风格、色彩、主题等诸多方面统筹考虑，精心设计。这样菜单除基本功能之外，更能在主题宴会台面上起到画龙点睛的作用。通过好的菜名，应能让一些简单的菜点成为一种思想情感交流的工具，成为一种文化、艺术的载体，使这些普通的菜点具有良好的审美价值和“语言”功能。如婚宴菜单中的花好月圆、鸳鸯戏水、鸟语花香、珠联璧合、百合莲心，其菜单暗含夫妻的和睦恩爱，体现了人们的美好祝愿。

宴会菜名的设计，必须根据宴会的性质、主题，采用寓意性的命名方法，使其主题鲜明，寓意深刻富有诗意。

菜点设计是菜单设计的核心。宴会菜单的设计要点如下：

1. 了解客人，投其所好

宴会菜单是供客人点菜时使用的，用好宴会菜单是使客人宴请达到目的一种手段，所以宴请菜单设计一定要了解主办单位或主人举办宴会的意图，掌握其喜好和特点，并尽可能了解参加宴会人员的身份、国籍、民族、宗教信仰、饮食偏好和禁忌，从而使我们设计的菜单符合客人的喜好和需要。

这还体现在菜肴的命名上。菜肴的命名应尽量选用吉祥用语以寄托对客人美好的祝愿，从心理上愉悦客人，烘托气氛。如某婚宴菜单，其中的十二道菜均被取上吉祥的名称，取得烘托气氛、愉悦客人、祝福新人的效果：四海同歌韵和鸣（龙凤拼盘）、鸾凤喜映神仙池（迷你佛跳墙）、百年好合锦玉带（玉环鸳鸯贝）、海誓山盟龙凤配（蒜茸蒸龙虾）、月老红线牵深情（红烧刺参扣鱼肚）、比翼双飞会鹊桥（金钱鸡拼酿鸡翅）、天长地久庆有余（糖醋煎黑鲔鱼）、纱窗绣幕鸳鸯枕（什锦烩蔬菜）、同心齐谱金镂曲（红鲟米糕）、七夕佳偶牵手心（虱目鱼丸汤）、花团锦簇并蒂莲（团圆莲子露）、馥兰馨果合家欢（环球水果盘）。再如：传统婚宴的比翼双飞席、龙凤呈祥席、山盟海誓席，其中菜品的命名也全部遵循这一原则。

2. 分主次轻重、突出主题

宴会菜单的设计犹如绘画之构图，要分主次轻重，突出主题，把观赏者吸引到某一点上，宴会菜单的设计必须注意层次，突出主菜，创造使人回味的亮点，同时任何艺术作品均需有自己的风格，宴会菜点的设计同样应显示各个地方、各个民族、各家酒店、各个厨师的特点，独树一帜，别具一格。

3. 注意菜肴的数量

我们国家大部分地区均有一条不成文的传统："红、白"喜事中的红喜事（也就是我们所说的婚宴）菜肴的数目为双数；白喜事（我们所说的丧宴）菜肴的数目为单数。婚宴菜肴数目通常以八个菜象征发财，以十个菜象征十全十美，以十二个菜象征月月幸福。如江南地区流行的"八八大发席"，全席由八道冷菜、八道热菜组成。而且举办婚礼的日子也通常选于农历双月的初八、十八、二十八，暗扣"要得发，不离八，八上加八，发了又发"的吉祥寓意。常见菜单如下：八冷碟，炙骨、油鸡、红鸭、风鱼、蜇皮、彩蛋、香菌、芹菜；八热菜，如意海参、八宝酥鸭、花酿冬菇、三鲜海圆、荷花鸡茸、一品枣莲、麒麟送子、全家合欢。

4. 合理搭配，富于变化

宴会菜单如同一曲美妙的乐章，由序曲到尾声，应富有节奏和旋律。因此，宴会部主管在设计菜单时，应注意以下几点：首先，注意冷菜、热菜、点心、水果的合理搭配；造型别致，刀工精细的冷菜，能将客人吸引入席，先声夺人；丰富多彩，气势宏大的热菜，能引人入胜；小巧精致，淡雅自然的美点，就像乐章的"间奏"承上启下，相得益彰；而色彩艳丽、造型奇妙，寓意深刻的水果拼盘，则像乐章的"尾声"可使人流连忘返。其次，注意菜点原料、调味、形态、质感及烹调方法的合理搭配，使之丰富多彩，千姿百态，口味各异，回味无穷。最后，注意营养成分合理搭配，达到合理营养，平衡膳食。

"梅兰芬芳春满园"菜单及主题说明

一、构思菜单款式

由于"梅兰芬芳春满园"是非常传统的中餐台面，融入了京剧元素，以梅兰芳大师的戏与人生为主题，所以菜单设计必须有浓烈的中国气息。刚开始曾考虑用卷轴，因为卷轴比较有中国特色，但在台型设计基本完成，主题造景确定为微缩戏院场景后，发现卷轴菜单虽有中国文化特色，但与整体意境并不协调，且不具独特韵味。回想以往影视剧中大户人家唱堂会场景中通常以“折子”点戏，便在团队的建议下大胆将菜单款式定为“经典折子剧目”，这样一来，一出微缩“堂会”便跃然桌上，并给主题造景中的四个梅兰芳京剧人物造型出处留下了伏笔。

二、丰富菜单内容

菜单款式虽然匠心独具，但要真正经得起推敲，成为画龙点睛的妙笔却更有赖于菜单内容的巧妙设计。

(1) 菜点选择。主题宴会菜单应根据主题和相关要求进行特别定制，既要考虑安排流行的名菜美点(包括冷、热菜，大菜，点心等)，又要注意色彩搭配和成本控制等诸多因素，于是选取八味冷盆、脆皮乳鸽、醉虾、佛跳墙、娃娃菜、寿桃等菜点，不仅有一定档次及中国传统特色，而且可确保食量充足，让就餐客人吃饱吃好。

(2) 菜名命名。“梅兰芬芳春满园”台面主要反映的主题是梅兰芳先生的戏与人生，仅仅依靠一些细小摆件，氛围营造略显单薄，且文化气息不浓，因此，拟利用“经典折子剧目”命名的菜单深入发掘文化内涵。虽然巧妙搭建的旋转舞台，精心设计的经典人物造型在一定程度上反映了梅兰芳的舞台艺术，但其一生塑造的脍炙人口的京剧人物还有许多，怎样才能更多地唤起人们的记忆，更多地向就餐客人传递信息，菜点命名提供了一个很好的机会。很多宴会菜单上的菜点一般都选用较有文化韵味且朗朗上口的虚名，鉴于这个考虑，决定运用虚名、实名相结合的办法给菜点命名，这样一方面每一款菜点均用梅兰芳扮演过的戏来命名，以达到突出主题的目的；另一方面，每款名字旁边备注实名，便于就餐客人明明白白用餐。

具体菜名如下：天女散花(八味佳美碟)、游园惊梦(脆皮双乳鸽)、贵妃醉酒(太湖活炝虾)、凤还巢(雀巢宫保鸡)、天仙配(海鲜佛跳墙)、嫦娥奔月(上汤娃娃菜)、黛玉葬花(醋椒牡丹鱼)、麻姑献寿(黄桥寿桃包)、霸王别姬(甲鱼笨鸡汤)等。

(3) 设计菜单在前两个环节确定后，要想让菜单既符合京剧“折子剧目”的特点，又紧扣梅兰芳先生的戏与人生这一主题，必须对菜单设计进行巧妙构思。① 封面封底。宴会台面的主题造景已初具规模，微缩的仿古戏园子意境也颇有韵味，因此以“经典折子剧目”命名的菜单首先从外形、色彩及图案选择上应符合主题。因而选用与暗玫红色桌布、柠檬黄口布协调的姜黄色作为封面及封底背景色，考虑到单一颜色立体感不强，仿古韵味单薄，所以在背景色上特意附上很有中国风味的淡淡云纹图案。② 内页内容及背景。真正有文化底蕴的主题宴会设计来不得半点马虎，若只有光鲜的外表，而没有实质内容，只能是金玉其外，败絮其中。为能充分表现梅兰芳先生的戏与人生，在内页构思上主要进行了如下考虑：首先作为宴会菜单，首要目的是罗列宴会菜品，由于宴会菜点均以梅兰芳的名剧命名，因此，为增强人们对大师塑造的诸多人物的印象，将每道菜点单独制作在每一页正面，其背景即为该出剧目剧照，在背景上印上菜点的虚名与实名，这样一来，对于票友、戏迷，不仅能达到品鉴美食的效果，更可以通过观看剧照，缅怀一代京剧表演艺术家的风范。同时，对于很多其他就餐客人，也可加深对京剧的理解，在一定程度上起到京剧文化熏陶与传承目的。最为精妙的是一菜一页，为充实梅兰芳先生的人生主题打下伏笔。在设计好正面内容的同时，通过仔细研读梅兰芳先生的生平后，根据内页张数，分别将其整个人生的重要时期进行归纳，并逐一附在每页菜点背面，并且为了让文字不显单调，将该页底纹设置成淡粉色的隐约梅花背景，进一步与主题，与梅兰芳的傲骨精神相呼应。

（资料来源：沈艳. 中餐主题宴会菜单及主题说明的设计[J]. 中国集体经济，2009(09).）

【任务实例】

实例 1

现代人们生活水平提高了，消费者到餐厅消费除了讲究美味可口以外，还对菜品的营养保健功能提出了要求。上海××宾馆餐饮部顺应这一新的美食消费潮流，适时推出了“黑色宴”。他们花时间、查资料、请教专家学者及餐饮界的老前辈，首先选取了市场上能买得到的所有黑色食品原料，像黑木耳、黑芝麻、黑蚂蚁、蝎子、乌鸡、黑鱼、乌参、泥鳅、花菇、发菜等，然后反复斟酌，精心调配，列出了一系列黑色宴会菜谱，其菜品主要有：蚂蚁拌芦笋、椒盐泥鳅、芝麻虾、金蝎凤尾虾、葱烤海参、虾子大乌参、蟹粉黑豆腐、灵芝炖甲鱼、黑枣扒猪手、黑豆凤爪汤、黑枣汤、酒酿圆子、黑米蛋炒饭等。

（资料来源：http://zhidao.baidu.com/question/420994745.html）

实例 2

2001 年 10 月，亚太经济合作组织（APEC）第九次领导人非正式会议在中国上海举行。在这次会议中，有一场最高规格的工作午餐，其规格比国宴还高，午餐菜单是一张有代表性的主题菜单。设计者独具匠心，所用的原料是很平常的鸡、鸭、鳕鱼、蟹、虾仁等，经厨师精心烹饪，成了一道道让客人赞不绝口的蕴涵中国烹饪文化精髓的佳肴。从菜单的内容来看，它将菜名巧妙地融入诗中，且诗的每行句首字联词为：相互依存，共同繁荣。这正是 APEC 所倡导的宗旨和目标。

（资料来源：http://www.china.com.cn/aboutchina/txt/2009—10/20/content_18730488.htm）

实例 3

2002 年 5 月 25 日晚，北京某饭店宴会厅里灯火辉煌、热闹非凡。200 多位身着“唐装”的外宾簇拥着中国帝王打扮的 BOB UHLER 总裁。当这位总裁乘着八抬大轿沿着红地毯登上宝座时，这场被称之为“皇帝宴”的高档宴会，把饭店几天来的酒宴活动推向高潮。宽大恢弘、极富中国宫廷风格装饰的饭店宴会厅，为在这里举办大型酒宴活动的客户展开想象的翅膀，竭尽全力利用中国的传统文化、民俗特色来装点大厅，烘托宴会气氛，调动来宾的兴趣和激情。

这次“皇帝宴”主办者不仅将宴会厅装饰成金銮宝殿，同时还将农村的舞龙、花轿请进宴会大厅，席间不仅表演中国的地方戏，并让客人都来参与选“妃子”游戏。宴会后，外宾还饶有兴致地跳中国秧歌，既了解了中国文化，又品尝了中国美食。

【任务演练】

任务设计 1：以婚宴“百年好合”为主题设计宴会场景。

任务设计 2：以“王的盛宴”为主题设计餐台。

任务设计 3：自选一个宴会主题，为其设计宴会场景、宴会餐台、宴会的菜单。

【任务考核】

学生分小组练习，小组内部互评，也可在小组间互评。教师抽取三组，要求按照岗位要求进行表演，教师进行点评，考核参考标准如表14.1所示。

表14.1　考核参考标准

考核内容	得分标准	分值(满分10分)	得分
宴会场景	场景能够烘托主题	2分	
宴会主题	主题明显、突出	2分	
宴会餐台	设计合理	3分	
宴会菜单	设计合理、突出主题	3分	

任务二　宴会组织与实施

【任务目标】

通过完成本任务，掌握宴会的组织和实施的环节与要求。

【任务导入】

天地公司年底为表示对客户的谢意，举办了客户联谊会，会后共进晚餐。负责接待工作的秘书钟先生根据上司的指示和宴会惯例，安排桌次座位。这次宴会共设3桌，餐厅正面靠墙为主桌，编1号，靠入口处为2、3号桌，摆成三角形，突出主桌。重要客户在主桌。为方便来宾入席，钟先生特意做了座位名签，并摆在桌上。但由于这次联谊会时间紧，与会人员名单确定得晚，钟先生在抄写时漏了应坐在主桌的一位重要客户，结果致使该客户入席时找不到座位，出现了十分尴尬的场面。

(资料来源:http://www.doc88.com/p—403540824400.html)

任务:你认为案例中，钟先生在工作安排中存在哪些问题?

【任务链接】

一、宴会前的组织准备工作

1. 掌握情况

接到宴会通知单后，餐厅管理人员和服务人员应做到“八知”、“三了解”。

“八知”是知台数、知人数、知宴会标准、知开餐时间、知菜式的品种及出菜的先后顺序、知主办单位或房号、知收费办法、知邀请对象。

“三了解”是了解客人风俗习惯、了解客人生活忌讳、了解客人特殊需要。如果是外宾，还应了解国籍、宗教、信仰、禁忌和口味特点。

对于较高规格的宴会，还应掌握下列事项:宴会的目的和性质，宴会的正式名称，客人的年龄和性别，有无席次表、座位卡、席卡，有无音乐或文艺表演，有无主办者的指示、要求、想法，有关司机接待方式等。

管理人员根据上述情况，按宴会厅的面积和形状设计好餐桌排列图，研究具体措施和注意事项，做好宴会的组织工作。

2. 明确分工

规模较大的宴会，要确定总指挥。总指挥在准备阶段要向服务人员分配任务、强调意义、提出要求，宣布人员分工状况和服务注意事项。在人员分工方面，要根据宴会要求，对迎宾、值台、传菜、供酒及衣帽间、贵宾室（VIP Room）等岗位，要有明确分工，都要把具体任务、责任落实到人。做好人力、物力的充分准备，要求所有服务人员思想上要重视，行动上要具体落实，保证宴会有始有终，让客人满意而归。

3. 宴会布置

宴会布置主要包含场景布置和台形布置两个方面。

（1）场景布置。中国的美食从来都讲究进餐环境的气氛和情调，因而在场景布置方面，应根据宴会的性质和规格的高低来进行，要体现出既隆重、热烈、美观、大方，又具有我国传统的民族特色。

（2）台型布置。台型布置不仅是事务性的工作，而且涉及社交礼仪等问题。因此，要根据宴会厅的形状、实用面积和宴会要求，按宴会台型布置的原则，即“中心第一、先左后右、高近低远”来设计。

在布置中做到既要突出主台，又要排列整齐，间隔适当；既要方便客人就餐，又要便于服务人员席间操作。

在台型布置中，还应注意到有一些西方国家习惯于不突出主台，提倡不分主次的做法。

酒吧台、礼品台、贵宾休息台等，要根据宴会的需要和宴会厅的具体情况灵活安排。

4. 熟悉菜单

服务人员应熟悉宴会菜单和主要菜点的风味特色，做好上菜、分菜和回答客人对菜点提出询问的思想准备。同时，应了解每道菜点的服务程序，保证准确无误地进行上菜服务。对于菜单，应做到能准确说出每道菜的名称，能准确描述每道菜的风味特色，能准确讲出每道菜肴的配菜和配食佐料，能准确知道每道菜肴的制作方法，能准确服务每道菜肴，尤其是需要分的菜，如鱼、鸡等。

5. 物品准备

由于一般宴会客人数量比较多，餐中突发事件较多，因此，宴会中物品准备是重要的工作内容，一般情况下，宴会中要准备如下一些物品：

（1）准备菜单。每桌放置一至二份菜单，重要宴会则人手一份。要求封面精美、字体规范，可留做纪念。

（2）准备好开水和香巾。

（3）准备餐具。根据菜单的服务要求，准备好各种银器、瓷器、玻璃器皿等餐酒具，要求每一道菜准备一套餐碟或小汤碗。

（4）准备佐料。根据菜肴的特色，准备与菜式搭配的佐料。

（5）根据宴会通知要求，备好鲜花、酒水、香烟、水果等物品。

6. 铺好餐台

一般宴会开始前一个小时，要按规格摆好餐具和台上用品。

7. 摆设冷盘

大型宴会开始前15分钟摆上冷盘，然后斟预备酒。中小型宴会则视客人情况而定。

摆设冷盘时，根据菜点的品种和数量，注意菜点色调的分布，荤素的搭配，味型的搭配，菜型的正反，刀口的逆顺，菜盘间的距离等。使摆台不仅是为客人提供一个舒适的就餐地点和一套必需的进餐用具，而且能给客人以赏心悦目的艺术享受，为宴会增添隆重而又欢快的气氛。

8. 拉好椅子

开餐前，要将椅子整齐拉好，要求椅背中心正对餐盘，椅面内沿紧贴桌布或台裙，椅背绕成圆形。

准备工作全部就绪后，宴会管理人员要做一次全面的检查。从台面服务、传菜人员等分派是否规范合理，到餐具、饮料、酒水、水果是否备齐；从摆台是否符合规范，到各种用具及调料是否备齐并略有盈余；从宴会厅的清洁卫生是否搞好，到餐酒具的消毒是否符合卫生标准；从服务人员的个人卫生、仪表装束是否整洁，到照明、空调、音响等系统能否正常工作，都要一一进行仔细的检查，做到准备充分，保证宴会按时举行。

二、宴会的迎宾工作

1. 热情迎宾

根据宴会的入场时间，宴会主管人员和引领人员提前在宴会厅门口迎候客人，值台员在各自负责的餐桌旁准备为客人服务，站立姿势要端正，做到抬头、挺胸、收腹，双脚不可交叉，不依靠它物，双手自然交叠在腹前，面带微笑，精神饱满。客人到达时，要热情迎接，微笑问好。待客人脱去衣帽后，将客人引入休息间就座休息。回答客人问题和引领客人时注意用好敬语，做到态度和蔼，语言亲切。

2. 接挂衣帽

主动帮助客人挂好衣物。如宴会规模较小，可不设专门的衣帽间，只在宴会厅房门前放衣帽架，安排服务人员照顾客人宽衣并接挂衣帽。如宴会规模较大，则需设衣帽间存放衣帽。接挂衣服时，应握衣领，切勿倒提，以防衣袋内的物品倒出。贵重的衣服要用衣架，以防衣服走样。重要客人的衣物，要凭记忆进行准确的服务。贵重物品请客人自己保管。

3. 端茶递巾

客人进入休息厅后，服务人员招呼入座并根据接待要求，递上香巾，并说“先生/小姐请用香巾”；然后询问客人，“请问喜欢喝什么茶，我们这里有人参、乌龙、铁观音、碧螺春、菊花茶等”，然后将茶杯放于托盘上，从客人右侧递上，并说“您好，请用茶”。若客人抽烟，应主动为其点火。递巾送茶服务均按先宾后主，先女后男的次序进行。

4. 席间服务

宴会进行中，注意四勤(即嘴勤、手勤、腿勤、眼勤)。细心观察客人的表情及示意动作，眼观六路、耳听八方，采取主动服务。一切行动做在客人开口之前，当客人准备吸烟时，要主动上前为客人点烟，操作时用右手在客人右侧进行(注意：不能用一火苗为两个以上的客人点烟)。服务时，态度要和蔼，语言要亲切，动作要敏捷。放餐具X要轻拿轻放，右手操作时，左手要自然弯曲放在背后，暂停工作时要站在一边与台面保持一定距离，站立要端正，眼神要专注。

如客人席间烟灰缸里若有两至三个烟头，烟灰缸就要立即更换。

在撤换菜盘时，如转盘脏了，要及时抹干净。转盘清理干净后才能重新上菜。

若客人在席上弄翻了酒水杯具、要迅速用餐巾或香巾帮助客人清洁，并用干净餐巾盖上弄脏部位，为客人换上新的杯具，然后重新斟上酒水。

宴会中若有即兴演唱等活动，或临时增加服务项目，服务人员要及时与做好服务工作，直至宴会结束。

三、宴会的收尾工作

(1) 结账准备。上菜完毕后即可做结账准备。清点所有酒水、香烟、佐料、加菜等宴会菜单以外的费用并累计总数，送收银处准备账单。

(2) 拉椅送客。当主人宣布宴会结束，服务人员要主动提醒客人带齐所携带物品，不要遗忘。当客人准备起身离座时，要主动为其拉椅，以方便离席行走。在没有其他工作情况下，最好能够目送或亲自送送客人至餐厅门口，热情告别。不要在客人刚刚起身还未走出宴会厅，便忙于收台，如宴会后安排休息，要根据接待要求进行餐后服务。

(3) 收台检查。在客人离席的同时，服务人员要检查台面上是否有未熄灭的烟头，是否有客人遗留的物品。在客人全部离去后立即清理台面。清理台面时，按先餐巾、香巾和金银器，然后酒水杯、瓷器、刀叉筷子的顺序分类收拾。凡贵重餐具要当场清点。

(4) 清理现场。各类开餐用具要按规定位置复位，重新摆放整齐，开餐现场重新布置，以备下次使用。

(5) 关闭电灯门窗。收尾工作做完后，领班要做检查。待全部项目合格后方可离开或下班。

【任务实例】

实例 1

实习生小李是东莞某五星级酒店的新员工，由于过年的时候酒店经常有大型宴会，常常会安排餐饮部门以外的员工加班，服务宴会客人。过年前的一天，又一次大型宴会加班，服务名单中也有小李的名字。晚上经过简短的培训之后，客人来了，小李等服务人员回到自己的岗位上为客人服务。为客人放好香巾送上茶水之后，突然一位女客人叫住了小李，要求为她的小孩加一个小孩座和一套餐具，并且要求给挂在椅子上的衣服拿一个衣套。由于小李是第一次服务宴会，也不清楚凳子和餐具在哪里放，只好让客人稍等，去求助一位宴会部的领班，哪知那位领班说："规定每桌是 10 个人，客人要求加凳你可以不管！宴会服务不用主动服务，衣服也不用给衣套！"小李纳闷了，宴会客人不是客人吗？为什么服务质量会下降这么多？最后，还是小李自己给客人找来凳子和一套餐具，并及时地给套上衣套，才没有引起客人不满。

处理技巧 "客人就是上帝"，这句话是酒店公认的制胜法宝。平等对待每一个客人，做到真正意义上的"客人至上"，确保客人的"上帝"地位。总的来说，"平等待客"即平等地对待每一位客人，无论他们的身份、地位、消费水平等方面有何差别，都要提供同样质量的服务。对于宴会客人的服务不可能要求像服务包房客人那样细致入微，但客人的消费水平的降低并不代表我们的服务质量也可以下降。前来消费的客人之间肯定存在一定的消费水平的差异。比如有的人来可能就只是来吃一顿很简单的便餐或者喝个饮料，而有的来则带着一大帮人举办宴会，场面豪华，自然会消费很多的产品。但是无论是来喝杯水短暂停留，还是举办豪华宴会，服务人员都应积极热情地为之服务，提供客人要求的服务，甚至提供额外的相关服务。因为每一位宴会客人都有可能是潜在的酒店客人，甚至是VIP客人。更重要的是，如果服务质量出现了大的问题，宴会往往会成为宣传酒店负面形象的温床，会使我们失去更多的客人，给酒店带来更多不可预知的经济损失。

（资料来源：http://wenku.baidu.com/view/f08b843231126edb6f1a1081.html）

实例2

南方某四星级酒店三楼气派豪华的宴会厅，正在举办规模盛大的宴会。因为此次活动参与人数多、规格高，所以餐饮部不得不临时抽调了几名实习生前来帮忙。

席间，一切按计划进行，客人的欢声笑语不断。忽然，离主桌最远的一张桌前有位女客人发出尖叫声，宴会领班小丁和公关部朱经理闻声同时赶去，发现那位女客人的一身套装湿淋淋的，一个实习生手里托着倾翻的汤碗，脸色苍白，呆立一旁，手足无措。朱经理立即明白了一切。她一面安排另外几名服务人员收拾被女客人打落到地上的筷子、酒杯等杂物，一面与小丁用身体挡住女客人，将其护送出宴会厅。

朱经理关照小丁先安排客人到房间里淋浴，压压惊，她自己到客房部暂借一套干净的酒店制服请女客人穿一下。小丁又转弯抹角问清了女客人内衣的尺寸，接着一个电话打到公关部，请秘书以最快的速度到附近的大商场购买高档内衣。朱经理另派人将女客人换下的脏衣服送到洗衣房快洗。在这些工作分头进行的同时，小丁已陪着梳妆完毕的女客人到一楼餐厅单独用餐，并代表酒店向她表示真切的歉意。女客人很快便恢复了平静。

再说三楼宴会厅，由于处理及时，客人又开怀畅饮，重现热烈的气氛。此时大酒店外方总经理正好前来敬酒，朱经理把事情经过向他报告后，他旋即同朱经理一起来到一楼餐厅，向女客人郑重致歉，后来又特地向女客人的上司表示歉意。女客人反而感到不好意思了，她指指身上的酒店制服，不无幽默地说："我也成了酒店的一员，自己人嘛，还用这么客气?"半小时后，洗衣房把女客的衣服洗净烫平，公关部秘书早已买了内衣。女客人高高兴兴地换上自己的套装，还不时向朱经理和小丁道谢。临出门时，朱经理还为她叫了一辆出租车……

处理技巧　案例中酒店的服务人员和管理者较好地处理了突发事件，反映出酒店整体服务水平较高。主要体现在以下几个方面：

第一，作为服务人员，若你不小心将酒水洒在客人身上，应诚恳地向客人表示歉意，并想法进行补救，在获得客人允许的情况下为客人擦拭衣服，女客人应由女服务人员擦拭，动作要轻柔适宜。如果客人还是不满意，应该请上司出面，不能跟客人发生冲突。当酒店服务人员因过失而造成客人不悦时，有一定级别的负责人诚心诚意代表酒店向客人道歉，可以缓解客人的愤懑。这是至关重要的。不然的话事故影响极可能会扩大，甚至会波及整个大厅，到那时再设法收拾已为时太晚。宴会厅经理，乃至外方总经理亲自前往道歉，有助于消除感情上的对立。

第二，作为管理者，发生了这类不愉快的事情，不必先责怪自己的员工，当务之急是解决摆在面前的具体问题。宴会厅朱经理和小丁的种种措施都是不可缺少的。尤其是遇到这类事情，酒店不可过多计较经济损失大小，必要的支出可换来巨大的社会效益。同时，酒店各个部门，如洗衣房、公关部、客房部、宴会厅等，上下拧成一股劲，同心合力只为一个目标，即搞好服务、维护酒店形象，这是决定一家酒店成败的关键。

（资料来源：http://guanli.100xuexi.com/view/specdata/）

【任务演练】

任务设计 1:某知名服装公司设计一个“十年庆典宴会”策划方案。

任务设计 2:设计一个百岁老人生日宴会策划方案。

【任务考核】

学生分小组练习,小组内部互评,也可在小组间互评。教师抽取三组,按照岗位要求进行表演,教师进行点评,考核参考标准如表 14.2 所示。

表 14.2 考核参考标准

考核内容	得分标准	分值(满分 10 分)	得分
主题	明确、突出	2 分	
新颖性	有创新性	2 分	
思路	条理清楚	3 分	
详细	方案详细、具体可行	3 分	

项目十五

餐饮销售服务

项目目标

本项目主要学习有效的营销理念和营销策划方法，通过本项目的训练，使学生了解增加客人价值的方法，提供个性化服务营销策略；学会建立健全客人档案，维护良好的客人关系，培养建立忠诚客人，以及正确使用营销方法，制定正确的营销策略等。

本项目包含两个任务：销售策略；美食节策划。

任务一　销 售 策 略

【任务目标】

通过完成本任务，使学生了解餐饮营销的概念及其重要性；熟悉影响客人饮食喜好的因素；掌握餐饮产品与服务的营销组合与策略；掌握餐饮营销服务的策略与技巧。

【任务导入】

某星级酒店餐厅经营一直很不景气。餐饮部员工发现家长携儿童去餐厅就餐的现象很普遍，便向酒店建议开设独立的少儿自助餐厅，此建议得到酒店高层的赞同。经过调研后，酒店制定了"托起小太阳"餐饮行销计划。内容包括：开设少儿自助餐厅，在餐厅内设场地摆放玩具供儿童玩耍，推出儿童菜谱，把一些食品做成动物造型，为就餐家长提供免费托儿服务等。经过精心的策划，儿童餐厅开业不久生意就很火爆，还带动家长消费，业务量提高了45%，"托起小太阳"餐饮行销计划取得了巨大成功。

（资料来源：吴金林.《旅游市场营销》(第二版)[M].北京：高等教育出版社，2007.）

任务：请从该案例分析一下影响餐饮营销的因素，以及餐饮产品与服务的营销组合方案与策略。

【任务链接】

一、餐饮营销的概念

营销无时不有,营销无处不在。餐饮营销是指餐厅采取多种策略,整合餐饮企业内外一切积极因素,充分发挥团队优势,创造商机,引导客人需求,使现有各类资源达到最优化配置,以期利润的最大化的管理活动。

二、餐饮营销的重要性

我国餐饮市场已经呈现出从短缺经济的卖方市场走向相对过剩的买方市场的态势,消费也由温饱消费转向发展消费和享受消费,餐饮营销服务的重要性日益突出。

1. 餐饮市场竞争发展的必然趋势

改革开放以来,我国餐饮业是开放最早、市场化程度最高的行业,供求格局出现了根本性转变,实现了总量基本平衡并相对过剩的宽松局面,众多企业纷纷采取降价销售、让利销售、折价优惠等办法吸引客人。虽然打折降价刺激了一些消费者的购买欲望,但事实证明,仅靠它来促进销售增长,已不切合实际。因此,服务竞争已取代商品竞争和价格竞争,而成为21世纪企业竞争的一张王牌。

2. 加强商业道德建设的要求

在市场经济条件下,竞争是市场经济的灵魂。然而,要使市场竞争有序,就必须重视商业道德建设。商业道德作为商业的经营思想、经营作风和经营行为的规范和准则,其特定内容是以"诚"和"真"表现出来的。"诚"和"真"在商业活动中主要体现在四个方面:商人优秀的品德,良好的服务,货真价实的商品,买卖双方融洽的人际关系。因此,开展服务营销,为客人提供优质服务,不但体现了商业道德的内在要求,维护了广大消费者的利益,而且有利于加强社会主义商业道德的建设。

3. 创立餐饮服务品牌的基础

餐饮品牌是商业服务发展的产物,也是商业竞争的延续。在买方市场条件下,我国居民的消费行为日趋成熟,消费者的质量意识和品牌意识日益增强,消费者对企业的品牌忠诚度、形象信任度,以及销售服务的满意度,成为进餐时的重要参考依据,从而迫使企业不得不重视服务品牌的创建。因此,商业企业要创立服务品牌,必须坚持不懈开展服务营销,脚踏实地提高服务质量,通过服务营销营造优质服务、特色服务的良好氛围,为创立服务品牌打下坚实的基础。

三、影响客人饮食喜好的因素

1. 内因

内因,也就是餐饮产品的内在因素。比如这个产品做得好不好,合不合客人的口味;餐厅是不是有特色;服务水准怎么样,服务人员是不是训练有素,是不是善于推销;个人卫生和素质怎么样;餐厅的档次和环境怎么样;地理位置如何等。这些是影响客人饮食喜好的内因,它们可以用12个字来形容,即色、香、味、形、器、滋、声、养、温、境、服、续。

(1) 色:色是指菜肴的色相,它与形共同构成菜肴的视觉享受。我们在评价菜肴的时候,首先是色泽鲜艳。如果这道菜黑乎乎、乌蒙蒙的,马上就会影响客人的食欲。

(2) 香:食物的气味。浓郁的香味可以刺激人的食欲,提升客人整个进餐过程的品质。

(3) 味:菜肴的基本特征之一,也是衡量菜肴质量优劣和受欢迎程度的最重要的因素之一。

(4) 形:菜肴的造型。

(5) 器:主要强调器皿的文化性和专属性。俗语说美食不如美器。要能够通过不同的菜品特征,结合不同的菜肴文化典故,配备专用的盛器,做到一菜一碟。

(6) 滋:指食物的口感。一般的口感有爽、脆、嫩、滑等。好的菜肴,应该有复合的要求,而这也是厨师烹调功力的一个重要体现。

(7) 声:指菜品的声音。声包含两个方面:其一,热菜要有声,指在品尝菜肴过程中,客人能听到声音的感受;其二,指环境的声音,静闹要有序,背景音乐、服务人员在服务过程当中插话的时机、语气等,都属于声的范畴。

(8) 养:即食物的营养。

(9) 温:指菜肴的温度。菜肴的温度取决于上菜时间的把握。同时"温"还包括温情的服务(服务内涵)。

(10) 境:即环境气氛。餐厅的环境气氛主要包括两个方面:一是有形气氛,如空间布局、内部装潢、位置、景色、光线、色彩等;二是无形气氛,如服务人员的态度、礼节、能力以及让客人的满意程度等。

(11) 服:即服务。酒店的根本宗旨,就是为客人提供优质的服务。

(12) 续:即餐后的售后服务,或者叫后续服务。"续"是餐饮经营的延伸,也是饮食文化的延伸,它强调后续服务、跟踪服务,从而和客人之间建立良好的对客关系以后,吸引回头客。

2. 外因

外因是指消费者在餐饮产品的消费过程中,可能受到的外在影响因素,例如环境因素、客人情绪、广告效应、就餐时间、就餐季节变化等。

(1) 环境:包括社会经济环境、社会习俗等。

(2) 客人情绪:如果客人情绪好,就能较好地享用美食,同时对服务人员的过错就能给予谅解;反之,若情绪不佳,他就会对什么都看不顺眼,对食品也会挑剔。

(3) 广告效应:广告起导向作用,能对人们的消费态度产生影响。

(4) 就餐时间和季节变化。

3. 生理和心理因素

生理和心理因素会影响客人对餐厅和产品的选择。

4. 个人因素

指消费者自身的一些因素。包括:期望值标准、就餐目的、熟悉程度、他人影响、食欲和心情、其他个人因素(比如家庭结构、文化水平等,也影响到客人的就餐)等。

5. 社会经济因素

社会经济也是影响餐厅经营活动的一个因素。当地的社会经济是不是发达,经济是不是景气,会影响到餐厅的营业额。如果经济不景气,吃饭的人自然就少了些;而在经济发达地区,人们的经济水平较高,加上生活节奏快,人们更愿意选择在外面就餐。

6. 文化宗教因素

不同的文化水平和宗教信仰决定了客人选择的产品和服务。

四、客人对餐饮产品的需求

1. 生理需求

生理需求，主要包括营养、风味、卫生、安全等。这些是客人在餐饮消费活动中最基本的要求。

(1) 营养。现在的人们都非常注重健康，强调饮食营养均衡搭配。

(2) 风味。客人希望品尝特殊的风味。这个风味是在家里做不出来的，特别是一些有地方特色的风味产品，他们更是趋之若鹜。这是一种求新求异的心理需求。

(3) 卫生。现在的消费者都非常讲究卫生。这个卫生既包括菜肴产品本身的卫生，也包括就餐环境的卫生，还包括用餐器具和员工的个人卫生等。没有人愿意去一个脏兮兮的饭馆吃饭。环境高雅、菜品卫生、服务人员整洁是客户首先看中的。

(4) 安全。包括食品卫生的安全、就餐环境的安全。比如地面不要太滑、墙上挂的字画不能往下掉，导致砸到人等。

2. 心理需求

心理需求即消费者的精神需求，这一类需求往往是看不见、摸不着的。我们在服务过程中要十分关注消费者，去发现和研究他们的需求变化。心理需求有五个方面：

(1) 受欢迎的需求。客人到餐厅以后，要有员工去问候他、迎接他，让他觉得受到了欢迎，得到了重视。

(2) 受尊重的需求。

① 对客人人格的尊重。这个是最基本的需求。客人的人格被尊重，他才找到被当成上帝的感觉，就餐过程才愉快，他才愿意来。

② 对客人消费口味的尊重。目前很多酒店在经营中都会碰到的一个问题，实际上就是强调我们要去研究消费者的口味特征，了解消费者的消费需求，做到有针对性地介绍我们的产品，然后由客人做出选择。

③ 对客人宗教信仰的尊重。不同的宗教信仰在食品的选择上，有他的特殊性。所以，很多餐馆的服务人员会问客人：有什么口味要求？有没有忌口？这就是一种宗教信仰的尊重。

(3) "物有所值"的需求。现在的客人在餐饮消费过程中，已经从盲从转向理性，要求花出去的每一分钱都能够实实在在地得到回报，他们非常注重物有所值。这也是餐饮经营者在设计产品、价格的时候，必须认真思考的一个关键问题。

(4) 显示气派的需求。很多客人到餐厅来吃饭，除了用餐以外，还有一个重要的目的就是，显示自己的身份和气派。有些客人经常在朋友面前讲，这个餐厅很上档次，非常好，我经常到这个餐厅来吃饭。他这么说的目的无非有两个。第一，显示他有钱；第二，到这里来消费，档次高，说明他有品位。

客人往往不是直接告诉餐饮经营者他要显示气派，要追求档次，要在朋友面前露脸。而是在消费过程中，通过一些简单的表述，潜移默化地体现出来。另外，在显示气派、讲究身份的过程中，有的客人经常会以专家的口吻、专家的眼光来对菜品做点评。如果客人以美食家的口吻来评价产品，即使评价不在点子上，我们也不要去纠正他、批评他。如果你去纠正他、批评他，会让他觉得很没面子，尤其是在朋友面前很丢面子，那他下次就不会再来了。这是在服务当中需要注意的一个问题。

(5) 方便的需求。现在的客人到餐厅吃饭，追求的是方便、快捷。要满足这种方便、快捷的需求，需要我们的服务要尽量地简洁、明了，不要太繁琐、复杂。这样客人在用餐的过程中会觉得很愉快。

五、餐饮营销策略与技巧

1. 广告营销

(1) 电视广告。除了"消费者现身说法"外还可以有很多种；企业可以根据自身特点及消费者特性采用企业形象展示、特色菜品推荐等方法。

(2) 电台广告。一般可以通过热线点播、邀请嘉宾对话、点歌台等形式，来刺激听众参与，从而增强广告效果。

(3) 互联网广告。随着网络的普及，网络广告也成为一块重要的阵地。

(4) 报纸、杂志广告。这类广告适于做食品节、特别活动等餐饮广告，也可以登载一些优惠券，让读者剪下来凭券享受餐饮优惠服务。

(5) 餐厅内部宣传品。精美的定期餐饮活动目录单，宣传画册，能让客人带走的"迷你菜单"，各种图文并茂、小巧玲珑的"周末香槟午餐"、"儿童套餐"等介绍。

(6) 电话推销。即餐饮营销人员与客人通过电话进行的双向沟通。这种推销方式只是通过声音进行沟通，所以就需要特别注意运用自己的听觉，要在很短的时间内对客人的要求、意图、情绪等方面做出大致的了解和判断，推销自己的餐饮产品和服务时力求精确，突出重点，同时准确做好电话记录。对话时语音语调应委婉、悦耳、礼貌，同时不要忘记商定面谈，以及进一步确认的时间、地点等细节，最后向客人致谢。

(7) DM 广告。即通过将饭店餐厅商业性的信件、宣传小册子、餐厅新闻稿件、明信片等直接邮寄给消费者的广告形式。

(8) 其他印刷品、出版物上的广告。如可在电话号码本、旅游指南、市区地图、旅游景点门票等处登载的餐饮广告。

(9) 户外广告。通过户外的道路指示牌、建筑物、交通工具、灯箱等所做的餐饮广告。

(10) 其他广告。如饭店或餐厅门口的告示牌；店内电梯也可成为三面的广告墙；店内餐厅的有关食品节、甜品、酒水、最新菜点等信息的帐篷式台卡等。

2. 新闻营销

这是以付费或非付费新闻报道、消息等形式出现的，一般通过电台广播、电视、报刊文章、口碑、标志牌或其他媒介，为人们提供的有关饮食产品以及服务的信息。企业举办的一些活动可邀请媒体代表参加，可以事先提供有关信息，也可以书面通报的形式或自拟新闻稿件的方式进行。还可以与媒介联合举办"节日美食"、"饮食与健康"等小栏目。

3. 人员推销

(1) 专人推销：专门设立营销部。

(2) 全员推销：也叫全员营销，亦即饭店所有员工均为现实的或潜在的推销人员。第一层次是由专职人员如营销总监、餐饮销售代理、销售部经理、销售人员等组成的；第二层次由兼职的推销人员构成,如餐饮总监(或餐饮部经理)、宴会部经理、餐厅经理、预订员、迎宾员以及各服务人员等。经理们可在每餐前至餐厅门口迎候客人;餐中巡视,现场解决各种投诉问题;餐毕向客人们诚恳道谢,并征询客人对菜点、酒水以及服务的看法和意见;服务人员则通过他们热情礼貌的服务态度、娴熟高超的服务技巧、恰当得体的语言艺术,向客人进行有声或无声的推销。第三层次则由各厨师长及其他人员组成。

4. 菜单营销

即通过各种形式的菜单向前来餐厅就餐消费的客人进行餐饮推销。可通过形式各异、风格独特的固定式菜单、循环式菜单、特选菜单、今日特选、厨师特选、每周特选、本月新菜、儿童菜单、中老年人菜单、情侣菜单、双休日菜单、美食节菜单等来进行宣传和营销。

5. 餐厅形象营销

对餐厅的形象进行设计策划,比如在店徽的设计、餐厅主题的选择、餐厅的装饰格调、家具、布局、色彩灯饰等方面下工夫,使之起到促销的功用。如可营造出三十年代旧上海情调的上海餐厅,越南风情的芭蕉别墅,傣族风格的竹楼餐厅,富有浪漫、高雅艺术气息的西餐扒房等。

6. 文化营销

随着人们追求高品位生活及幽雅的就餐环境的需求,为餐厅赋予某种文化内涵或挖掘企业自身的文化内涵,让餐饮企业也成为文化氛围浓厚的场所,来吸引消费者,如“敖包相会”的文化餐厅营销等。

六、现实运营中几种常见的餐饮营销方式

(1) 营业中推广的方式,即营业中推广的一种营销方式,是以餐饮菜品的风味特点,产品质量和服务质量为基础,抓住产品和服务质量,树立企业形象和声誉,要给每位前来就餐的客人提供个性化服务,给他们留下美好印象,使其成为企业的义务宣传员,长此以往,达到口碑传播的效果,扩大企业的经营效益。

(2) 客户文档方式。以文档形式记录光客人人的资料,以便对不同类别的客人提供个性化的服务,如客人的生日、结婚纪念、小朋友满月之喜。客人对某一菜品的喜好、忌讳等做详尽的记录,适逢喜庆之日,企业将会寄出贺卡,发出问候短信、祝福语等,以此为依托,组织相关人员进行系统归类,经常与客人保持沟通关系,以达到从“客”到“友”的情谊关系,缔造忠诚的支持群体。

七、餐饮推销语言的应用

推销语言是一种引导客人消费需求的语言艺术,运用得当可以促进消费,服务人员需要长期学习,不断琢磨。掌握以下几点可迅速见效:

(1) 多用选择疑问句,少用特殊问句。是指推销过程中不以“要”或“不要”的问句提问,而是以选择问句提问。例如:“先生,您要饮料吗?”这样问的结果是客人“要”或“不要”,将有50%的概率会被客人否定。再比如服务人员问客人“要不要来点白酒”时,只要有一位客人说“今天不喝酒!”推销就会失败。如果采用选择疑问句,效果可能大不一样。例如:“先生,我们有椰汁、可乐,请问您需要哪一种?”“先生,您要来点红酒还是啤酒?”客人很有可能在你划定的选择范围之内,选择一种,这样推销成功的概率就高多了。

(2) 将客人单一需求引向多元化选择。有些客人总是按个人习惯点菜，对餐厅特色菜并不了解。点了菜，服务人员如果简单回答一句“没有”，就会让他们失望，从而失去消费欲望。如果服务人员抓住机会，推销与所点菜品相关的其他菜式，将客人引到多元化选择，会取得较好效果。一位客人点了八宝粥，餐厅售完了，服务人员说：“不好意思今天八宝粥已经卖完，现在还有黑米粥、玉米粥、西米粥，都很不错，换个口味好吗？”于是客人欣然点了玉米粥。

(3) 利用顺口溜、打油诗或典故强化菜品介绍。“巴国布衣”的招牌菜之一是口水鸡，客人不明白：“啥子味道？”服务人员说，这是川东特色名菜，有一首顺口溜：“口水鸡呀口水鸡，阿妹做菜好手艺。麻辣酸甜有鲜香，川菜川妹一出戏。”客人感到很有趣，点了这道菜。

(4) 运用加、减、乘、除法：

① 加法。客人咨询婚宴席单上还应配哪些菜，可采用语言加法：“这桌只有凤没有龙，如果加上一只龙虾就可龙凤呈祥。”如客人订寿宴，咨询时可以说：“寿宴中加上一只甲鱼，就是益寿延年。”

② 减法。“不到长城非好汉，不吃烤鸭真遗憾。”到北京不吃烤鸭，来四川不吃江团，过了这个村就没有这个店了，别留遗憾！

③ 乘法。如有人问：“你这个豆腐怎么这么贵，要卖28元一份？”“这是一箱豆腐，里面有十几种原料，用多种烹饪技法制作，家里可是做不出来的！”

④ 除法。客人问：“这份香辣蟹怎么这么贵？”“这是两斤重的海蟹啊，10个人吃，一个人才几块钱，不贵！”

(5) 借他人之口。借用具有一定身份的消费者的话来证明、推销菜品。如：“很多客人都喜欢吃我们做的×××××，您也来一份吧？”“毛主席曾赞誉过湖北的武昌鱼，您如果品尝一下，也一定有同感！”“张局长最喜欢这道菜。他说这是他最近吃到的最好的菜。”“黄总每次都点这道菜。”“您真是行家，美食评论家×××说这道菜很精彩。”这样会增加可信度，无形中提升客人身份，把菜品推销出去。

(6) 吉祥法。此法主要用于数量的推销，例如，几位客人为朋友庆祝生日，到一家餐厅聚餐，一名服务人员走过来问，“请问你们需要点白酒还是啤酒呢？”客人回答需要啤酒，服务人员又问需要几支，客人说来五支，服务人员马上就说：“今天这位女士过生日，干脆来六支吧，六六大顺，多吉利的数字呀，我去帮你们拿去。”……

(7) 转折法。即先顺着客人的意见，然后再转折阐述。例如：“这道菜价格是比较贵，但是它的原料在市场上的价格就不低，烹制工艺也很讲究，没有十几年的烹饪功夫，火候是把握不好的，风味很特别，您不妨品尝一下！”

(8) 赞誉法。例如：“这道菜是我们的特色菜，您要不要品尝一下？”

(9) 亲近法。例如：“您一直这么照顾我们，今晚我特意为您推荐一道好菜，让您品尝一下！”

【任务实例】

实例1

清明节外来人口都回家祭祖，或者出去旅游了，农家乐生意火爆了；那些平日在闹市里红火的中高档餐厅生意却冷清起来了，清明节中高档餐厅如何做好促销，成了他们面临的最大难题。

处理技巧 1. 针对年轻的消费群体，可以推出清明节套餐。清明节不仅仅是祭祖、扫墓，也被称为小黄金周。清明节套餐会吸引到很多敢于也愿意尝试新鲜事物的年轻消费者。

2. 针对没有出去旅游，在附近祭祖的客人，可以推出清明节家宴。在附近祭祖的民众，爬山、扫墓，都会很辛苦，推出清明节家宴，不仅能在辛苦之后美美吃上一顿，也能促进家庭成员的感情。

3. 清明节与寒食节相邻，针对这个季节特点，可以推出凉菜为主的清明寒食凉菜系列。每个季节都有它的季节菜，而且凉菜对热衷于减肥，追求健康的女性会是很好的选择。

4. 每逢佳节倍思亲，对于那些不能回家祭祖的客人，可以推出以各地方特色菜为主的“思乡菜”，抓住客人的思乡心理，客人会觉得特别温馨。

（资料来源：http://www.canyin168.com/glyy/yxch/yxgl/201203/40606.html）

实例 2

俏江南不但在环境创新上不遗余力，在菜品的创新与包装上也是别出心裁。它在菜品上的一大特点就是通过创新，将很多“时尚化”、“现代化”的元素融合到了传统意义上的川菜中，很“神奇”地把普通川菜变成了“精品川菜”。

其实并不是神奇，而是在于用心。俏江南在任何一个新菜品的设计、开发上，都站在如何更好地满足消费者需求这一立场去充分衡量。据说，俏江南在研发一道菜时，必须考虑到菜品的色、香、味、形、器皿、价格、温度七个因素，要经过反复推敲，最后形成一个可以量化的、容易操作的标准流程，在各个分店推出。

如俏江南有一道叫做“江石滚肥牛”的菜，看起来是一道比较普通的菜，但却融入了一定的趣味在里面。“江石滚肥牛”这道菜品是服务人员在餐厅现场为客人制作的，而且还有解说。服务人员一边制作一边解说制作的过程，让人感觉非常的生动，给现场进餐的客人增添了很多的乐趣。这时候你能说它仅仅卖的是产品的口味吗？

而俏江南另一道比较出名的“石烹豆腐花”也比较有趣，甚至很“小资”，也是通过服务人员现场为客人制作。服务人员在制作时，先将鲜豆浆倒进玻璃盅，然后让豆浆凝固成豆腐花，这个过程客人可以全程看见，让人感觉新奇而有趣，这道菜也成了很多去俏江南就餐的客人经常点的菜品之一。

对于餐饮企业而言，虽然产品的根基在于品质和美味，但是必要的包装与创新还是显得十分重要。

在俏江南，主打的是川菜也好，是其他任何一种更加普通的菜系也罢，其实你说口味真的能高出很多吗？也许不是。除了口味作保证外，卖的是一种别开生面的乐趣、一种氛围，更重要的是各种菜品在创新的包装下，任何菜系都打上了“俏江南”的品牌烙印。俏江南对产品的包装体现出了产品价值最为直接的因素，利用高档的包装彰显出产品的价值，任何菜系都因此可以卖出高档的价位。

商业不能总是依靠运气，积极吸取他人的经验，结合自身品牌、产品特点，为自己的产品赢得应有的地位和档次，才是企业稳定、长期发展的有力保证。

在菜品创新上，可以充分把握一个原则：好玩、好学、好看。好玩在于通过一定的创新手段让菜品变得“生动”起来，让客人从味觉、视觉、感觉等各个层面都感受到就餐的乐趣；而好学在于要形成标准化，从而适合推广。

处理技巧 核心竞争力的概念，最早由美国著名管理学者普拉哈德和哈默尔提出的。他们认为，随着世界不断发展变化、市场竞争加剧、产品生命周期的缩短以及全球经济一体化的加强，企业的成功不再决定于短暂性的或偶然性的产品开发，也不再决定于“灵机一动”式的市场战略，而关键在于企业是否具有自己的核心竞争力。核心竞争力体现在哪里？最为根本的就是通过对核心竞争力的打造来更好地满足客户的需求，为客户提供更多的利益，从而给企业带来市场竞争优势。核心竞争力之所以为“核心”，还在于是属于企业所特有的，也就是说即使别的品牌想模仿，也模仿不到精髓，这也就要求企业必须对核心竞争力不断进行强化或升级，从而让竞争对手无法超越。核心竞争力的打造是企业在竞争市场中脱颖而出的关键。

对于餐饮品牌而言，打造核心竞争力可以从三个方面来着手，即菜品、服务与环境。产品竞争力是第一关键，有特色的菜品，别人当然能够很容易记住你。特色菜品犹如强大的磁场效应，有效吸引消费者。如一提到鱼头火锅，很多消费者马上就会联想到谭鱼头的特色鱼火锅，继而对谭鱼头品牌形成深刻记忆，形成吸引力。其次是服务竞争力的打造。在大家产品都差不多、产品创新越来越难的今天，打造服务品牌更能凸显品牌的附加价值。再次就是环境竞争力的打造。环境也是销售力，这一点从789、俏江南等餐饮企业所打造的西式环境就可以充分的体现。产品、服务、环境，一个都不能少。如果你在产品、服务、环境上能形成优势竞争力，将无疑会提升品牌的市场竞争力，获得市场成功。

（资料来源：http://www.baidu.com/link?）

实例3

王女士就职于某五星级饭店潮州餐厅，几年来，餐厅经营业绩非凡，回头客不断。近来，由于受内外环境的影响，餐厅营业额每况愈下，王女士承受着巨大的压力。压力之下，王女士在新厨师长的配合下带领员工们开始了各种促销活动，如龙虾、海鲜食品节等。王女士及其助手还在每天的班前例会上，不厌其烦地向员工介绍昨天的营业状况，分析与预期收入及利润的差额。要员工接受推销技能的各种培训，提高客人的平均消费。一时间，餐厅的员工们被笼罩在浓重的经营氛围之中。不尽如人意的是，尽管全员促销，但营业收入仍无法达到目标。王女士考虑再三，出台了一套销售奖励政策，其主要内容如下：员工若销售出高档食品，如龙虾、鱼翅、鲍鱼等，可以得到菜肴售价3%的奖励提成；员工销售出高档酒水，如白兰地、香槟、茅台等也可获得相同比例的提成。此政策经餐饮部讨论和饭店管理层认可后，开始在餐厅实行。可以说，这个政策的实施，极大地调动了员工的推销积极性，员工们满怀热情地将以往向客人提建议的交谈口气调整为竭力推销的口气。几天以后，客人平均消费指数有了明显的提高，总收入也开始令人欣喜。

但好景不长，两个月后，餐厅开始门庭冷落，许多过去常来光顾的老客人也不见踪影了。餐饮部总监看着平均消费不断提高、就餐人数不断下降的经营报告，终于意识到了问题的严重性。几天以后，王女士被调离潮州餐厅。

处理技巧　本案例主要反映了三个方面的问题：高压促销导致客人流失；王女士及其员工没有建立正确的销售观念；面对压力王女士只想一次性从客人口袋中多拿出一点钱，而没有想到这种做法隐含的危害。

之所以会出现这些问题，主要是餐饮经营者及其员工的销售观念出现了偏差。从一般意义上讲，经营者在经营管理中需注意如下几点：提高客人就餐人数；提高回客率；提高客人平均消费；提高饮品占食品的销售百分比；成本控制。这五大任务中，首要完成的必须是第一、第二两大任务。因为没有客人，就无从销售，没有回客率，就餐人数也不可能得到保证，当这两个任务还没有完成时，就将提高平均消费放在工作日程上，必然失败。提高回客率的关键是满足客人就餐需求。一个经营较好的餐厅，其回头客比例应为客人人数的30%以上，一些成功的餐厅回客率占70%以上。经营人员想做到这样高的回客率，就必须在满足客人的就餐需求上下足工夫。只有在这样的前提下，客人才可能对餐厅产生满意和向往，才可能再次光顾该餐厅。满足客人的就餐需求有赖于优质的服务。优质服务的含义应是，服务人员能最大限度地为客人着想。餐厅销售也是服务行为，因此也必须在此基础上进行。优质服务的关键是让客人感到其消费物有所值。我们必须承认，餐厅经营确属商业行为。但是，餐厅销售饮食产品，需要有令人愉快的、业务熟练的服务人员在热情、轻松、友好的气氛里为客人提供诱人、美味的食品，并且要使客人乐于接受。当客人认为服务人员的建议是关心自己的就餐需要时，他才发自内心地乐于消费，因为他知道这样的消费是有价值的。反之，如某服务人员仅仅为了增加餐厅收入而向客人勉强推销的话，势必要伤害客人。受伤害的客人永远不会再次光顾该餐厅。

基于以上认识，如果王女士采取以下措施或许能收到较好的管理效果：依据市场营销学原理，客观地分析潮州餐厅面对的市场状况，找到目前经营不乐观的原因，如欧美客人偏爱川菜，政府官员用餐次数减少，潮州食品对欧美客人宣传不够等，重新细分市场，寻找和开发新的目标市场。根据目前市场状况，建议餐饮部修改餐厅目前的经营方略。可以趋向于扩大就餐人数，控制平均消费，保证总收入的经营目标，并提交扩大就餐人数的可行性计划。

与厨师长配合，增加餐厅食品种类，逐渐修正客人关于潮州餐厅只卖海鲜等昂贵食品的概念。例如，开设北京烤鸭宴吸引欧美客人，午餐提供不同价格的工作套餐吸引商务散客，开设中式自助早餐，方便喜欢中式早餐的住店客人，周末提供家庭套餐供市民享用等。对员工进行正确的销售技能培训，使员工学会科学推销。在做好以上工作时，不要忘记寻求餐饮部总监的认可与支持，并注意在实践过程中不断地制定出修正方案。

（资料来源：http://wenku.baidu.com/view/b5710bdd6f1aff00bed51e6c.html）

【任务演练】

任务设计1：假如你是餐厅的一名销售人员，针对理智型客人，美食专家型客人，爱面子型客人，优柔寡断型客人运用不同的推销方式和使用合理的推销语言，适时推销。

任务设计2：设计一份针对毕业大学生聚餐的营销策划书。

【任务考核】

学生分小组练习，小组内部互评，也可在小组间互评。教师抽取三组，按照岗位要求进行表演，教师进行点评，考核参考标准如表15.1所示。

表15.1 考核参考标准

考核内容	得分标准	分值(满分10分)	得分
主题	明确、突出	2分	
新颖性	有创新性	2分	
思路	条理清楚	3分	
详细	方案详细、具体	3分	

任务二　美食节策划

【任务目标】

通过完成本任务，使学生了解美食节的相关知识点，熟悉美食节营销的技巧，掌握美食节策划的流程。

【任务导入】

北京市密云县有很好的天然旅游资源，但由于需要保护水库的水源，不能在景区兴建现代化的设施，所以密云的经济发展受到了一定的制约。面对这一情况，密云在京郊率先提出了创建国家级生态县的目标，计划利用4～6年的时间，力争2008年，确保2010年达到国家级生态县考核验收标准。为保护好这盆“净水”，密云水库从1997年开始，在每年的4月1日～9月25日期间实行禁止捕捞的休渔期，即使是捕鱼期也只允许不超过250条的手动船进行捕捞，且从2003年4月份开始取消了水库渔网墙养殖，2005年水库鱼更是被农业部授予了“密云有机鱼”的称号。水库自1997年起建起了防护网，为了更有效地保护水源，去年又在一级保护区建立了1 600个界桩，以后还将在二级及三级水源陆续建立界桩。为了确保市民能够吃到真正的水库鱼，水产中心初步拟定在今年9月25日开库之后对捕捞上来的水库鱼打上“密云水库有机鱼”的专用标志。另据了解，密云县水产中心为了保持鱼的数量，每年都要投入300万元的鱼苗，今年从4月8日起已经投放了27.5千克、1500万尾的鱼苗，以后水库鱼将有属于自己的标志。

2006年9月26日，万众瞩目的“2006北京·密云鱼王美食节暨第四届金秋采摘节”在水库宾馆隆重开幕。作为今年密云县生态文化节的重点项目，相比上届的鱼王美食节活动，本届具有新的突破——深化鱼王活动的主题，开展“保护首都水源区，珍爱密云生态环境绿色行动”。同时，开幕式上在十米长卷上进行了百人签字仪式，使密云的天更蓝、水更碧、鱼更肥。活动不仅有水库放生、开库庆典、鱼王拍卖、野钓比赛等活动，还将举办吉祥物征名、赶渔集、野外寻宝等一系列精彩活动，不仅要让游客赏心悦目，玩得尽兴，还要让游客大饱口福。“水库放生活动”定在9月26日，将在9月1日至9月20日期间招募20名放生志愿者，报名人须关心环保且在生态建设方面有一定的建树，整个放生活动将在水库进行三个小时，所放生的鱼苗由密云旅游局提供。今年的鱼王节还将邀请北京市文联的画家进行现场作画现场拍卖，拍卖所得也将捐给潮河发源地的贫困学生。另外“赶鱼集”活动也是今年新推出的一个亮点，鱼集将在水库边的鱼街进行，在这里游客不光可以吃到美味营养的水库鱼，还可以观赏到民间表演及民间手工艺品。

鱼王美食节首日可谓成果丰厚。鱼王，一条34斤重的鳙鱼被北美企业投资集团公司以23.6万元的价格竞得；两条准鱼王，一条24斤重的鳙鱼和一条27斤重的草鱼分别以10万元和15.1万元的价格被妙灵山庄和奥克斯特竞得。这次鱼王拍卖活动具有更特殊的意义，拍卖所得款项将捐献给密云水库白河源头河北省沽源县贫困学生，帮助他们重返校园，为多年来保护密云水库这盆“净水”做出贡献的父老乡亲，献上微薄之力。同时，活动期间，游客还可以在瑞海姆、云佛山等10余家鱼宴推荐宾馆和东线、西线环水库旅游线路上涉及8个乡镇的 100 家鱼王美食推荐餐馆，品尝到味道鲜美的一鱼二吃、一鱼四吃及一鱼八吃等鱼宴。

（案例来源：http://www.doc88.com/p－780442656764.html）

任务：请分析鱼王美食节的品牌效应。

【任务链接】

一、美食节

美食节是以节庆的形式，汇集某一地域或者某些区域的美食进行展销。美食节是很多地方文化生活中的一部分。

美食节的存在形式多种多样，可以独立存在，只有美食展销，也可同其他活动相结合，如啤酒节、庙会或者直接和节日一同举办，烘托气氛等。因为美食节开展过程中，汇聚的都是比较有特点的食品，且数量较多，所以会引起很多人的兴趣而前往参加。

根据举办形式的不同，美食节的名称也有很多，如小吃会、美食展销会、庙会、特色小吃节、小吃巡展、厨艺展等。美食节举办期间也可能会开展一些相关的活动，如表演、巡游、评比、展示等。

世界各地都有类似的美食节举办，由于中华美食制作工艺，地区饮食差别，中国人的饮食习惯等，华人的美食节举办更频繁，规模更大，人气也更旺。

美食节是一个人们集中消费美食的集会，成功举办的美食节对活跃地方经济，提升城市形象有着一定的作用。一个成功的美食节，需要有严谨的组织策划，广泛的宣传及严密现场保障工作。

二、美食节活动的特点

1. 经营方式灵活多样

美食节可以采用灵活多样的经营方式，如美食周、美食月、花园烧烤节、池畔晚餐会等。其活动内容、活动方式大多是根据客观市场环境的机遇和市场竞争需要来确定的；活动地点可以在各种餐厅、宴会厅；其形式可以是餐厅零点、套餐，也可以是宴会和自助餐；菜点品种和就餐环境布置则根据活动内容、活动方式、活动地点的客观条件等来确定。

2. 产品内容丰富多彩

饭店、餐馆每一次美食节的活动内容、活动方式和菜点品种都不完全相同。如“意大利美食节”，其产品内容主要是意大利饮食名优产品；“法国美食周”，其产品内容则以法式名优食品为主；“重阳美食节”，主要围绕中国民族文化的特点提供适合于老年人健康长寿的中餐菜肴和各种小吃。每次美食节活动的菜单大多是根据活动计划、活动内容、活动方式单独设计的，其产品内容丰富多彩。

3. 经营时间有阶段性

美食节活动是各餐饮企业一日三餐正常的产品销售以外的特殊经营活动，在全年的餐饮计划中，无论是大饭店每月举办的美食节活动，还是中小饭店一年几次的美食节活动，其时间都是有限的，较长的美食节一般为 1 个月，大多数为 1 周、10 天 或 2 周。

4. 活动策划创意多样

美食节活动是为搞活餐饮经营、开展市场竞争、广泛招揽客人、扩大产品销售而举办的。

它没有固定的活动方式，这就要求企业在活动策划时，大胆创新，改进服务，标新立异，打造亮点，以获得大众的关注。因为美食节的主题是多种多样的。不同的美食节有不同的创意设计。如“乡土风味美食节”，可在餐厅装饰乡间田野的物品、食品，以渲染气氛；各种美食节活动又可以同时举办演唱会、文艺演出、名曲欣赏、钢琴演奏等，其活动方式变化无穷。

5. 组织策划与管理工作复杂

首先，活动计划安排严密。在每次美食节活动开展以前，要选择活动时机、活动内容和活动方式，做好客源预测，并周密安排好活动的步骤。其次，准备工作内容复杂，每次美食节活动前，都要做好拟定广告，宣传推销，聘请或组织名厨技师。特别是利用国外节假日为机遇的美食节活动，还要从国外聘请厨师、组织食品原料进口，拟定食品展销期间的菜单，做好各项准备工作。再次，组织管理严密。餐饮企业的美食节活动涉及各部门、各环节的工作，包括公关部、销售部、采购部、工程部和厨房、餐厅等。要做好组织管理工作，必须加强各级部门的协调配合。

6. 社会影响范围广泛

饭店餐厅举办美食节，事先都会做好可行性分析，预测客源接待数量和销售收入，利用报纸、杂志、电台和电视做好广告宣传，从而增强社会影响力，获得理想的经济效益和社会效益。

三、美食节促销的考虑因素

1. 为饭店产生的效益

举办美食节的宗旨，首先是为饭店产生良好的效益。无论何种类型的美食节，都应以为饭店餐饮增加营业收入、进而扩大盈利为出发点。抑或不主要是为了盈利，而是以创造餐饮声誉，树立市场形象，丰富常客口味，扩大市场占有率为出发点，在创造社会效益的同时，兼顾餐饮的经济效益。

2. 为员工带来的培训效果

为了成功地举办美食节，对员工进行培训是必需的，若精选的美食节菜品能够成为本饭店长期供应的且受客人欢迎的品种，那么这种培训将是经济、双效和一劳永逸的。

3. 因美食节而增加的设备与原料方面的费用开支

为举办美食节，饭店增加一定的开支和投入是不可避免的。例如，邀请外地、外单位的厨师来店培训、表演、操作的差旅费、劳务费、保险费，为制作某类菜点所必需添置的设备和购买原料等方面的费用等。这些费用都应量力而行，从饭店餐饮的现有实际情况出发，既要创造条件，力促美食节顺利举办，又要做一定的投入产出分析，考虑投资的回收情况。

4. 活动所需要的场地、人力和时间

举办美食节，推销以某一类菜点为主的食品，不仅需要一整套的厨房加工、生产场地和人手，而且还应有相对独立的销售服务场所，以及了解和知晓这些食品的服务人员。虽然有些美食节可以与正常餐饮活动兼容并蓄、交叉进行，但大部分美食节对场地和人手的要求是相对独立的，尤其是餐厅。若是在普通的餐饮生产和服务部门举办素食（斋食）或清真菜美食节，则必须具备单独的生产厨房和销售餐厅，并配备一定的人手从事专门的操作。若饭店不具备这方面的条件，或正常的生产经营根本不可能把原有生产服务场所改作他用，这样的美食节将无法举行。

5. 举办美食节的时机

冬季举办火锅节，夏季举办素食节，秋季滋补节，春季绿色美食节，都能给客人以清新、适时之感。美食节的时间跨度，则要根据美食节的品种内容、客源市场的消费能力和口味爱好等因素综合考虑。山林野味美食节，原料腥腻，加工复杂，虽能以其新奇吸引城市消费者但重复品尝的客人很少，因此，在鲜活原料丰富的城市不宜举办时间太长。相反，宫廷御膳美食节，由于其原料丰富，口味别致，适应面广，能给不同消费者以反复多变的感受，在一些经济较发达的城市举办，其时间可相对长些。另外，如果饭店营销部已安排全年接待计划或有大型接待活动，在此期间举办美食节，则更要严格计划和把握时间，做到局部服从全局，保证整体效益的实现。如大型交易会、洽谈会期间，海内外客人云集，再举办素食节和清真美食节，可能会有很大部分的客人或较高规格的消费，在美食节期间被拒之门外。

四、美食节主题的选择

(1) 以某一原料为主题。如安徽淮南的“豆腐宴”；居住在伏尔加河流域的人们每年 7 月都要举办的“俄罗斯土豆节”；每年 11 月的“瑞士洋葱节”；每年 12 月 5 日的“韩国酱菜节”等美食节。

(2) 以中外节日为主题。如可在圣诞节推出“欢乐圣诞美食节”，举办大型自助餐、圣诞大餐、圣诞套餐等；“新春佳节美食周”则可推出迎新春年夜套餐、新年合家欢套餐、新春宵夜自助餐等。

(3) 以地方菜系、民族风味为主题。如“广东菜美食节”、“四川菜美食节”、“维吾尔族菜肴美食节”等。

(4) 以与名人、名厨有关的菜点为主题。如“东坡系列菜肴美食节”、“乾隆宴美食节”等；还有以名厨绝技绝活而命名的美食节，如“江苏十大名厨厨艺展”等。

(5) 以仿制的古代菜点为主题。如南京的“随园菜肴美食节”，以清代袁枚《随园菜单》研制创作而成；“红楼菜美食节”，则以曹雪芹《红楼梦》中记叙的菜式为原本烹饪制作菜肴。

(6) 以本地区、本饭店菜点为主题。如“运河游菜点风味展”，以运河为主要线索，配置菜肴成系列组成展示活动；还有“太湖秋宴美食节”、“秦淮小吃美食节”等。

(7) 以某种技法和食品为主题。如“系列烧烤菜美食节”，既可选择在某一餐厅，也可在露天花园、楼顶、阳台等较大的地方举办；还有“饺子宴美食节”；“系列包子美食节”等。

(8) 以食品功能特色为主体。如“药膳美食节”、“美容健身美食节”、“高考健脑美食节”等。

(9) 以某种餐具器皿为主题。如“系列火锅美食节”，推出由客人任意选择的自助火锅以及各种特色火锅系列；还有“系列铁板美食节”、“系列砂锅美食节”等。

(10) 以普通百姓大众化菜点为主题。如能使社区居民展示自己的厨艺的“邻里美食节”等。

(11) 以某一宴席或几种宴席菜点为主题。如以乡土菜点组成的“乡土风味美食节”；以中餐西吃菜点组成的“中西合璧美食节”；以赏花灯、猜谜、娱乐为主的“花酒美食节”；以团圆菜点组成的“合家欢美食节”等。

(12) 以季节特色菜点为主题。冬季举办的“火锅节”，春季的“绿色美食节”等。

(13) 以某一类人群喜爱的食品为主题。如素食者爱好的“素食节”等。

(14) 以外来菜品为主题。如“法国菜美食节”、“西班牙菜美食节”、“日本菜美食节”、

“阿拉伯菜美食节”等。

(15) 以其他缘由组织的美食节。如以季节特色命名的美食节“今秋硕果美食节”,以某一类人群命名的美食节“生日快乐美食园地”,以贴近普通百姓的菜肴命名的美食节“家常风味美食节”等。

四、美食节活动组织

1. 确定活动主题,选定活动方式

美食节促销活动的主题,是确定和影响整个美食节一切工作的依据。活动的主题,必须具有独特性。既不能人云亦云、步人后尘,更不可哗众取宠、故弄玄虚。确定美食节的主题,必须兼顾时令性和技术力量,以确保美食节能如期举办并取得较好效果。

确定活动主题的同时,应选择好举办活动的方式。比如,饭店在公共场所举办开放式冰淇淋美食节,同时举办吃冰淇淋比赛,不仅能吸引众多客人参加,还可以增加其新闻价值,从而扩大对活动和对餐馆的宣传报道。无论哪种美食节促销,都应针对其目标客人,计划、选定活动举办的方式,如自助餐、套餐、宴会、零点、外卖或综合几种方式举办等。

2. 编排活动计划,指定促销菜单

编排全面详细的活动计划,可以避免美食节期间的差错,尤其是要请外地、外单位的人员来本饭店厨房主持的美食节,计划应包括活动起止日期、每天生产和营业时间、场地、用具、人员、原料的组织和人员费用等。对有外单位技术人员参加的美食节,还应将其抵达饭店工作的日期、人员要求及数量,及其在本饭店的接待安排情况全部计划在内。

提前制定一份富有新意和吸引力的美食节推销菜单(包括小吃、点心单等)是十分重要的。菜单风味品种的选定要突出美食节的特点,充分考虑厨房的技术力量,结合整个活动计划,合理安排原料的筹措与菜品的制作。菜单不仅要突出美食节的主题,还要合理进行菜点搭配组合,进而测算每份菜的成本、毛利和售价。

3. 落实人员、场地,计划安排时间

如果美食节是依靠本饭店厨房内部的技术力量举办的,则要指定专人负责美食节期间的各类食品生产,并同时协调安排好其他正常生产营业工作。如果遇到厨房人手紧张的时候,也应调剂、落实各岗位人员,以保证美食节的正常进行。

要根据美食节菜点生产制作和服务的需要,提供必需的场地。如有可能,尽量将食品生产与餐厅销售集中在同一楼层、同一区域。

一般美食节都选择在本饭店餐饮业务较淡的季节,尽管如此,也应安排好活动开展的起止生产和营业时间,以便及时组织货源,保证原料新鲜、营养卫生和使用方便。如果既定的美食节万一碰到厨房生产比较繁忙的时候,更要作好详细的时间计划。力求使有限的场地、设备用具发挥更大的作用。

4. 组织货源,调剂用具设备

美食节开始之前,菜单确定之后,一个很重要的工作就是筹措美食节所需各种原料,不仅要备齐美食节推出菜点的主料、配料,同时还要根据美食节用料清单,想方设法备全各种调味品、盛装器皿和装饰用品。例如,药膳美食节所需要的各种药材,冰淇淋节所需的各种杯边装饰品,宫廷菜美食节所需的各种金边餐具和餐厅服务人员的头饰和旗袍等。

大多数饭店都不愿为了某一美食节而专门添置大型的设备和用具。因此，在美食节举办之前应做好设备用具调剂使用的安排，如能错开生产时间当然最好，如果不能错开生产，则应考虑设备和人员是否可以兼用，比如通过培训可以使炉灶厨师既能烹制正常营业菜肴，又能烹制美食节菜品。如果上述两点都做不到，则应区分生产必需程度，合理分配现有设备用具的使用，使各项生产和出品能有序进行。

5. 开展广告宣传，印刷有关材料

美食节的影响大小和成功与否，很大程度上取决于广告的宣传作用。要在美食节举办之前，详细计划和分步实施广告宣传活动。要针对美食节特点和主题，选择一定的广告宣传媒体，进行相应的广告宣传工作。若美食节的主题或菜式具有特别意义而又鲜为人知，则更应做详细宣传。美食节的印刷品除了广告宣传单，还有菜单、酒单等。这些印刷品的设计和印刷质量，应与饭店餐饮规模、档次相适应，既要美观大方，又要突出美食节的主题，还要注意保持餐厅一贯的宣传风格和强化给客人的印象。

6. 试制菜肴，培训生产和服务人员

美食节前要对美食节上即将推出的菜品进行试制，无论是在店外邀请的技术力量，还是本饭店的厨师，都应进行试菜，并根据情况，请饭店主要管理人员及有关专家进行品尝鉴赏。试菜可以了解当地客源市场对菜品的认可和接受程度，如确有必要，对用料和口味可稍做调整。通过试菜制定全面详细的标准食谱，以有利于控制成品和培训、存档之用。借试菜的机会，对参与美食节食品生产和销售的厨师和服务人员进行现场培训，使其充分了解将要生产和推销菜点的用料、制作程序和成品特点，如有关典故和相关趣闻，也应一并培训，以增加生产制作的精细程度和服务的趣味性。

7. 布置场地，推出各类食品

美食节举办期间，先要设计布置出一定气氛、特定主题的餐厅。餐厅应有一个独特、鲜明的形象，如宫廷菜美食节雕龙画凤，江南水乡美食节莲茂谷香，川湘风味美食节茅舍檐前缀以串串红椒等，给光顾美食节的客人留下深刻的印象。餐厅的布置也非愈地道愈逼真愈好，有些只宜神似，有某种氛围即可。如素食节布置一些绿色植被、陈列一些“三菇六耳”便能达到效果。

制作和如期推出各类食品是美食节组织控制的重点。美食节期间，不仅要保证菜单所列品种如数按时供应，还要注意其规格质量标准不能低于试菜效果。生产中出现的原料、场地、设备、人手等方面的问题，厨房管理者要随时协调，并做到有始有终，确保广告宣传词的落实和慕名品尝的客人如愿以偿，切不可虎头蛇尾。

8. 总结评估，积累经验

美食节结束，除了及时清理场地，收拾并妥善处理剩余原料、食品及装饰用品外，应对美食节全过程进行总结评估，以积累一定的组织筹划、原料采供、生产制作等方面的经验教训，并注意与外邀技术人员搞好关系，做好经济、交通等其他善后工作。无论此类美食节以后再举办与否，都要做好一定的文字资料积累，为菜肴的推陈出新和其他不时之需做好准备。

【任务实例】

实例 1

促销活动方案——中秋同欢喜，好礼送不停

活动目的：中秋佳节历来是餐厅酒店做促销的大好时节，也是刺激消费者，拉动消费的最好机会，此次活动一是为了获得更好的利润，另一方面也是为了加强餐厅外在形象，加深餐厅在消费者心目中的印象。

活动主题："中秋同欢喜，好礼送不停"。

活动对象：针对消费水平不同的人群进行不同的中秋促销活动，有效地照顾各类人群的宴会用餐需求。

活动时间：9 月 12 日～9 月 21 日。

活动形式：打折、赠送、抽奖。

活动具体内容：

(1) 促销期间，凡在本店用餐，消费百元以上均可享受九折优惠，并随桌赠送中秋特别加菜。

(2) 促销期间，凡在本店消费指定系列套餐，即可获得相应中秋礼盒。

(3) 活动期间，凡在本店用餐，均可以参加中秋灯谜有奖竞猜活动，同时可以免费得到快照一张。

活动广告宣传：

(1) 人流量集中的地方，如火车站，公交车站等，做户外广告。

(2) 报纸、当地电视台也要进行宣传，并进行传单发放。

其他相关策略：

人员调动、酒店布置等都要事前做好分配安排，并启动应急措施，同时要做好相关记录总结，为促销评估做准备。

(资料来源：http://wenku.baidu.com/view/9310e2125f0e7cd184253603.html)

实例 2

促销活动方案——中秋佳节——对酒·当歌·赏月

地址：饭店、酒店、餐饮临街空地，中国人民建设银行门前。

场地布置：搭建一个临时舞台，背景布幔一个，进口音响一套，舞台地板上小灯笼 16 盏，其他背景灯光。

活动创意：

1. 现场猜谜活动

在活动现场悬挂有谜语的五彩灯(红灯)笼。凡猜中者皆能获得 10 元的消费优惠券。营造中秋的气氛和饭店、酒店、餐饮的江南文化内涵。专设一个谜底台。

2. 演艺活动策划

有奖征答问题：关于饭店、酒店、餐饮的发展史等问题。

载歌载舞：觅歌舞团演出，另外，请主持1～2名。

穿插一些让观众参加的活动，如"中秋赞歌"，邀请台下一起参加，凡唱的歌都要带有"月"字或"秋"字的。最少两句，无需整首演唱，歌曲不能重复，唱出最多首和唱功最好者，均有奖励(50元或100元消费券)。

拉啤酒商做冠名赞助，从而减少费用开支，促进利润的增加。

饭店、酒店、餐饮特制月饼大派送：由老板、员工及嘉宾共同举行切饼仪式，统一送至客人手中。

3. 广告宣传策略

一箭双雕，即通过一次广告，宣传周年庆典和中秋促销活动，减少广告费用。

媒体的选择：以《闽西日报》、DM单页为主，海报等其他为辅。

广告宣传口号：天天饭店(酒店/餐饮)，年年中秋夜。

天天：数词，代指9月6日～9月11日，正好从饭店、酒店、餐饮周年庆典到中秋夜，符合逻辑性。

宣传内容：周年庆典的活动内容；美食节优惠信息；中秋晚会与其他信息。

注意：时间性，9月5日一期《闽西日报》；DM单页除了活动期间发放外，还可以在5日前发放；宣传内容的新颖性和完整性。

费用预算：媒介费用10 000元，户外布置2 000元，现场布置3 000元，其他宣传5 000元，总计：20 000元整。

(资料来源：http://wenku.baidu.com/view/9310e2125f0e7cd184253603.html)

实例3

2001年12月1日～12月10日，河北某企划有限公司为石家庄某酒家策划了"过桥米线美食节"活动。整个活动媒体广告及店堂布置，总计费用不超过8 000元，但效果却出人意料。活动第三天，就出现了等桌吃饭的现象，并一直持续下来，营业额大幅提高。此次活动内容谈不上新，媒体也是常规媒体，却出人意料地成功，奥秘何在？

首先是有的放矢。此活动的主打广告语是"听过桥故事，品云南文化"，这不仅切合该酒家的实际，也体现了酒家的特色。该酒家是石家庄较早经营正宗过桥米线的酒家，但过桥米线及背景文化大多数客人并不了解，此次活动抓住这个点，大力普及有关知识，介绍相关文化，激发了人们对过桥米线的兴趣。

其次是站在消费者的立场策划活动。在原价格不变的情况下，"吃一套送一套"，让消费者真真正正得到实惠。有些商家搞活动欺骗消费者，消费者心明眼亮当然不买账。案例中饭店实实在在，对消费者以诚相待，好多消费者替他们做口头传播，这种传播是最直接、最有效的。

再者就是媒体选择。此次活动新闻媒体选择了《生活早报》的《省会美食指南》三期，《燕赵晚报》头版栏头两期，石家庄电视台二套《走四方》一期，费用总计4 000多元。这些广告是一些商家不屑一顾的小广告，但靠媒体整合，实现了小投入，大轰动，投入产出比非常高。

另外，为了营造气氛，酒家的经营场所也进行了精心布置。店堂门前悬挂了一个条幅，充放了两个和平鸽气模，临街橱窗上张贴美食节标志，进门处设置了一个高精度喷绘的美食节简洁性告示牌。所有这些，营造出简洁又有品位的节日氛围，消费者从门前一过，就会被这种气氛所吸引。大厅里，介绍过桥米线文化和此次活动内容及云南风光的光盘不间断播放，使客人真正有"食正宗米线，听过桥故事，品云南文化"的享受。

(资料来源：www.cmmo.cn/article—43073—1.html)

【任务演练】

任务设计：为丰富大学生的人文生活，促进餐饮业的卫生化、规范化，挖掘、传承、发扬校园美食文化，让大学校园的学生活动逐步融入社会、引进市场，请策划一份校园美食节活动策划书。

【任务考核】

学生分小组练习，小组内部互评，也可在小组间互评。教师抽取三组，按照岗位要求进行表演，教师进行点评，考核参考标准如表 15.2 所示。

表 15.2　考核参考标准

考核内容	得分标准	分值(满分 10 分)	得分
主题	明确、突出	2 分	
新颖性	有创新性	2 分	
思路	条理清楚	3 分	
详细	方案详细、具体，切实可行	3 分	

项目十六

投诉与处理

项目目标

本项目主要讲述客人投诉的预防、发生投诉后的处理程序、处理的艺术性以及如何提高餐饮服务质量。

本项目共包含三个任务：处理客人投诉；餐饮突发事故处理；控制服务质量。

任务一　处理客人投诉

【任务目标】

通过完成本任务，使学生了解餐厅服务技巧、发生投诉后的处理程序和处理的艺术性。

【任务导入】

几位商界老板谈完生意后，相约到"××家庄"共进午餐，并为其中的A老板的爱女庆祝生日。"××家庄"是我们这座北方城市有名的粤菜馆，在全国搞连锁，也算是大名鼎鼎，因此大家对品尝粤式风味美食的提议一致赞同。

一道色香味俱佳的"油焖芥蓝"上来后，大家举箸分享。忽然，B老板将菜吐到了小碟里。原来，B老板感到下咽时喉咙有异样感，吐出来一看，一根长长的头发与菜搅和在一起。菜里有头发！满桌人顿时感到不舒服，纵然是人间第一等美味，也不由人不反胃。包厢的服务人员在确认头发是菜里带着的以后，去向上司禀报。

过了一会儿，一个穿职业装、戴着耳机的高个服务人员走了进来，冲客人说："各位老板，我是这儿的领班，出了这样的事，实在不好意思，您看这事怎么解决？"客人反问："这样的事情你们怎么解决？"领班一边捏着胸前的微型话筒，一边说："我们一般是给您再换一个菜，或免收这道菜的菜金。"经询问，领班所佩戴为对讲机，显然，是将包厢里的情况通过对讲机传递给酒店的负责人。这引起了大家强烈的反感，坚持要酒店老板出面对话，领班的答复是“老板不在”，僵持了一会儿，领班提高了嗓门，说：“我的权限是换个菜或免这个菜的菜金，你们看着办吧。”领班的口气非常强硬，一副爱谁谁的样子。客人们坚持不与她交涉，领班退出。

另一着职业装、戴耳机的服务人员进来。依然是那套说辞，但此人级别上升，为当班主管。客人们再次重申，只与酒店老板对话。主管反复强调老板外出，回不来。又拖延了十来分钟，客人们又提出只付酒水钱、不付菜金的方案，并指出他们身为企业管理者，不会有意为难，而是对酒店管理失误的惩戒，以避免出现更为严重的失误。主管仍以老板不在为挡箭牌，说难以做主。见此情况，客人们坚持等其老板来解决问题。从主管答应通知老板回来，过了快一个小时还不见踪影。客人们在等的过程中，主管与领班再次光临包厢，拿了个“拍立得”相机，要为A老板的爱女拍照留念，并反复声称专为过生日的小姑娘而拍的。小姑娘爱热闹，就拍了，遗憾的是，拍出来的照片没取好景，还不如不拍。

时间到了下午两点多，大家时间都宝贵，客人就提议签单，让其老板随后找他们处理。主管仍搪塞等她老板回来。客人们实在忍无可忍，收拾东西要离开酒店。客人们等电梯时，另一主管模样的人用对讲机下通知：“都到楼下，他们要走。”看来，到门口还有麻烦。客人们已经进入电梯时，主管快速跑过来，拦住说：“我们免菜金，但酒水钱请您付了。”买单后到酒店门口，几个保安正严阵以待，好像还没收到撤离的指令。

“头发事件”至此结束。大家回望“××家庄”不俗的门头，摇着头走了。

（资料来源：http://wenku.baidu.com/view/0e656016a21614791711285a.html）

任务：试分析案例中客人为什么不满意？该如何处理？

【任务链接】

一、面对客人投诉应有的心态

客人在进店消费时，对产品本身和服务质量都抱有较高的期望值，如果这些期望和要求得不到满足，就会失去心理平衡，由此产生抱怨和想讨个说法的行为，这就是客人投诉。任何一家企业在客人服务过程当中，总是无法避免地要遇到一些客人抱怨和投诉的事件，即使最优秀的企业也不可能永远不发生失误或不引起客人投诉。所以作为一个服务人员或是服务工作的管理者，必须对客人投诉有一个清醒的认识，不要有一种恐惧感，才能更加有效地做好服务工作。

二、客人投诉的种类

（1）控告性投诉。控告性投诉的特点是：投诉人已被激怒，情绪激动，要求饭店做出某种承诺。

（2）批评性投诉。批评性投诉的特点是：投诉人心怀不满，但情绪相对平静，只是把这种不满告诉对方，不一定要饭店做出什么承诺。

（3）建设性投诉。建设性投诉的特点是：投诉人一般不是在心情不佳的情况下进行的，恰恰相反，这种投诉很可能是随着对饭店的赞誉而发生的。

三、投诉的来源

（1）来自客人。酒店客源构成酒店的市场，客人的行为评价会直接影响饭店的声誉和效益。一般看来，客人的投诉总会事出有因，但可能因感情和情绪而有所夸张，作为酒店的一员，服务人员首先要做的是，检讨自己为什么会造成客人投诉，而不是与客人在一些细节上纠缠。无论如何，客人的任何投诉都应成为饭店改进工作的重要依据。

(2) 来自社会。即舆论界的批评。尽管它对酒店经济效益产生的副作用是间接的，但所形成的社会负效应及给酒店声誉所造成的损失却是巨大的。树立良好形象并非一日之功，而良好形象的破坏则可能是一夜之间的事。

(3) 来自上级。来自上级的投诉有的可能是转达客人的意见，有的可能是上级自己发现的问题。与前两类相比较，这类投诉更富有理性，因此，也就对工作更具有现实指导意义。

(4) 来自平级(相关部门)。这类投诉往往容易被忽视，它所造成的压力远不及前三类，即使处理不好后果一般也不会十分严重。然而，酒店是一个有机的整体，应特别强调团队精神，如不能有效地处理好横向之间的投诉，其结果会造成内部各个岗位的严重不协调和人际关系的极度紧张，最终导致企业利益受损。

四、处理投诉应注意的原则

以弄清情况、平息事态为目的，防止跟着客人的情绪走。接待每一位投诉的客人，第一项任务是要弄清客人为何投诉。此时不论客人如何激动，服务人员都必须保持冷静的头脑，用理智去影响客人，而不要被客人的冲动所左右，否则意味着失败。在与客人接触之前，要注意以下几个要点：

(1) 在与投诉的客人见面之前，应对他所投诉的内容有所了解，做到心中有数；

(2) 及时承认酒店或服务人员的错误，以尽量平息客人的怒气；

(3) 对客人的每一个批评，都要做出恰当的反应；

(4) 适时地向客人提出合理的建议，并听取客人的意见，此举可起到一箭双雕的作用；既可以让客人感到饭店的诚意，又可逐步争取主动控制谈话，引导坏事向好的方向转化。

语言得体、解释得当、表达准确、防止火上浇油。对接待投诉客人时所讲的每一句话都应仔细斟酌，切不可信口开河，随意乱说。酒店工作人员在处理投诉时最容易用自认为最具有理由的所谓的"道理"去试图说服客人，似乎一经解释(实为狡辩)，客人便恍然大悟，于是所有问题都大事化小，小事化了，而实际的结果却是加剧了客人的愤怒。

在处理客人投诉时，提出解决方案，适时做出必要的承诺，主要有：

① 经济上的承诺。当了解到因酒店的过失，确实给投诉人造成了某些经济损失时，应该向客人做出必要的承诺，以表示酒店的诚意，但所有承诺一般都不要偏离以下前提条件：已将事实调查核实清楚；确实是店方的责任；按行为惯例确应做出经济赔偿；确信赔偿额度与投诉人损失基本相符；所做决定属于自己职权范围内的或经请示被授权的。

② 管理上的承诺。如答应增加某些服务项目，改变某些服务程序或增加某些服务设备等。

在处理投诉时，除了表现出同情和歉意以外，所做出的承诺要防止两种倾向：一种是防止不及时承诺，使客人感到酒店缺乏解决问题的诚意；二是草率承诺而无力兑现使客人感到受愚弄。

按规定程序及时汇报，切忌存在侥幸心理。被投诉毕竟不光彩，所以，很多员工包括不少管理员都愿意把投诉压下来，以尽量不使自己管辖范围内的阴暗面暴露在上司面前，其实这是一种掩耳盗铃的做法。

在酒店的日常管理中，应该不断给员工灌输一种意识：客人的每一种投诉都应尽可能快速地反映给自己的上级，不论是否能圆满地处理，很多后来变得很复杂的投诉都是由于延误了处理时机所造成的。

五、处理投诉的程序与标准

1. 接受投诉

（1）遇到有客人投诉时需有礼貌、耐心地接待；

（2）表示对客人投诉的关心，使客人平静下来；

（3）倾听客人的投诉；

（4）真诚地向客人致歉，正面回答客人的问题；

（5）不可与客人发生争执；

（6）不得推卸责任或解释。

2. 处理投诉

（1）了解客人最初的需要和问题所在；

（2）找有关人员进行查询，了解实际情况；

（3）积极寻求解决办法，尽量满足客人要求；

（4）与客人共同协商解决办法，不得强迫客人接受；

（5）协商后，按双方认可的办法解决客人问题；

（6）向客人致歉。

3. 善后处理

（1）问题解决后，店方应以总经理名义致信向客人致歉；

（2）将投诉的原因和解决办法做详细记录，上报经理后归档留存。

【任务实例】

实例 1

一天，有10位客人来到餐厅就餐，在进餐即将进入尾声时，客人点了主食，每人一碗豆面。服务人员将豆面送到每位客人面前后，客人们并未立即食用，而是继续交谈着。大约10分钟后，有的客人开始吃面，其中一位客人刚吃了一口，便放下筷子，面带不悦地对服务人员说："这豆面怎么这么难吃，还都黏到一起。你知道吗？这顿饭对我来说是很重要的。"服务人员连忙解释说："先生，我们都是现点现做，一般的面条在做出几分钟后就会黏到一起，而豆面的黏性比其他面的黏性大。如果做出来不马上吃的话，必然会影响到面条的口味和口感。我们通知厨房再给每位客人做一碗面好吗？"客人说："不用了，再做一碗豆面也不能挽回我的损失！"此时恰逢餐厅经理走了过来，服务人员当即向她汇报了情况。餐厅经理让领班为客人送上水果并对客人说："对不起，先生。由于我们未能及时向您及您的客人介绍豆面的特性，没有让您很圆满地结束用餐，我代表酒店向您及您的客人赔礼道歉。"客人说："服务态度没问题，不过我希望服务人员在上菜时能给我们介绍一下。"

处理技巧　经了解，这位客人是请生意伙伴在饭桌上谈生意的，因生意未谈成，所以心情不好。再加之豆面的"不可口"，更增添了客人的不快。服务人员在上"豆面"时，如果能够向客人介绍豆面黏性大的特性，并提醒客人要立即吃才会有好口味，那么客人的不快应该是能够避免的。服务人员在对客人服务的过程中，应把工作做得细致些，不可有半点马虎。

（资料来源：http://wenku.baidu.com/view/1f23fc8cd0d233d4b14e69be.html）

实例2

一天，餐厅里来了三位衣着讲究的客人，服务人员将客人引至餐厅坐定，其中一位客人便开了口："我要点××菜，你们一定要将味调得浓些，样子摆得漂亮一些。"同时转身对同伴说："这道菜很好吃，今天你们一定要尝尝。"菜点完后，服务人员拿菜单去了厨房。再次上来时，便礼貌地对客人说："先生，对不起，今天没有这道菜，给您换一道菜可以吗？"客人一听勃然大怒："你为什么不事先告诉我？让我们无故等了这么久，早说就去另一家餐厅了。"发完了脾气，客人仍觉得在朋友面前丢了面子，于是，一行人拂袖而去。

处理技巧 这位服务人员犯了两个错误，一是在班前未了解厨房备货、菜式情况，致使客人点这道菜时未及时指出无货；二是在语言上用词不恰当，未朝有利于事物发展的方向做出解释。如果知道无货，可换个方式向客人说明，像"先生，这道菜是这里的特色菜，今天点这道菜的人特别多，已经卖完了，您能不能换道其他菜？××菜也是我们这里的特色菜，您不妨尝尝"。这时，客人会想酒店生意真不错，看来英雄所见略同，自己很有品位，能够吃到这里的特色菜，这样在朋友面前也有面子，很自然地接受服务人员推荐的其他菜。

（资料来源：http://wenku.baidu.com/view/3aa519e8102de2bd96058891.html）

实例3

某酒店一客人在用完餐结账时，对一瓶酒收费80元提出异议，他说有位男主管告诉他这瓶酒的价钱是60元。负责为之结账的领班第一时间寻找那位男主管，但他已下班离开了，无法与之取得联系。虽然这位领班拿出价格表让客人看，证明这瓶酒的价格确实是80元，但这位客人仍不加理会，强调是那位男主管告诉他这瓶酒的价钱是60元，坚持按60元结账。由于与这位主管联系拖延了结账时间，加之与客人产生争执，使这位客人非常不满，认为餐厅在推销酒水时有欺骗行为。最后，餐厅经理出面，同意按60元收取，同时又再三向客人道歉，虽如此，客人仍是满面怒容，不快而去。

处理技巧 树立相信客人、尊重客人的服务理念，对服务行业来说非常重要，也是做好服务工作的关键所在。客人提出异议，在不会给企业带来较大损失的前提下，应相信客人，特别是在没有强有力的证据显示客人错的情况下，更不应该与客人发生争执。本案例中，即使结账领班找到那位男主管，他也不外乎有三种解释：一是不记得了；二是坚决否认；三是承认是自己搞错了。前两种解释，与客人发生争执在所难免，第三种解释虽然相对好一些，但客人也会因为结账时间长和不信任自己而产生不满。做广告可以一掷千金，但为这区区20元钱得罪客人实在不值，因为这位不满的客人会将心中的怨气传播给亲朋好友，一传十，十传百，对企业的声誉极为不利。当然，我们不排除也有不文明的"上帝"弄虚作假，但毕竟是少数，企业应权衡利弊，千万不要因小失大。

（资料来源：http://www.6eat.com/DataStore/CardExpensePage/270343_0）

【任务演练】

任务设计1：客人在进餐过程中，投诉烹饪的食物未熟、过熟或者味道不好，服务人员要如何处理？

任务设计2：客人投诉食物里发现虫子，服务人员应该怎么处理？

【任务考核】

学生分小组练习，小组内部互评，也可在小组间互评。教师抽取三组，按照岗位要求进行表演，教师进行点评，考核参考标准如表16.1所示。

表16.1　考核参考标准

考核内容	得分标准	分值(满分10分)	得分
服务礼仪	主动、积极、热情、亲切	2分	
表达能力	普通话标准、表达清晰、流利	2分	
操作程序	程序合理、规范	3分	
处理技巧	方法妥当、技能熟练	3分	

任务二　餐饮突发事故处理

【任务目标】

通过学习，掌握餐饮突发事故的处理技巧。

【任务导入】

4月1日晚上，在北京某高级宾馆的中餐厅有一些外宾在用餐。餐厅气派豪华，布置典雅，客人们在轻松惬意地享用着菜肴，并对中国菜的口味称赞不已。餐厅东侧的一张餐桌旁坐着6个澳洲客人，其中有一位50余岁留着小胡子的男宾，他边用餐边把弄着桌上一只精美的银制酒杯，显得爱不释手，其他人也对桌上的筷子和细瓷餐具很感兴趣。这些情形并没有引起服务人员的注意，她正在忙着为另一桌客人上菜。

当她返身为澳洲客人上菜时，发现餐桌上好像少了些什么。为客人报菜名时，她仔细观察了一下，发现那位留小胡子的客人离开了餐桌，可能去了洗手间，他面前的银制酒杯已经不见了，取而代之的是他旁边客人的玻璃杯。此外，餐桌上还少了两双筷子和一个细瓷汤碗。服务人员不动声色地笑问一位面前没有汤碗和筷子的女宾："女士，现在您面前没有餐具，是否需要我为您重新添置？您是要刚才那种黄色的汤碗，还是要其他颜色的？是否还要两双筷子？"

"不、不，我们什么也不要，谢谢你。"女宾神色尴尬地说道。

此时，离开的那位客人手里拿着两副不锈钢的刀叉走回来坐下。他看了服务人员一眼，不自然地说："我们还是习惯用刀叉，所以我又要了两套。"

"没关系，下次您有什么需要请告诉我，我很愿意为您效劳。"说完就礼貌地离开了。

服务人员立即将此事报告了餐厅经理，经理听后向她交代了几句话，就忙其他的事情去了。

几分钟后，服务人员又回到了澳洲客人面前，手里拿着几样包装精致的餐具。她微笑着对留小胡子的客人说："先生，我刚才发现你们对中国的餐具很感兴趣，这些餐具确实是很精致的工艺品。为了感谢大家对这些工艺品的钟爱,我代表餐厅送上一个银质雕龙酒杯、一个细瓷雕花福寿汤碗和六双高级筷子给各位女士、先生。筷子是免费的,碗和酒杯将按优惠价格记在用餐的账上,您同意吗?”

留小胡子的客人马上就明白了她的意思,他接过服务人员手中的物品,又仔细看了几眼那只惹人喜爱的酒杯,然后对服务人员说:“请你先离开一会儿,让我们考虑一下。”服务小姐会意地退身离去。

当客人招呼服务人员回到餐桌前时,她看到刚才不见了的餐具和酒杯又摆放在原来的位置上了。客人笑着对她说:“小姐,谢谢你的建议,这些筷子和酒杯我们收下,汤碗请拿回吧。今天是愚人节,连餐具都想和你开玩笑,你看,这酒杯、汤碗和筷子又回来了。”说完大家都笑了。

(资料来源:http://guanli.100xuexi.com/view/specdata/20100712/)

任务:试分析案例中服务人员处理突发事故的技巧。

【任务链接】

餐饮部所服务的对象是形形色色的客人,客人的需求具有多样性,也经常会发生一些突发事故,突发事故的处理关系到酒店餐饮服务的质量,也影响到客人对酒店的满意程度,同时,对突发事故的处理技巧也体现出餐饮服务人员的服务能力和应变技巧。因此,要求餐饮服务人员应具备一定的反应能力和处理技巧。下面就介绍一些酒店餐饮部突发事件的常见处理方法。

(1) 某公司客人在餐厅用餐,由于高兴,饮了较多烈酒,已有醉意,但是还要求加酒,此时应该怎么办?

① 一般情况下,仍可为其少量添加;

② 向在座其他客人说明情况,共同密切注意醉酒客人的动态;

③ 如果事态严重,建议其饮用不含酒精的饮品,婉拒提供酒精饮品;

④ 向客人提供热毛巾,推介参茶等解酒的饮品;

⑤ 知会经理和保安密切注意醉酒客人动态,以防发生意外。

(2) 客人在餐厅享用自助餐,在取食物时没有节制意识,大量取食,已明显浪费,用餐完毕后,提出打包食品的要求时怎么办?

① 首先应礼貌且婉转地向客人说明自助餐的消费规则,所有食品都是保证供应量的,应按量取食,不可以打包;

② 可以适时地向客人介绍菜单上的食品,建议客人点零点菜单上的食品打包;

③ 如客人坚持要打包,向经理汇报,让经理再向客人解释;

④ 如客人态度强硬,可按散餐菜牌价格,酌情收费。

(3) 客人和一群朋友到餐厅用餐,当服务人员推销酒水时,客人说:“我们不要酒水啦!我们自己有一瓶X.O,请你提供些杯子给我们。”遇到这种情况,应如何处理?

① 首先向客人说明餐厅规定,凡客人自带酒水需收取一定的开瓶费,同时,向客人介绍餐厅的酒水单,建议客人点酒水单上的酒水;

② 如客人强硬要求,向经理汇报;

③ 如客人是熟客或消费较高,经理可灵活掌握,即免收开瓶费以争取回头客。

(4) 客人在酒吧消费，当他看到餐厅的钢琴时很高兴，提出用钢琴演奏一曲的要求，应如何处理？

① 表示相信客人的演奏技术，对客人的要求表示理解；

② 说明餐厅规定，为保持餐厅格调和避免影响其他客人，餐厅对演员和所演奏的曲目都需经过审核。客人要求，暂时满足不了；

③ 再向客人说明钢琴是有专人保管的，不能随意供客人使用。

(5) 当你发现两位客人用餐后，没有办理结账手续，便匆匆离开餐厅，应怎么办？

① 马上上前询问是否继续用餐；

② 如客人表示继续用餐，则建议客人留一位就座或先结账；

③ 如客人表示已用餐完毕，善意地提醒客人结账并尽快准备账单；

④ 多谢客人的光顾。

(6) 客人结账时使用外币，但餐厅收银员坚持餐厅的规定，不接受外币，令客人极为不满。该怎么办？

① 首先向客人道歉；

② 耐心向客人讲解餐厅有关规定；

③ 汇报经理及收款主管，询问是否可以使用此种外币结账；

④ 如财务制度不允许在餐厅收取外币，建议客人可先到前台将货币兑换后再结账。

(7) 客人在酒吧消费，已略有醉意，将鞋子脱掉并胡言乱语，甚至企图对服务人员无礼。该如何处理？

① 首先应立即上前礼貌地劝阻客人；

② 如劝阻无效，立即向经理汇报。通知保安来送客人离开。

(8) 当小孩在餐厅用餐，咬烂水杯，划破了嘴唇时，应怎么办？

① 首先向客人道歉，并采取一定的紧急措施，如先止血；

② 向客人说明事情严重性，并建议客人到医务室检查，若客人不想去，可请医生到餐厅帮小孩做检查；

③ 向经理汇报，跟踪客人的情况，做好档案记录。

(9) 有一小孩在餐厅玩耍时，不慎把花盘撞烂了，怎么办？

① 首先要安慰关心小孩，询问小孩是否伤到身体，是否受到惊吓；

② 将小孩带到其监护人旁，详细说明情况；

③ 汇报经理及相关部门，与客人协商赔偿费用。

(10) 客人不小心在餐厅摔倒怎么办？

① 首先应主动上前扶起客人，安排暂时休息场所，细心询问客人是否摔伤或碰伤，是否需要请医生；

② 如果是轻伤，应找些药物做简要处理；

③ 事后查清摔倒的原因，如果是地毯或地面滑等问题，应及时采取措施，或通知有关部门马上整修，避免再有类似事故发生。

④ 向上司汇报，做好事后登记，以备查询。

(11) 当有客人点一杯金酒，服务人员下单时不慎写成点一支金酒，客人第二天结账，持账单向经理反映自己只消费了一杯金酒而不是一支金酒，该怎样处理？

① 首先诚恳地向客人道歉，说明情况；

② 协助客人更改账单，再次向客人致歉；

③ 加强工作责任心。

(12) 如客人投诉有人在咖啡厅吐痰或弹烟灰该如何处理？

① 首先及时地为客人拿来烟灰缸，及时清理地面污迹，同时要让每个客人(包括不文明客人在内)切身感到酒店是把自己真正当"上帝"看待。"错"在客人，酒店却还把"对"留给客人，任劳任怨；

② 可采用"身教"的诚意感动不讲卫生的客人，不能指责或批评客人，而应用无声语言为不够文明的客人示范：客人痰到哪里，服务人员就擦到哪里，客人烟灰弹到哪里，服务人员就应托着烟灰缸跟到哪里；

③ 适当的时候可使用语言技巧提醒或暗示客人。

(13) 当餐厅突然停电时，应如何处理？

① 首先要保持沉着冷静，不要慌张。向客人致歉；

② 然后马上准备蜡烛摆在客人台上，再去了解什么时候可以来电；

③ 做好客人的解释安抚工作。

(14) 当客人在餐厅观看玻璃装饰物时，不小心将其打烂，该如何处理？

① 首先应安慰关心客人，看其是否受伤，请客人到一旁暂坐；

② 向经理汇报事情经过，及时清理现场，防止其他客人受伤；

③ 由经理与客人商议后，收取成本费，并要求客人在证明上签名，密切注视该客人的动态。

(15) 客人发脾气骂你时怎么办？

① 要保持冷静，认真检查自己的工作是否有不足之处，待客人平静后再做婉言解释并道歉，绝对不能与客人争吵和谩骂；

② 如果客人的怨气尚未平息，应及时向领导汇报，让领导协助解决；

③ 认真分析总结此次事故的原因和处理措施。

(16) 客人无理纠缠你时怎么办？

① 服务人员不应以任何不耐烦、不礼貌的言行直接冲撞客人。要想办法摆脱客人的纠缠，当班的同事应主动配合，让被纠缠同事干别的工作，避开客人；

② 当一个人在服务台，又不能离开现场的话，应运用语言艺术婉言摆脱客人的纠缠，如"实在对不起，如果没有什么事的话，我还要干别的工作，请原谅"；

③ 借故在服务台附近找一些工作干；

④ 如果仍然无效，可找领班安排其他同事换岗服务；

⑤ 如果客人继续有侵犯的行为，可以汇报给经理，联系保安。

(17) 客人向我们投诉时怎么办？

① 首先，当有客人投诉时，服务人员要做到耐心倾听，让客人把话讲完，这样做会使客人的情绪自然平静下来。同时，把客人的投诉意见记下来，不要急于辩解和反驳。

② 不论客人是口头，还是书面投诉，都要详细了解情况，做出具体分析，如果是设备问

题，应采取措施或马上修理。

③ 假使客人还未离店，应该给一个明确的答复，让客人知道我们已做出处理，如果是我们的错，可根据情况，必要时请经理出面向客人道歉，使客人觉得他的投诉得到重视。

④ 对于客人的侧面投诉，我们同样要重视，以便改进服务工作。自己解决不了超出自己权限的投诉，要请领导协调处理。

⑤ 做好投诉和处理的记录，并上报领导，以便研究客人投诉的原因，防止类似的投诉发生。

(18) 当客人向你投诉，他在30分钟前点了菜，但为什么到现在还没有上菜给他？客人很生气，你该如何处理？

① 首先向客人道歉，搞清楚客人所点的菜式后表示马上为其解决；

② 向厨师说明情况，让厨师加快制作；

③ 要特别关注这台客人，如菜做好马上上菜；

④ 上菜时应再三向客人道歉，席间适当的时候征询客人意见以示关心；

⑤ 如菜式是即点即做，所需的制作时间应事先告知客人，以免客人等得不耐烦；

⑥ 如确是我们工作环节的失误，应向经理如实汇报，可赠送礼品或者适当优惠以示歉意。

(19) 如果你是一名迎宾员，当你见到一名精神异常的客人进入餐厅消费，你怎么办？

① 当客人未出现异常举动时，应照样热情地提供服务；

② 如客人进入餐厅前已表现出异常行为，则婉拒其进入餐厅，如称“对不起，餐位已预订满”等；

③ 立即将此事告知经理和保安部，密切留意客人动态；

④ 如客人在进餐后才出现异常行为，立即汇报经理，并通知保安部，密切注意客人的动态；

⑤ 如事态严重，可疏散附近的客人和尽快收起利器及易破损的餐具；

⑥ 协助保安部将该客人迅速带离现场。

(20) 客人在餐厅用餐时，发现一装饰品很漂亮，在离去时表示想拿走，你该如何向客人解释？

① 首先赞赏并认可客人的眼光，如“先生您好，我刚发现您对我们酒店的这个饰品非常感兴趣，您真是慧眼，这的确是一件精美的工艺品”；

② 说明酒店的规定；

③ 可向客人介绍装饰品的销售点、产地等信息；

④ 如客人坚持要“买”，立即向经理汇报，可收取一定款项“卖”给客人。“如果您确实很喜欢，我们将以成本价销售给您，并将费用与餐饮费算在一起，您看如何？”

【任务实例】

实例1

某天早上，某五星级饭店餐厅吃早餐的客人很多，服务人员都在紧张地进行服务工作。这时，一对夫妇进来用餐。由于客人很多，服务人员为他们找到了一张桌子，但是这张桌子还没来得及收拾，服务人员建议这对夫妇先回房间把行李放下来，然后再来吃早餐，这样避免等待又能节约时间，客人觉得建议很好，于是就上楼去了。但是当这对夫妇放了行李再次回到餐厅的时候，刚才那个位置已经坐下其他客人了。

服务人员很快又给他们安排了另一个位子，位子是解决了，但是，从开始用餐到结束始终没有一位服务人员来询问他们要喝咖啡还是茶，这是不符合五星级酒店餐厅服务程序的，同时他们本想喝点豆浆，但装豆浆的瓶子也始终是空的。

晚上他们来到西餐厅吃晚餐。当他们发现点的蘑菇忌廉汤不对时，就询问服务人员，服务人员一口咬定那就是蘑菇忌廉汤，他们被迫接受了这道菜，结果事后处理时才知道那是一份番茄忌廉汤。

晚餐后，这对夫妇写了一封书面的投诉信交给大堂副理。大堂副理在第一时间通知了餐饮部的经理和饭店总经理，总经理了解情况后，带着一班人和一个果篮到了该夫妇住的房间。首先表示了歉意，然后表示要立即加大服务质量管理力度，保证避免此类事件的发生。接下来总经理与客人进行友好的沟通和交流，宣传宾馆做得好的方面，转移他们的注意力，最后总经理希望客人继续把剩下的两天住满，并保证不会再发生以上不愉快的事情，客人接受了总经理真诚的致歉和建议，在接下来的两天里，他们确实感觉到自己受到了很大的重视，感受到了热情周到的服务，最终是满意地离去。

处理技巧 此案例中，值台服务人员的业务技能还不够熟练，缺乏一定的观察能力和实际操作能力，另外，该值台服务人员服务效率也不够，否则就不会出现餐桌没及时清理和豆浆瓶子空着的情况了。出现这种事故，不仅要追究服务人员的责任，更要追究当班领班和主管的责任。因此，酒店一方面要加强员工培训和管理，同时还要加强管理人员的现场督导，要能及时发现问题，及时弥补，避免客人投诉。像本案例中的投诉是完全可以避免的。在客人多的时候，管理人员更要加强巡查，防止出现服务漏洞或死角。在服务人员实在忙不过来的情况下，管理人员应主动充当"临时服务人员"的角色，比如主动询问这对夫妇要喝点什么？及时提醒服务人员添加食品。客人点菜，要准确下单，正确上菜。客人对菜品提出疑问，要到后厨了解情况，而不是将错就错，态度蛮横。

但是案例中，总经理的处理方法还是比较灵活的，能够在第一时间带着服务人员和礼品亲自到客人房间，体现了酒店对客人的诚意；另外，能够顺利地与客人进行沟通，做到让客人转变对酒店的看法，这次对投诉的完美解决有利于强化客人的正面印象。

（资料来源：http://www.6eat.com/DataStore/CardExpensePage/403680_0）

实例 2

一天，上海某饭店的宴会厅内正在举办一个大型的婚宴。席间气氛热烈，参与者不停地走动、敬酒、说笑，向新人祝贺，整个大厅充满了喜庆的气氛。

宴会在热烈地进行，一位服务人员手托一盆刚出锅的热汤向主桌走去。刚到桌旁停住，新郎突然从座位上站起来准备向别人敬酒，一下子撞到了服务人员的身上。服务人员出于职业本能和潜意识的支配，将汤盆倒向自己身上，热汤泼到了他的胳膊上。顿时，他感到一阵剧痛，但他却强忍着，不哼一声，脸上仍带着微笑，向新郎道歉。

婚宴还在进行，这位服务人员继续忙着为客人们上酒上菜，直到大家一一离席为止。当新人向接待婚宴的服务人员道谢时才发现，这位服务人员的手臂上烫起了几十个水泡。大家问他为什么被烫的时候不说？服务人员回答，如果被烫时表现出反常神情，便会影响婚宴喜庆的气氛。新郎和新娘听后，异常感动，半天都说不出话来。

处理技巧　案例中的服务人员体现了很高的职业素养，具有良好的职业道德。为了迎合婚宴的喜庆气氛，达到客人满意的服务效果，他能够克服难以忍受的肉体痛苦，仍然面带微笑，不动声色地继续为客人服务，实在难能可贵。服务人员在为客人服务时，会遇到一些意想不到的事情，给他们带来精神甚至肉体上的痛苦，能不能忍受这些痛苦，继续坚守岗位，是需要有一种精神的。

（资料来源：http://www.6eat.com/Info/2010/08/19/168822.htm）

【任务演练】

任务设计 1：当客人投诉酒店 1 杯洋酒的分量少，你怎样处理？

任务设计 2：当客人投诉酒店的参茶太淡时，你怎样处理？

【任务考核】

学生分小组练习，小组内部互评，也可在小组间互评。教师抽取三组，按照岗位要求进行表演，教师进行点评，考核参考标准如表 16.2 所示。

表 16.2　考核参考标准

考核内容	得分标准	分值（满分 10 分）	得分
服务礼仪	主动、积极、热情、亲切	2 分	
表达能力	普通话标准、表达清晰、流利	2 分	
操作程序	程序合理、规范	3 分	
处理技巧	方法妥当、技能熟练	3 分	

任务三　控制服务质量

【任务目标】

通过完成本任务，使学生了解餐饮服务质量的构成内容，熟悉客人对服务质量的评价标准，并能针对不同的客人开展个性化服务，掌握餐饮服务质量的事前、事中及事后反馈控制方法。

【任务导入】

海底捞来自四川简阳，创建于 1994 年，以经营川味火锅为主。短短十多年的时间里海底捞获得到了快速的发展，如今，在北京、西安、郑州、上海等全国各大城市，都可以看到海底捞的身影。

提到海底捞，最令人津津乐道的是这家火锅店的服务。服务成为了海底捞吸引消费者光临的一大核心竞争力，也是海底捞获得持续发展的一大关键因素。

海底捞的服务不仅仅是体现于某一个细小的环节，而是形成了从客人进门到就餐结束离开的一套完整的服务体系。

海底捞的服务之所以让消费者印象深刻，就在于将其他同类火锅店存在的普遍性问题通过服务的形式予以了很好地解决，比如说在就餐高峰的时候，很多火锅店都需要排队等位子，而一般的火锅店都是让客人在那里“干等”，很少提供相关的服务，这样难免会让一些心急的客人流失。

而海底捞就不同，它会在客人等候的时候提供一些让人感觉很温暖、很贴心的服务，如免费为客人送上西瓜、苹果、花生、炸虾片等各式小吃，还有豆浆、柠檬水、薄荷水等饮料，同时，客人在等待的时候还可以享受免费上网，甚至女士可以在等待的时候享受免费修理指甲等。

正因为如此，很多客人甚至很乐意在海底捞排队等位置，这也无形中形成了海底捞的一个服务招牌，从而有效地留住了客源。看起来是十分小的事情，但这个时候却让客人感觉到了海底捞的不同之处，不让等候的客人流失，也有效地提升了海底捞的营业额。

除了等位服务之外，在点菜、就餐期间，海底捞也是处处体现出服务的细节。如客人点菜期间，很多的客人为了面子特别是在请朋友吃饭的时候，点很多的菜品，换成一般的餐饮店，客人点的菜越多越好，但海底捞的服务人员会对客人进行善意地提醒，让客人感觉很温暖，面子上也过得去，让客人感觉到店家为自己着想，更增添了对海底捞的好感。

同时，在就餐期间，海底捞也会提供比较细致周到的服务，如多次为客人更换热毛巾，为女士提供发夹防止头发掉落、为客人提供手机套，防止手机进水、为客人提供就餐围裙等，总之都是一些小细节，但这些细节组合起来就形成了一套服务体系。

另外，海底捞在店内建立了专供儿童玩乐的场所，这样做是让带有儿童前来就餐的父母们能够专心用餐，而不用担心小孩破坏就餐的氛围，甚至海底捞的服务人员还可以带这些小孩玩，喂饭给小孩吃，充当起了这些孩子的临时“保姆”。

在卫生间，海底捞设有专人，客人洗手后会立刻递上纸巾，让客人感觉到了星级酒店一样，这与很多火锅店一比较，客人的感受自然不同。

还有就是在就餐后，海底捞和其他的餐饮店的做法一样，会送上一个果盘，但如果客人提出要求说再要一个，海底捞的服务人员也会热情地为你送上。

虽然有些服务会增加海底捞的运营成本，但这种付出是值得的，与稳定的客源、不断扩大的忠实消费群及品牌的美誉度相比较，这种投入产出是十分合算的，这也正是海底捞的聪明之处。

从客人进门等候到就餐再到就餐完毕，海底捞的服务贯穿其中。虽然很多的餐饮店在其中的某一个环节上也做到了如海底捞一样的服务，但是没有形成系统性，制度化，因此，海底捞的服务才会显得更加突出，而这也是餐饮企业在服务上所需要借鉴与学习的。

海底捞以优质的服务成为其核心竞争力之一，成为了海底捞的特色招牌之一。更为重要的是，海底捞的服务建立起了一整套完善的体系，给客人留下了深刻的印象，说到海底捞，很多人都会说，服务不错。海底捞服务品牌赢得了客人的认可，并且形成了口碑效应，可以很好地为品牌加分。

（案例来源：http://baike.china.alibaba.com/doc/view—d27359170.html）

任务：要完成一次令客人满意的服务，应注意服务过程中的哪些具体环节？

【任务链接】

一、服务质量的概念

服务质量是指服务能够满足现实和潜在需求的特征和特性的总和，是指服务工作能够满足被服务者需求的程度，是企业为使目标客人满意而提供的最低服务水平，也是企业保持这一预订服务水平的连贯性程度。

餐饮服务质量主要由环境质量、菜肴质量和服务水准组成。餐饮质量的控制，主要取决于餐饮部的管理水准。餐厅管理人员必须经常对餐饮工作进行督促、检查、指导，有效地把握餐饮服务工作的方向，促进餐饮服务质量的提高。

二、餐饮服务质量的内容

餐饮服务质量包含四个方面的内容，即餐厅的设施条件、服务水平、菜肴质量及餐饮价格。

1. 餐厅的设施条件

餐厅的设备设施须齐全、先进、方便、舒适，能够满足客人物质享受和精神享受的需要，这是提高餐饮服务质量的物质基础和硬件要求，也是其基础条件。

(1) 容量。以满足客人多类型、多层次的消费需求，餐厅总座位数最低不少于客房数×2×80％，若餐饮经营状况好，流动客人多，则可减少一定的餐位数。

(2) 餐饮环境布局。设备配置要齐全、舒适、安全、方便，各种设备的摆放地点和通道尺度要科学合理，运用对称和自由、分散和集中、高低错落、对比和映衬以及借景、延伸、渗透等装饰布置手法，形成美好的空间构图形象。同时，要注意环境美化，优化餐厅布局，做好窗帘、盆栽、盆景等装饰品的选择和运用。

(3) 照明。光线柔和，分布均匀。照明装置和控制器要符合国家质量要求，灯光亮度要能适应客人需要。高档餐厅灯光照明度应可以调节。

(4) 音响。音量要适中，曲目要合适。餐厅内噪音不应超过 50 分贝，最好控制在 45 分贝以内。

(5) 家具。家具的选用应考虑客人舒适、服务方便、空间合理等因素。餐厅家具摆放要合理，便于客人进餐行走和服务人员服务操作。家具选择和室内装饰要协调，桌椅必须牢固、光滑，式样、高度和色彩、质地必须协调一致，桌椅配套，同时应备有儿童座椅。

(6) 餐具、用品。各种餐具要配套齐全，种类、规格、型号须统一，质地优良，与餐厅营业性质、等级规格和接待对象相适应，新配餐具和原配餐具规格、型号一致，无拼凑现象。餐巾、台布、香巾、面纸、牙签、开瓶器、打火机、火柴等各种服务用品配备齐全，酒精、固体燃料、鲜花、调味用品要能满足营业需要。筷子要清洁卫生，不能掉漆、变形，不能有明显磨损的痕迹。

2. 服务水平

服务水平主要体现在服务人员的仪容仪表、礼节礼貌、服务态度、服务技能、服务效率和清洁卫生等方面。

(1) 仪容仪表。优秀的餐饮服务人员，必须着装整洁规范、举止优雅大方且面带笑容。

同时,餐饮服务人员还要注意自己的仪态语言和形体动作,举止合乎规范。要时时、事事、处处表现出彬彬有礼、友善好客的态度,为客人创造一种宾至如归的亲切感。

(2) 礼节礼貌。通过服务人员的语言、行动来表示对客人的尊重、欢迎和感谢。

(3) 服务态度。它是全心全意为客人服务的思想在语言、表情、行为等方面的具体表现。服务态度是反映服务质量的基础,优质的服务是从优良的服务态度开始的。优良的服务态度主要表现在以下几点:主动热情、尽职尽责、耐心周到、文明礼貌。

(4) 清洁卫生。要做好餐饮清洁卫生工作,首先必须制定严格的清洁卫生标准,这些清洁卫生标准应包括以下内容:厨房作业流程的卫生标准;餐厅及整个就餐环境的卫生标准;各个工作岗位的卫生标准;餐饮服务人员的个人卫生标准。其次,要制定明确的清洁卫生规程和检查保障制度。清洁卫生规程要具体地规定设施、用品、服务人员、膳食饮料等在整个生产、服务操作程序中各个环节上为达到清洁卫生标准而在方法、时间上的具体要求。在执行清洁卫生制度方面,要坚持经常检查和突击检查相结合的原则,做到清洁卫生工作制度化,标准化,经常化。

(5) 服务技能与服务效率。服务人员的服务技能和服务技巧是服务水平的基本保证和重要标志。服务效率是服务工作的时间概念,是提供某种服务的时限。它不但反映了服务水平,而且反映了管理的水平和服务人员的素质。它是服务技能的体现与必然结果。在服务中一定要讲究效率,尽量缩短就餐客人的等候时间。缩短候餐时间,是客我两便的事情,客人高兴而来,满意而去,餐厅的餐位利用率提高,营业收入增加。餐饮部门有必要对菜食烹制时间、翻台作业时间、客人候餐时间作出明确的要求和规定,并将其纳入服务规程之中。在服务人员达到一定的时限标准后,再制定新的、先进合理的时限要求来确定效率标准。餐厅应该把尽量减少甚至消灭等候现象作为服务质量的一个目标来实现。

3. 菜肴质量

(1) 合理安排菜肴品种,能适合客人多类型、多层次的消费需求;

(2) 根据餐厅的营业性质、档次高低、接待对象的消费需求,选择产品风味和花色品种。花色品种应与厨房烹调技术、原料供应、生产能力相适应;

(3) 通常情况下,零点餐厅花色品种应不少于50种,自助餐厅应不少于30种。咖啡厅应不少于35种,套餐服务在5～10种之间;

(4) 产品类型多样,冷菜、热菜、面点、汤类、甜食齐全,各产品结构高中低档应做到比例合理,餐厅产品数量要能适应多方面的消费需求。

4. 餐饮价格

价格合理包括两个方面含义:一是产品和服务,按市场价值规律制定相应的价格;二是客人有一定数量的花费,就应该享受与其相称的一定数量和质量的产品或服务。如果有一定盈利,客人又能感到“物有所值”,经营的经济效益和社会效益都能实现。制定合理的价格需要考虑如下因素:

(1) 餐厅各种类型的产品毛利有明显的区别,产品的价格要充分体现质价相符的原则,能够调节市场供求关系;

(2) 产品定价以毛利为基础;

(3) 中西餐、食品、饮料等分类测算毛利率;

(4) 服务等级与服务价格相吻合;

（5）客人的接受和反应程度。

三、服务质量控制

要进行有效的餐饮服务质量控制，必须具备以下基本条件：

1. 服务质量的标准化

标准化是指在向客人提供各种具体服务时所必须达到的标准，应达到以下要求：

（1）设施、设备的质量标准必须和餐厅的等级和规格相适应；

（2）产品质量标准必须和价值相吻合，体现质价相符的原则；

（3）服务质量标准必须以“客人至上，服务第一”为基本出发点，做出具体规定。制定标准是一项非常复杂的工作，主要有以下八个方面的内容：设备、设施质量标准，产品质量标准，接待服务标准，安全卫生标准，服务操作标准，礼节、仪容标准，语言、动作标准，工作效率标准。

2. 服务过程的程序化

服务过程程序化是指接待服务工作的先后次序，以标准化为基础，通过服务程序使各项服务工作有条不紊地进行。制定接待程序，应做好下列基础工作：

（1）要研究服务工作的客观规律，即在制定标准程序的同时，要分析各项工作的先后次序，使之形成一个整体；

（2）要考虑企业的人力、财力、物力，尽量扬长避短；

（3）程序化是规范化而不是公式化，因此要有相对的灵活性；

（4）分析客人的风俗习惯，根据不同接待对象和服务项目来制定；

（5）各项服务工作程序的制定和执行要有一个过程。

总之，服务程序的制定要以客人感到舒适、方便、满意为原则，而不能仅以服务人员自己的方便、轻松为基点。因此，程序要经试行，并逐步修改使其完善，最后达到科学合理、提高服务质量的目的。

3. 服务方式的制度化

服务方式制度化是指用规章制度的形式把餐饮服务质量的一系列标准和程序固定，使之成为质量管理的重要组成部分。

餐饮制度分两种：一种是有关直接为客人服务的各项规章制度，如餐饮产品检验制度，餐具更新、补充制度等，这些制度全面而具体地规定了各项服务工作必须遵循的准则，要求餐饮工作人员共同执行；另一种是有关间接为客人服务的各项规章制度，如餐饮交接班制度、工作记录制度、客史档案制度、考勤制度等，这类规章制度主要用以维护劳动纪律，保证直接对客服务制度的贯彻执行。

4. 餐饮服务质量的反馈控制

信息反馈系统由内部系统和外部系统构成。内部系统是指信息来自于服务人员和经理等有关人员。因此，每餐结束后，应召开简短的总结会，以不断改进服务质量。信息反馈的外部系统是指信息来自于客人。为了及时得到客人的意见，餐桌上可放置客人意见表，在客人用餐后，也可主动征求客人意见。客人通过大堂、旅行社等反馈回来的投诉属于强反馈，应予以高度重视，保证以后不再发生类似的质量偏差。只有建立和健全内、外信息反馈系统，餐厅服务质量才能不断提高，才能更好地满足客人的需求。

5. 重视餐厅服务人员的培训

餐饮企业之间服务质量的竞争主要是人才的竞争，员工素质的竞争。没有经过良好训练的员工不可能提供高质量的服务。

【任务实例】

实例 1

五月的一天晚上，深圳某酒店的餐厅来了四位熟客，看得出来他们是久未相见的老朋友。在点菜时，实习服务人员小李很热心地向客人推荐餐厅特色茶花鸡，客人欣然接受。当茶花鸡上桌时，小李又热情地向客人介绍本餐厅其他特色食品，在座的客人非常满意小李的服务。

在客人们津津有味地品尝茶花鸡时，小李看到一位年轻客人的骨碟已满，就走近客人说："对不起，先生，给您换一下骨碟好吗？"此时客人右手正拿着一只鸡翅，见状忙侧身让开，为避免碰到小李，客人还把右手举过了肩膀，小李发现骨碟中还有一只鸡脚时，便提醒客人："先生，还有一只鸡脚呢！"客人又连忙用左手拿起那一只鸡脚，手拿鸡脚和鸡翅的客人为不影响小李更换骨碟而双手高举做投降状，一旁的年老客人看到后便打趣说："怎么，是不是喝不下酒向我投降啊？"客人一听，连忙自嘲说："我是向漂亮的服务小姐投降，要说到喝酒，我哪会怕您。等小姐换好碟，我好好与你喝几杯。"等到小李换好骨碟，两位客人果真要比拼喝酒。当两人干完第一杯酒后正凑在一起说话时，小李过来说："对不起，先生，给您倒酒。"两位客人不约而同地向两边闪，小李麻利地为两人斟满酒，两人又干了一杯，然后又凑在一起说话，小李又不失时机地上前说："对不起，先生，给您斟酒。"此时的年轻客人突然对着小李大声怒吼道："没看到我们正说着话的吗？你烦不烦啊！"小李一脸的茫然，不知道该怎么办才好。

处理技巧 随着社会的不断进步，生活质量的提高，客人对服务质量的要求也越来越挑剔。中国服务行业近几年来也不断地思考着如何提高服务质量，以吸引更多的客人。大多数酒店的餐厅制定了一系列的服务规程和规范来确保酒店服务质量。例如大多数酒店的餐厅服务规程明确规定：当客人餐碟中的菜骨杂物超过三分之一时必须及时撤换；当客人杯中酒水不足三分之一时应及时添到八分满；当桌上的烟灰缸里有两个烟蒂必须更换等。这些规定对保证酒店的服务质量有一定的作用，但关键是酒店服务应以不打扰客人为原则，否则服务规程就显得毫无意义。有的酒店和服务人员在执行规程的过程中，一味追求执行规程的规范性，忽视了酒店服务的基本原则，更加没有顾及到客人的个性需求和在一些特殊情况下服务的灵活性。

本案例中的小李严格按照酒店的服务规程为客人提供服务，最终却导致客人的怒吼，应该引起所有酒店从业人员的深思。不可否认，小李的服务态度和服务礼仪、服务规范都做得不错，但她的错误就在于其服务非但没有给客人们带来舒适和享受的感觉，反而使客人生气。其实小李在第一次换餐碟，而听到客人的玩笑话中有话时，就应该注意到自己服务中的不足，在此后的斟酒服务时，应该等待客人谈话告一段落后再倒酒，才会使客人满意。本案例充分说明酒店在提供规范化服务的同时，更应该注意顾及到客人的个性需要而要求服务人员灵活应变。

（资料来源：http://hi.baidu.com/5241bzg/item/2184ebb1f94684e94fc7fd83）

实例2

某饭店零点餐厅正开午餐，一位老先生带着全家老小来到餐厅用餐。迎宾员将一家人引到服务人员小周负责的区域。上菜时，由于客人人数较多，坐得很稠密，小周看两个孩子之间空位较大，就选择这个位置上菜。当时女主人就有些不高兴，说了句："你不能从别的地方上菜啊?"小周忙说，对不起。过了一会，传菜员看小周正忙，就直接帮他上菜，无意中又选择了孩子之间。这下女主人可就生气了："不是给你们说了，怎么还在孩子那儿上菜? 烫着孩子你们负责啊?"小周知道后马上道歉，说这是自己的过失，马上改为在其他空位上菜，并送给小朋友们小礼物，小朋友很高兴，大人们也就不计较了。

处理技巧　孩子是现代家庭的重心，上了年纪的人只要看到儿孙喜悦的笑容，就感到无比幸福，对小辈人更是加倍疼爱，照顾得无微不至。服务人员在服务中要注意到这一现象。服务人员接待带孩子的客人，要掌握儿童就餐中的特性。儿童好动，看到他喜爱的食物饮料往往会大喊大叫，手舞足蹈，不高兴又要乱动乱跑，这些都是随时会发生的。在儿童中间上菜，随时会碰翻菜肴汤水，导致烫伤孩子，后果不堪设想。因此，在服务中上菜口要避开儿童，不要忽视上帝身边的"小皇帝"。

（资料来源：http://www.doc88.com/p－814902361585.html）

【任务演练】

任务设计1：如何为挑剔的客人服务。
任务设计2：如何为老年人和残疾的客人服务。
任务设计3：如何为儿童服务。
任务设计4：如何为有急事的客人服务。

【任务考核】

学生分小组练习，小组内部互评，也可在小组间互评。教师抽取四组，按照岗位要求进行表演，教师进行点评，考核参考标准如表16.3所示。

表16.3　考核参考标准

考核内容	得分标准	分值(满分10分)	得分
服务礼仪	举止优雅大方	2分	
服务态度	主动、热情、耐心	2分	
服务技能	方法妥当、技能熟练	3分	
服务时效	服务效率高、客人满意度高	3分	

参 考 文 献

[1] 金敏,周名丁.餐厅服务人员实战手册[M].北京:旅游教育出版社,2007.
[2] 蔡洪盛.酒店服务技能实训手册[M].长春:东北师范大学出版社,2008.
[3] 蔡践.餐饮服务实战手册[M].北京:中央编译出版社,2005.
[4] 周宇.餐饮企业管理与运作[M].北京:高等教育出版社,2010.
[5] 许凌志.酒店服务人员培训与管理[M].广州:广东经济出版社,2004.
[6] 姜文宏.餐厅服务技能综合实训[M].北京:高等教育出版社,2004.
[7] 嵇步峰.餐饮管理[M].北京:中国纺织出版社,2008.
[8] 刘莉.餐饮服务与管理[M].合肥:安徽人民出版社,2008.
[9] 贾海芝.饭店服务基本功实训[M].北京:清华大学出版社,2008.
[10] 李焕.餐饮服务人员职业技能标准培训[M].北京:中国纺织出版社,2010.
[11] 李贤政.餐饮服务与管理[M].北京:高等教育出版社,2010.
[12] 张建宏.旅游饭店管理[M].北京:知识产权出版社,2008.
[13] 张波.餐厅接待与运营[M].北京:化学工业出版社,2012.
[14] 汪力.如何开一家赚钱的餐厅[M].北京:北京工业大学出版社,2009.
[15] 宋春亭.旅游饭店餐饮服务与管理[M].郑州:郑州大学出版社,2011.
[16] 李勇平.餐饮服务与管理[M].大连:东北财经大学出版社,2002.
[17] 于英丽.餐厅服务技能实训教程[M].大连:东北财经大学出版社,2002.
[18] 周静波.餐饮服务实务[M].上海:上海交通大学出版社,2011.
[19] 姜红.餐饮服务与管理[M].大连:大连理工出版社,2006.
[20] 马丽涛.餐饮服务与管理[M].北京:电子工业出版社,2009.
[21] 王穗萍.中餐服务指南[M].广州:中山大学出版社,2005.
[22] 邵万宽.现代餐饮经营创新[M]. 沈阳:辽宁科学技术出版社,2004.
[23] 张秋埜.酒店服务礼仪[M].杭州:浙江大学出版社,2009.